*MANUAL
DE
ADOÇÃO INTERNACIONAL*

WILSON DONIZETI LIBERATI

MANUAL
DE
ADOÇÃO INTERNACIONAL

MANUAL DE ADOÇÃO INTERNACIONAL
© *Wilson Donizeti Liberati*

ISBN 978-85-7420-953-1

Direitos reservados desta edição por
MALHEIROS EDITORES LTDA.
Rua Paes de Araújo, 29, conjunto 171
CEP 04531-940 – São Paulo – SP
Tel.: (11) 3078-7205 – Fax: (11) 3168-5495
URL: www.malheiroseditores.com.br
e-mail: malheiroseditores@terra.com.br

Editoração Eletrônica
Letra por Letra Studio

Capa
Criação: Vânia L. Amato
Arte: PC Editorial Ltda.

Impresso no Brasil
Printed in Brazil
04-2009

Apresentação

O autor se destaca como um dos maiores especialistas na área do Direito da Criança e do Adolescente.

Publicou vários trabalhos: *Comentários ao Estatuto da Criança e Adolescente, Adoção. Adoção Internacional, Adolescente e Ato Infracional, Conselhos e Fundos no Estatuto da Criança e do Adolescente, Direito à Educação: uma Questão de Justiça.*

Neste novo trabalho, WILSON DONIZETI LIBERATI trata, com propriedade, da Autoridade Central, com respeito à adoção internacional.

Entre os pontos abordados destacam-se a adoção por estrangeiros e o direito constitucional à convivência familiar, o histórico sobre o surgimento das Autoridades Centrais, a Convenção Relativa à Proteção das Crianças e à Cooperação em Matéria de Adoção Internacional – A Convenção de Haia.

Há especialmente um estudo sobre a Autoridade Central, quando se examina seu conceito, sua natureza jurídica, sua composição, seu funcionamento, suas atribuições, bem como a Autoridade Central estadual no sistema brasileiro.

Há, também, uma abordagem sobre os requisitos para a adoção internacional, o processo judicial de adoção e os efeitos da adoção.

Em todos os temas tratados o Autor revela uma segurança, própria daqueles que são especialistas na matéria.

Não há dúvida de que a obra merece toda atenção e se tornará um clássico na área do Direito da Criança e do Adolescente.

ROBERTO JOÃO ELIAS
Mestre e Doutor em Direito pela Universidade de São Paulo.
Professor da Faculdade de Direito da Universidade de São Paulo.

Sumário

Apresentação – ROBERTO JOÃO ELIAS 5

1. Introdução 11
2. A Adoção por Estrangeiros e o Direito Constitucional à Convivência Familiar e Comunitária 15
3. Convenções e Tratados Internacionais sobre Adoção: Breve Histórico do Surgimento das Autoridades Centrais 25
4. A Convenção Relativa à Proteção das Crianças e à Cooperação em Matéria de Adoção Internacional – A Convenção de Haia 37
    4.1 Objeto e objetivos da Convenção 41
    4.2 Desvio da finalidade da adoção internacional 48
    4.3 Normas de centralização e de controle da adoção transnacional 54
    4.4 Reflexos e efeitos da Convenção de Haia em nosso sistema jurídico. A recepção dos tratados e convenções pela ordem jurídica pátria 58

5. A Autoridade Central
    5.1 Conceito 65
    5.2 Natureza jurídica 68
    5.3 Composição da Autoridade Central 71
    5.4 Funcionamento da Autoridade Central 75

5.5 Atribuições da Autoridade Central 84
5.6 A Autoridade Central Estadual no sistema brasileiro 90

6. Os Organismos Credenciados – As Agências de Adoção Internacional 93

7. A Adoção Internacional em Países Não-Ratificantes da Convenção de Haia 99

8. Requisitos para a Adoção Internacional
8.1 A regra da subsidiariedade 105
8.2 Requisitos procedimentais previstos na Convenção de Haia e no Estatuto da Criança e do Adolescente 108

9. O Processo Judicial de Adoção 111

10. Efeitos da Adoção 117
10.1 O vínculo de filiação 118
10.2 Relação de parentesco com os parentes do adotante 120
10.3 Irrevogabilidade da adoção 121
10.4 Do exercício do poder familiar 124
10.5 A obrigação alimentar 126
10.6 Direitos sucessórios 128
10.7 Nacionalidade e cidadania 129

11. Uma Reflexão sobre o Papel da Sociedade Organizada e o Cumprimento da Convenção Relativa à Proteção das Crianças e à Cooperação em Matéria de Adoção Internacional 135

12. Conclusão 141

Referências Bibliográficas 157

Anexos
ANEXO 1 – **Decreto n. 3.087, de 21 de junho de 1999 e Decreto Legislativo n. 1, de 1999** 165
ANEXO 2 – **Decreto n. 3.174, de 16 de setembro de 1999** 179
ANEXO 3 – **Decreto n. 5.491, de 18 de julho de 2005** 182
ANEXO 4 – **Recomendação n. 02/2006 do CNJ** 187
ANEXO 5 – **Resolução n. 54, de 29 de abril de 2008** 189

SUMÁRIO

ANEXO 6 – **Portaria n. 815/1999-DG/DPF, de 28 de julho de 1999** 191
ANEXO 7 – **Resoluções do Conselho das Autoridades Centrais Brasileiras**
  – **Resolução n. 01/2000** 196
  – **Resolução n. 02/2000** 197
  – **Resolução n. 03/2001** 203
  – **Resolução n. 04/2001** 206
  – **Resolução n. 06/2001** 207
  – **Resolução n. 07/2003** 207
  – **Resolução n. 08/2004** 208
  – **Resolução n. 09/2005** 211
  – **Resolução n. 10/2006** 213
  – **Resolução n. 11/2007** 214
ANEXO 8 – **Ata da I Reunião Extraordinária das Comissões Temáticas do Conselho das Autoridades Centrais Brasileiras**...217
ANEXO 9 – **Cartilha do Ministério da Justiça** 229
  – **Modelo de Requerimento de Autorização para funcionamento de Organizações Estrangeiras Sem Fins Econômicos no Brasil** 237
  – **Modelo de Requerimento de Credenciamento de Entidades de Fomento à Adoção Internacional de Menores pela Autoridade Central Administrativa Federal** 238
  – **Formulários exigidos pela Convenção de Haia**
  – **Relatório Médico da Criança** (*Medical Report on the Child*) ..239
  – **Certificado de Continuidade do Procedimento** (*Statement of Continuity of the Adoption*) 243
  – **Certificado de Conformidade da Adoção Internacional** (*Certificate of Conformity of Intercountry Adoption*) 244
ANEXO 10 – **Critérios para credenciamento de Organismos Internacionais que atuam na Adoção Internacional** 247
ANEXO 11 – **Roteiro para a elaboração do Relatório Anual dos Organismos/Entidades que atuam, em solo brasileiro, na Cooperação em Adoção Internacional** 250
ANEXO 12 – **Endereços de Organismos Estrangeiros credenciados**
  – **Endereços de CEJA/CEJAIS** 253

1

Introdução

A adoção, como modalidade de colocação em família substituta, compõe a garantia constitucional do direito à convivência familiar e comunitária de crianças e adolescentes inscrita no art. 227 da Lei Maior.

O texto constitucional foi regulamentado pela Lei 8.069/1990, que instituiu o *Estatuto da Criança e do Adolescente*, firmando, nos arts. 19 a 52, o arcabouço infraconstitucional de proteção daquele direito fundamental.

É certo que a família é o primeiro agente socializador do ser humano. A falta de afeto e de amor gravará, para sempre, seu futuro. Outra não foi a intenção da *Declaração Universal dos Direitos da Criança*, que firmou, no Sexto Princípio, que a criança precisa de amor e compreensão e, sempre que possível, será criada sob os cuidados e responsabilidade dos pais, num ambiente de afeto e segurança moral e material; e somente em circunstâncias excepcionais a criança será separada da mãe. Ou seja, a adoção, seja ela nacional ou internacional, sempre será uma medida de exceção, em contraponto com a regra da permanência da criança em sua família biológica.

A adoção internacional tem despertado amor e ódio, numa ambivalência de atitudes que traz consigo, ao mesmo tempo, uma vasta gama de problemas sociais e jurídicos.

Essa modalidade de adoção, até há pouco tempo sem uma uniformização de procedimentos definidos, preocupou-se mais com desejos e ansiedades dos adotantes do que com as necessidades das crianças. Em vista disso, viu-se um resultado inadequado dessas colocações em famílias substitutas, decorrente da ausência de exigências pela lei nacional de adoção, atrasos nos procedimentos, custos elevados, além da permanência da criança em abrigos por períodos mais longos.

Outro problema comum nas adoções transnacionais refere-se à inabilidade dos países de acolhida em demonstrarem reconhecimento legal às adoções efetivadas por seus cidadãos, gerando conflitos de nacionalidade e de direitos de cidadania. Isso permitiu que muitas crianças adotadas permanecessem numa espécie de limbo jurídico, com conseqüências danosas para seu desenvolvimento emocional, porquanto já sofreram o abandono da família biológica.

O assunto é delicado, exigindo acurada reflexão.

A tarefa de conciliar o regramento constitucional, as leis infraconstitucionais e aquelas advindas de tratados e convenções internacionais instigou a presente pesquisa, de modo a conferir, em primeiro lugar, a manutenção da legalidade ao instituto da adoção internacional.

Para tanto, a pesquisa identificou, desde seu início, a importância do fundamento constitucional do direito à convivência familiar e comunitária, inscrito no art. 227. Nessa força constitucional reside a colocação em família substituta, na modalidade de adoção. Todavia, a legislação pátria confere *status* de excepcionalidade à adoção internacional, que deverá ter seu processamento qualificado pelos procedimentos administrativos das Autoridades Centrais.

Em seguida, efetuou breve retrospecto histórico dos documentos internacionais que abordam a adoção transnacional e/ou outros assuntos relacionados à proteção infanto-juvenil, focalizando o surgimento das Autoridades Centrais, como coadjuvante instrumental da fase pré-processual, de natureza administrativa, com o fim de impedir o desvio de finalidade da adoção.

O lume especial desse foco recaiu sobre a *Convenção Relativa à Proteção das Crianças e à Cooperação em Matéria de Adoção Internacional*, realizada em Haia, em 28.5.1993. Essa Convenção, além de objetivar a cooperação entre os países de acolhida e os países de origem das crianças, de modo a minimizar os abusos, assegurar os interesses superiores da criança e garantir o reconhecimento das adoções efetivadas, firmou, definitivamente, a metodologia representada pelas Autoridades Centrais, como instrumentos de garantia da legalidade do instituto da adoção transnacional.

Esse mecanismo, utilizado pela primeira vez na década de 1960, recebeu, nessa Convenção, nova feitura, profissionalizada, organizada administrativamente, coerente com a finalidade da adoção, cujos parâmetros legais, embora multiformes e multinacionais, receberam o acolhimento da nossa ordem jurídica constitucional e infraconstitucional.

Outro aspecto desenvolvido pela pesquisa refere-se à centralização e controle das adoções transfronteiriças, exercidos pela Autoridade Central dos países participantes da Convenção. Frisa-se que esse controle é somente administrativo, não podendo aquela Instituição interferir no processo judicial de adoção.

A centralização das informações referentes aos adotantes, adotandos, leis nacionais, procedimentos internos, documentos e outras atividades foi a maneira encontrada pela Convenção de Haia para impedir os abusos e desvios freqüentes da adoção.

Depois de ratificada pelo Brasil, a Convenção de Haia permitiu perfeita acolhida na legislação pátria, espraiando seus reflexos e efeitos nas adoções internacionais aqui processadas, permitindo um realinhamento nas ações das Autoridades Centrais dos Estados.

A divergência principal, na doutrina, a respeito do tema recai sobre o instituto da *Autoridade Central*. Seu conceito, natureza jurídica, composição, funcionamento e, principalmente, suas atribuições, que são objeto de dissenso, pleiteando uns a jurisdicionalidade de suas funções (competência?), em face de ser composta por integrantes do Poder Judiciário.

Todavia, afirma-se, aqui, que a atribuição da Autoridade Central é meramente administrativa, não podendo ela interferir no processo judicial de adoção internacional e tampouco vincular suas atividades à jurisdição do juiz natural ou ao deferimento, ou não, da adoção requerida por estrangeiros (domiciliados em outro país[1]).

Perquire-se, em adição, se há compatibilidade entre a Convenção de Haia e a Constituição Federal, o Estatuto da Criança e do Adolescente e o Código Civil. A resposta afirmativa sobressai, tendo em vista que o texto convencional reservou a possibilidade da vigência integral das

---

1. O procedimento judicial de adoção para os estrangeiros residentes no Brasil é o mesmo para os nacionais.

leis internas, de modo que os países ratificantes não precisam temer a ingerência de lei estranha em sua ordem jurídica.

Pode-se afirmar, de modo geral, que a Convenção de Haia foi um importante marco legal para as adoções internacionais. Essa importância recaiu sobretudo na intenção de garantir uma adoção fundada na legalidade, impedindo as práticas abusivas do passado, de tão tristes lembranças! E essa garantia advém, com destacado mérito, da atividade das Autoridades Centrais, que imprimirão autoridade, seriedade e idoneidade às adoções transnacionais.

A adoção (internacional) sempre será um desafio. Mais que isso: um sinal de impotência (ou ineficiência!) do sistema de proteção à família, que permite que seus filhos possam ser levados para outro país. Mais que discutir a adoção e suas implicações sociais e jurídicas, é preciso exigir a instalação de políticas públicas de apoio e proteção às famílias. Esse é, de fato, o maior desafio!

2
A Adoção por Estrangeiros e o Direito Constitucional à Convivência Familiar e Comunitária

Um dos direitos humanos fundamentais, exclusivo da criança e do adolescente, é o direito de ser criado e educado no seio da sua família, e excepcionalmente em família substituta, assegurada a convivência familiar e comunitária, conforme foi gravado no art. 227 da CF, que ordena que sua efetividade seja garantida com absoluta prioridade.

A par da norma constitucional, o art. 19 do Estatuto da Criança e do Adolescente (ECA) reprisa seu enunciado, acrescentando que, além de terem direito a uma família, a criança e o adolescente devem conviver em ambiente livre da presença de pessoas dependentes de substâncias entorpecentes.

A família é, portanto, o ambiente natural de desenvolvimento integral da criança e do adolescente. Disso, infere-se que, obrigatoriamente, a família natural[1] será chamada a cumprir seu papel constitucional de dar guarida, sustento, educação e assistência integral às crianças e aos adolescentes que a compõem.

Em palavras mais simples, criança e adolescente têm direito a uma família!

---

1. ECA, art. 25: "Entende-se por família natural a comunidade formada pelos pais ou qualquer deles e seus descendentes".

A *Declaração Universal dos Direitos da Criança*, de novembro/1959, já afirmava, no Sexto Princípio: "Para o desenvolvimento completo e harmonioso de sua personalidade, a criança precisa de amor e compreensão. Criar-se-á, sempre que possível, aos cuidados e sob a responsabilidade dos pais, e, em qualquer hipótese, num ambiente de afeto e de segurança moral e material; salvo circunstâncias excepcionais, a criança de tenra idade não será apartada da mãe. À sociedade e às autoridades públicas caberá a obrigação de propiciar cuidados especiais às crianças sem família e àquelas que carecem de meios adequados de subsistência. É desejável a prestação de ajuda oficial e de outra natureza em prol da manutenção dos filhos de famílias numerosas".

O mesmo propósito foi reafirmado na *Convenção de Nova York*, em 26.1.1990, ao estabelecer, no art. 9º, n. 1, que: "Os Estados-partes deverão zelar para que a criança não seja separada dos pais contra a vontade dos mesmos, exceto quando, sujeito a revisão judicial, as autoridades competentes determinarem, de conformidade com a lei e os procedimentos legais cabíveis, que tal separação é necessária ao interesse maior da criança (...)".

A própria *Convenção Relativa à Proteção das Crianças e à Cooperação em Matéria de Adoção Internacional*, de 1993, estabelece, em seu "Prólogo", que "cada Estado deverá tomar, com caráter prioritário, medidas adequadas, que permitam manter a criança em sua família de origem (...)".

Nem sempre, porém, a família natural ou aquela família também conhecida como *família estendida*, composta pelos demais parentes dos pais, poderão assumir a responsabilidade de garantir o direito familiar à sua prole. Nesse caso, a lei oferece uma alternativa: a família substituta estrangeira.

A família substituta ou *alternativa* é aquela que irá *excepcionalmente* ocupar o lugar da família natural ou *estendida*, com o múnus de garantir o direito fundamental da criança de ser criada no seio de sua família.

Quando o art. 31 do ECA excepciona a medida de colocação em família substituta estrangeira, nada mais está fazendo que repetir a regra geral disposta no art. 19 do mesmo diploma legal. O mesmo tom é dado pelo parágrafo único do art. 23, segundo o qual a criança será mantida em sua família de origem se não acorrerem motivos outros, que não somente sua situação financeira.[2]

---

2. Cf. nosso *Adoção – Adoção Internacional*, 2ª ed., p. 74.

A propósito, Josiane Rose Petry Veronese ressalta: "Tivéssemos um país no qual todos vivessem bem os seus papéis: famílias responsáveis, amorosas, saudáveis e estruturadas; uma sociedade cuja existência não fosse meramente abstrata, mas identificadora de um conjunto de pessoas engajadas, co-responsáveis, solidárias, e um Estado que não tivesse sido espoliado desde o seu processo de colonização – sempre servil às metrópoles mundiais –, certamente teríamos condições de resolver os poucos, quem sabe raros, casos de crianças em situação de abandono, e muito menos ainda precisaríamos nos valer da adoção internacional. Mas a realidade é outra e o instituto da adoção internacional, apesar dos muitos "senões" que apresenta e devem continuamente ser apresentados, coloca-se como um mecanismo cuja utilidade não podemos levianamente desconsiderar ou mesmo descartar".[3]

O fato é que com a posição constitucional de assegurar uma família à criança e ao adolescente, como bem jurídico fundamental tutelado, abre-se a oportunidade para, inexistindo a família biológica no país da criança, buscar na adoção transfronteiriça a satisfação daquele direito. Inverte-se, pois, o eixo da necessidade: agora, busca-se uma família para uma criança.

Diga-se, de passagem, que a situação econômica dos adotantes, e sobretudo da criança, não poderá interferir na decisão de conceder a adoção a estrangeiros, sob o argumento de que, num país de Primeiro Mundo, o adotando estaria mais feliz! Em outras palavras, não é a situação financeira da família ou a situação econômica do país de acolhida que determinarão o êxito da adoção ou das relações familiares.

A alusão aos países de acolhida – considerados de Primeiro Mundo – e aos países de origem do adotando – considerados de Terceiro Mundo – diminui a importância da adoção. Essa classificação, que mais distingue a superioridade dos países de acolhida, ao menos na prosperidade, não garante, por si só, o êxito da adoção.

A situação econômica dos países não pode ser o referencial de felicidade. A pessoa deve ser ajustada ao seu ambiente e nele interagir, de modo a realizar seus objetivos e sonhos.[4] O ser humano ajusta-se

---

3. Josiane Rose Petry Veronese, "Adoção internacional: um assunto complexo", in CD-ROM *Acervo Operacional dos Direitos da Criança e do Adolescente*, 2003 (disponível em: *www.ccl.ufsc.br/~9612212/crianca/adocao.txt*, acesso em 25.9.2003).

4. ECA, art. 23, parágrafo único.

e é feliz quando está integrado na família, interagindo no meio cultural, espiritual e no mundo em que vive; não, porém, por questões de superioridade econômica.

A permissão constitucional exarada no § 5º do art. 227 revela que a adoção por estrangeiros é assunto que deve ser considerado com seriedade, para que permaneça entre nós como um instituto eficaz contra o tráfico de crianças e alternativo em relação à colocação de crianças em família substituta; e, sobretudo, dentro dos limites da legalidade.

J. Foyer e C. Labrusse-Riou definiram a *adoção internacional* como "aquela que faz incidir o direito internacional privado, seja em razão do elemento de extraneidade que se apresenta no momento da constituição do vínculo (nacionalidade estrangeira de uma das partes, domicílio ou residência de uma das partes no exterior), seja em razão dos efeitos extraterritoriais a produzir".[5]

Em complemento, Cláudia Lima Marques esclarece que "a adoção internacional significa no Brasil, hoje, um 'des-enraizamento' cultural e social da criança, que é levada para outra sociedade, outra cultura, outra família e outra língua. É a adoção internacional dos anos 90, que ficou conhecida como 'adoção intercultural', para se opor à adoção dos anos 50-70 do século XX, conhecida como 'adoção humanitária'. Atualmente, a preocupação maior do direito internacional privado não é somente 'dar uma nova chance' para esta criança ou indicar a melhor lei para regular a formação desta nova família, visualizam-se muito mais os perigos da transferência internacional e do 'des-enraizamento' social das crianças, voltando-se o Direito para assegurar respeito, segurança e bem-estar desta criança, assim como a realização plena de seus direitos fundamentais". A adoção de crianças brasileiras por estrangeiros e pessoas domiciliadas no exterior é um tema tão importante no país, que a Constituição brasileira de 1988, ao assegurar o respeito e a prioridade dos direitos fundamentais das crianças, especifica, no § 5º de seu art. 227: "A adoção será assistida pelo Poder Público, na forma da lei, que estabelecerá casos e condições de sua efetivação por parte de estrangeiros". Assim também a lei interna, o Estatuto da Criança e do Adolescente (ECA – Lei 8.069/1990), impõe a subsidiariedade da adoção internacional frente a outras medidas nacionais, destaca a importância de se tentar a manu-

---

5. J. Foyer e C. Labrusse-Riou, *L'Adoption d'Enfants Étrangers*, p. 94.

tenção dos vínculos com a família original e impõe, para qualquer adoção, o princípio do bem-estar da criança.[6]

A adoção transnacional exige, para sua concretização, que as pessoas que integram a relação processual sejam domiciliadas em países diferentes. Grande parte da legislação alienígena proclama o domicílio do adotante como fator identificador da adoção por estrangeiros. Entretanto, a legislação pátria elegeu a nacionalidade do adotando,[7] o que, de certa forma, coincide com as normas da Convenção de Haia, que seleciona, como viáveis e válidas, as leis do país de origem do adotando.

O conjunto de normas que se referem à colocação de crianças e adolescentes em família substituta, em todas as suas modalidades – incluindo, aqui, o Código Civil (Lei 10.406, de 10.1.2002) –, está intrinsecamente vinculado ao mandamento maior previsto nos arts. 226 e 227 da CF, que asseguram à criança e ao adolescente, com absoluta prioridade, o direito à convivência familiar e comunitária.

O Código Civil, ao tratar das relações de parentesco, regula a adoção (arts. 1.618-1.629), deferindo à legislação ordinária especial os casos de adoção por estrangeiros. O referido Código está em sintonia com as demais leis pátrias e com a Convenção de Haia, tendo em vista que reprisou, em sua quase-totalidade, as disposições sobre adoção contidas no Estatuto da Criança e do Adolescente.

Não há conflito entre as normas pátrias e a Convenção de Haia. Aliás, como adverte Cláudia Lima Marques, "mais que modificar as normas nacionais, no Brasil, sejam as normas presentes no Estatuto da Criança e do Adolescente – ECA (Lei 8.069/1990), sejam as do Código Civil de 1916 (ou do novo Código Civil de 2002), a Convenção de Haia de 1993 acabou consolidando as regras nacionais e o regime de centralização e de subsidiariedade da adoção internacional existente no Brasil. Manteve também intactas as regras de conflito, presentes na Lei de Introdução ao Código Civil – LICC (Decreto-lei 4.657/1942), e de processo civil, presentes no Estatuto da Criança e do Adolescente e no Código de Processo Civil (Lei 5.869/1973). O

---

6. Cláudia Lima Marques, "A Convenção de Haia, de 1993, e o regime da adoção internacional no Brasil, após a aprovação do novo Código Civil brasileiro em 2002", in CD-ROM *Acervo Operacional dos Direitos da Criança e do Adolescente*, 2003.

7. Cf. nosso *Adoção – Adoção Internacional*, 2ª ed., p. 41.

resultado é um pluralismo de fontes a determinar o regime da adoção internacional no Brasil".[8]

Como salientou a citada autora, as normas materiais do Código Civil de 2002 estão em *diálogo* com as leis existentes, com a prevalência das leis especiais. O Código Civil parece ter aberto mão de regular a adoção internacional, preferindo remeter o aplicador da lei para a lei especial – no caso, as normas hoje existentes no Estatuto da Criança e do Adolescente, na Lei de Introdução ao Código Civil e na Convenção de Haia de 1993 (Decreto 3.087/1999).

O Código Civil de 1916 não tratou da adoção internacional. O atual Código dispõe, no art. 1.629, que "a adoção por estrangeiro obedecerá aos casos e condições que forem estabelecidos em lei". É inegável, porém, que as normas do Código Civil brasileiro trarão reflexos na adoção internacional, principalmente em alguns temas não tratados pelo Estatuto da Criança e do Adolescente.[9] Sendo assim, até que se legisle nova e especificamente sobre a adoção internacional, as regras do Código Civil são subsidiárias às normas do Estatuto em caso de adoção internacional.[10]

O CC brasileiro dispõe, nos arts. 1.593 e ss., a respeito do parentesco por adoção, repetindo a regra constitucional da isonomia de direitos e qualificações entre todos os filhos e nas sucessões; mas deixa que a lei especial acompanhe a adoção por estrangeiros.

Os critérios gerais para a adoção nacional encontram-se nas normas do Código Civil: idade mínima de 18 anos para os adotantes (art. 1.618); uma diferença mínima de 16 anos entre adotante e adotado (art. 1.619); em caso de adoção conjunta por duas pessoas, seu casamento ou união estável (art. 1.622); o consentimento dos pais biológicos ou seus representantes e do adotando maior de 12 anos (art. 1.621); ou, em caso de abandono, a destituição do pátrio poder (arts. 1.621, § 1º, e 1.624). A adoção é plena de efeitos jurídicos (art. 1.626), e somente será admitida se constituir efetivo benefício para o adotando (art. 1.625). Os efeitos da adoção não são mais limitados (arts. 1.626 e 1.628), assemelhando-se aos do Estatuto, porém com possibilidade de se mudar o prenome (art. 1.627).

8. Cláudia Lima Marques, "A Convenção de Haia, de 1993, e o regime da adoção internacional no Brasil, após a aprovação do novo Código Civil brasileiro em 2002", in CD-ROM *Acervo Operacional dos Direitos da Criança e do Adolescente*, 2003.

9. CC, arts. 1.621, *caput* e § 2º, e 1.624.

10. Cláudia Lima Marques, "A Convenção de Haia, de 1993, e o regime da adoção internacional no Brasil, após a aprovação do novo Código Civil brasileiro em 2002", in CD-ROM *Acervo Operacional dos Direitos da Criança e do Adolescente*, 2003.

Em resumo, tanto o Estatuto como o Código Civil prevêem apenas um tipo de adoção: uma adoção efetivada perante o Poder Judiciário, por meio de processo judicial que contemple todos os direitos decorrentes da filiação constituída por sentença (judicial) para maiores e menores de 18 anos, com a manifestação obrigatória do Ministério Público (CC, art. 1.623; ECA, art. 47).

A adoção insere a criança, totalmente, na família dos adotantes, com os mesmos direitos, inclusive sucessórios, dos outros filhos, desligando a criança de qualquer vínculo com os pais e parentes naturais, salvo os impedimentos matrimoniais (ECA, art. 41; CC art. 1.626). Essa adoção é irrevogável (ECA, art. 48). Os consentimentos dos pais biológicos são revogáveis até a sentença (CC, art. 1.621), e a adoção terá efeitos a partir do trânsito em julgado da sentença judicial (ECA, art. 47, § 1º; CC, art. 1.628), possibilitando a mudança do nome do adotado e mesmo de seu prenome, a critério do juiz, se houver pedido do adotante nesse sentido (ECA, art. 47, § 5º; CC, art. 1.627).

No capítulo referente à proteção da pessoa dos filhos em caso de separação judicial ou divórcio (arts. 1.538-1.590) o Código Civil não faz diferenciação alguma entre filhos adotados e naturais. Como mencionado acima, o atual Código Civil não afeta diretamente a adoção internacional; mas, se a afetasse, em nada mudaria, pois se pauta pelos princípios do Estatuto e da Constituição Federal de 1988, de manutenção do vínculo, isonomia entre filhos e de bem-estar e interesse superior da criança.

Conclui a autora citada: "A Convenção de Haia de 1993 não revoga ou ab-roga o Estatuto da Criança e do Adolescente brasileiro; ao contrário, expressamente declara que as leis nacionais devem ser mantidas (art. 28 da Convenção). A Convenção contribuiu para atualizar o espírito da lei, mais adaptada à aproximação dos países, à globalização e às facilidades, tanto de contatos internacionais privados como do deslocamento de crianças, de agentes facilitadores independentes ou de agências internacionais de adoção (intermediários) e de informação e cooperação das autoridades competentes. Visa a evitar o tráfico de crianças, o abandono induzido para adoção internacional de bebês e o benefício financeiro de qualquer um daqueles que participam na adoção de crianças. O princípio da subsidiariedade é importante peça neste novo cenário".[11]

---

11. Cláudia Lima Marques, "A Convenção de Haia, de 1993, e o regime da adoção internacional no Brasil, após a aprovação do novo Código Civil brasileiro em 2002", in CD-ROM *Acervo Operacional dos Direitos da Criança e do Adolescente*, 2003.

Para Luiz Carlos de Barros Figueirêdo não é preciso ser um estudioso da adoção internacional ou especialista em direito de família para "se aperceber das inúmeras conquistas trazidas pela vigente Constituição nesse aspecto, como por exemplo: (i) constitucionalização formal do instituto da adoção; (ii) obrigatoriedade da intervenção do Poder Público quando o adotando for criança ou adolescente, afastando de vez a aplicação das regras do Código Civil em tais casos; (iii) previsão de regras diferenciadas para adoção internacional; (iv) igualdade absoluta entre filhos biológicos e adotivos; (v) proibição de qualquer designação discriminatória relativa à filiação. Assim, podemos dizer que pela primeira vez, no Brasil, a questão da adoção e, especificamente, da adoção internacional encontra-se inserida hoje no direito constitucional (...)".[12]

É certo que a supremacia das normas constitucionais, no ordenamento jurídico, e a presunção de constitucionalidade das leis e atos normativos editados pelo Poder Público competente exigem que, na função hermenêutica de interpretação do ordenamento jurídico, seja sempre concedida preferência ao sentido da norma que seja adequado à Constituição Federal.[13]

A CF de 1988 garantiu, no § 5º do art. 227, a efetivação da adoção internacional, cujos casos e condições estariam regulados pela legislação em vigor, mas desde que com a assistência do Poder Público.

O art. 31 do ECA, por sua vez, consagra que "a colocação em família substituta estrangeira constitui medida excepcional, somente admissível na modalidade de adoção" – afastando, radicalmente, qualquer hipótese de colocação de criança ou adolescente em família estrangeira por outras modalidades de colocação em família substituta.[14]

O fundamento teleológico[15] do citado artigo revela que a adoção deve ser feita por nacionais, para permitir que a criança permaneça em seu país de origem e não precise se submeter a outras culturas, línguas, costumes etc.

---

11. Cláudia Lima Marques, "A Convenção de Haia, de 1993, e o regime da adoção internacional no Brasil, após a aprovação do novo Código Civil brasileiro em 2002", in CD-ROM *Acervo Operacional dos Direitos da Criança e do Adolescente*, 2003.

12. Luiz Carlos de Barros Figueirêdo, *Adoção Internacional – Doutrina & Prática*, p. 62.

13. Cf. Alexandre de Moraes, *Direito Constitucional*, 7ª ed., p. 43.

14. Por exemplo, guarda ou tutela.

15. Evolução teleológica da adoção: (i) dar um filho a quem a Natureza o negou; (ii) filantropia e benemerência; (iii) responsabilidade da família, da sociedade e do Estado para assegurar a manutenção da filiação e da união familiar; (iv) paternidade afetiva.

Reunidas essas informações, pode-se afirmar que a finalidade social e jurídica da adoção, nacional ou internacional, evoluiu. No princípio consistia ela em dar um filho a quem a Natureza o havia negado. Em seguida, tomou aspectos de ação benemerente e filantrópica. Depois se constatou que a adoção era uma responsabilidade de todos. E, por fim, acrescentaria que a adoção representa a paternidade afetiva consagrada pela Constituição Federal, como resposta da relação paterno-filial.

3
Convenções e Tratados Internacionais sobre Adoção: Breve Histórico do Surgimento das Autoridades Centrais

A adoção por estrangeiros preocupa a comunidade internacional e a Organização das Nações Unidas desde a década de 1960, quando foram idealizados os *Fundamental Principles for Intercountry Adoption-Leysin*, objeto de discussão e estudo em um Seminário na cidade de Leysin.

A recomendação originada dos *Principles* não constituía legislação vinculante para o Estado-membro signatário; e, portanto, eram princípios de observância não-obrigatória. De qualquer modo, a iniciativa da ONU demonstrava, já naquela época, uma preocupação crescente com a adoção. Tanto é que a principal conclusão daquele Seminário considerou a adoção internacional como medida excepcional, sugerindo a preferência da adoção nacional; e, por fim, destacava que a adoção internacional só deveria ser autorizada se fosse para o bem-estar da criança.

Em 15.11.1965 foi realizada, na cidade de Haia, conferência sobre a adoção internacional, que resultou na *Convenção Relativa à Competência das Autoridades, à Lei Aplicável e ao Reconhecimento das Decisões em Matéria de Adoção*, cujo tema central versou sobre a lei aplicável, jurisdição e reconhecimento das decisões em matéria de adoção.

Os países participantes daquela Conferência preocuparam-se em estabelecer e regular os conflitos de leis, deixando de lado a unificação dos princípios básicos para as adoções, que era o tema que firmava o caráter coercitivo da Convenção para os países que aceitassem seus termos.

Essa Convenção tinha como meta disciplinar as relações de adoção entre pessoas domiciliadas em países europeus. Não se previa, naquela época, o grande movimento de adoções que se realizariam entre os cones Norte-Sul.

A referida Convenção estabeleceu, portanto, que as regras a respeito de jurisdição versariam sobre a residência habitual do adotante.[1] Esse fato fez com que somente Áustria, Reino Unido e Suíça assinassem o texto da Convenção, sendo recusado pela totalidade dos países em desenvolvimento e por alguns países que reconheciam a nacionalidade como fundamento para a determinação da jurisdição.

Em 24.4.1967 os países-membros do Conselho da Europa,[2] reunidos na cidade de Estrasburgo, elaboraram a *Convenção Européia em Matéria de Adoção de Crianças*, com a finalidade de unificar e regular algumas regras sobre a adoção.

Diferentemente da anterior, essa Convenção teve poder coercitivo para os membros signatários e pretendia, com isso, além de propiciar união maior entre os membros do Conselho da Europa, ajustar divergências entre as legislações internas. Apesar de não abordar temas essenciais sobre a adoção, vigora entre os países-membros do Conselho da Europa.

O "Preâmbulo" do citado texto convencional estabelecia: (i) o objetivo do Conselho da Europa é realizar uma união mais estreita entre os seus membros, a fim de, nomeadamente, favorecer seu progres-

---

1. *Convention on Jurisdiction, Applicable Law and Recognition of Decrees Relating to Adoptions (Concluded November 15, 1965) (In accordance with its Article 23, this Convention will cease to have effect on 23 October 2008):*
"Art. 3. Jurisdiction to grant an adoption is vested in: a) the authorities of the State where the adopter habitually resides or, in the case of an adoption by spouses, the authorities of the State in which both habitually reside; b) the authorities of the State of which the adopter is a national or, in the case of an adoption by spouses, the authorities of the State of which both are nationals.
"The conditions relating to habitual residence and nationality must be fulfilled both at the time when the application for adoption is made and at the time when the adoption is granted."

2. Alemanha, Áustria, Dinamarca, Grécia, Irlanda, Itália, Liechtenstein, Malta, Noruega, Portugal, Reino Unido, Suécia e Suíça.

so social; (ii) que, embora o instituto da adoção de menores exista na legislação de todos os Estados-membros do Conselho da Europa, há nesses países pontos de vista divergentes acerca dos princípios que o deveriam reger, assim como diferenças quanto ao processo de adoção e aos efeitos jurídicos da adoção; (iii) que a aceitação de princípios e práticas comuns referentes à adoção de menores contribuiria para aplanar as dificuldades causadas por semelhantes divergências e permitiria, ao mesmo tempo, a promoção do bem-estar dos menores adotados.

Em 20.5.1980 o Conselho da Europa novamente se reuniu em Luxemburgo e acordou a *Convenção Européia sobre o Reconhecimento e a Execução das Decisões Relativas à Guarda de Menores e sobre o Restabelecimento da Guarda de Menores*. Não versou especificamente sobre a adoção, mas a respeito de decisões sobre a guarda de filhos.

Dessa vez, a referida Convenção iniciou-se refletindo (i) que nos Estados-membros do Conselho da Europa a consideração do interesse do menor é de importância fundamental em matéria de decisões relativas à sua guarda; (ii) que a instituição de medidas destinadas a facilitar o reconhecimento e a execução das decisões referentes à guarda de um menor visará, como conseqüência, a garantir uma melhor proteção do interesse dos menores; (iii) que seria desejável salientar que o direito de visita dos pais é o corolário normal do direito de guarda; (iv) sobre o número crescente de casos em que os menores foram ilicitamente deslocados por uma fronteira internacional e as dificuldades encontradas, para se resolver de forma adequada os problemas suscitados por esses casos; (v) que deveriam ser introduzidas disposições apropriadas que permitissem o restabelecimento da guarda dos menores quando essa guarda tivesse sido arbitrariamente interrompida; (vi) sobre a conveniência da oportunidade de adotar, para esse efeito, medidas adaptadas às diferentes necessidades e circunstâncias; (vii) sobre o estabelecimento de relações de cooperação judiciária entre as respectivas autoridades.

A *Convenção sobre os Aspectos Civis do Rapto Internacional de Crianças*, concluída em Haia, em 25.10.1980, durante a 14ª Conferência de Haia de Direito Internacional Privado,[3] tinha como objetivo proteger a criança, no plano internacional, dos efeitos prejudiciais resultantes de uma mudança de domicílio ou de uma retenção ilícita e estabelecer as formas que garantissem o regresso imediato da criança

---

3. Assinaram essa Convenção os seguintes países: Austrália, Canadá, Espanha, França, Hungria, Luxemburgo, Portugal, Reino Unido e Suíça.

ao estado da sua residência habitual; e velar para que os direitos de custódia e de visita vigentes em um dos Estados Contratantes fossem respeitados nos demais Estados Contratantes. Essa Convenção objetivava, também, impor respeito aos direitos e interesses da criança quando tivesse sido transferida irregularmente de sua residência para outro país, sendo-lhe assegurado o direito de imediato regresso.

Em 7.3.1983 o *Instituto Interamericano del Niño*, órgão da Organização dos Estados Americanos – OEA, reunido em Quito, para a III Conferência Interamericana de Direito Privado, elaborou as *Bases para un Proyecto de Convención Interamericana sobre Adopción de Menores*.

O art. 1º desse documento define a adoção internacional de menores como aquela em que os adotantes e o adotado tenham residência habitual em países diferentes. O trabalho dessa Conferência prosseguiu, estabelecendo que (i) a adoção de menores – instituto de proteção de menores desvalidos – está contemplada em quase todos os Estados da OEA, com as diferenças próprias de cada um; (ii) a aceitação de princípios e normas comuns será, sem dúvida, de grande utilidade para resolver as dificuldades, resultando em proveito dos menores favorecidos com a adoção; (iii) uma alta porcentagem dessas adoções se efetua entre adotantes domiciliados em países industrializados e menores domiciliados em países em desenvolvimento; (iv) que é bom para os Estados-membros da OEA buscar uniformidade nas legislações e convênios vigentes no Continente Americano que abordam essa matéria; (v) que a adoção pode originar questões sobre as autoridades competentes, a legislação nacional aplicável, os efeitos do reconhecimento das decisões tomadas em matéria de adoção, que devem ser convenientes e em proveito dos menores, com critérios semelhantes aos utilizados na Europa.

Em 24.5.1984, em La Paz, a OEA voltou a discutir o tema, no âmbito da 3ª Conferência Interamericana de Direito Internacional Privado (CIDIP-III), surgindo, daí, a *Convenção Interamericana sobre Conflitos de Leis em Matéria de Adoção de Menores*.

O texto convencional objetivou disciplinar as formas de colocação em família substituta existentes nas Américas, tais como a adoção plena, a legitimação adotiva e outras instituições afins, que equiparam o adotado à condição de filho, cuja filiação esteja legalmente estabelecida, quando o adotante tiver seu domicílio num Estado-parte e o adotado tiver sua residência habitual em outro Estado-parte.

Essa Convenção, que não obteve êxito, pelo fato de ter optado por uma resposta simplista aos conflitos, impôs regulamentação somente quanto às leis aplicáveis às várias questões jurídicas ligadas à adoção, deixando de lado a discussão sobre o estabelecimento dos princípios gerais e estruturas do quadro jurídico de cooperação internacional entre autoridades dos países aos quais pertencem adotantes e adotandos. Até hoje o texto convencional se encontra aberto a adesões, estando em vigor somente no México e na Colômbia.[4]

Apesar dos esforços dos países-membros da OEA, o texto acordado em La Paz não respondeu ao apelo internacional para a solução dos conflitos, pelo fato de não conseguir abranger os países de adotantes e os países de adotandos.

Novamente, em 15.7.1989, a OEA promoveu a 4ª Conferência Interamericana de Direito Internacional Privado, na cidade de Montevidéu, originando a *Convenção Interamericana sobre a Restituição Internacional de Menores*. Essa Convenção tinha por objetivo assegurar a pronta restituição de crianças que tinham residência habitual em um dos Estados-partes e haviam sido ilegalmente levadas para outro Estado-parte; ou que, tendo sido levadas legalmente, tivessem sido ilegalmente ali retidas. Completa o texto convencional que deveria ser respeitado o exercício do direito de visita e de guarda dos menores por parte dos responsáveis. Os efeitos decorrentes desse acordo somente teriam abrangência em relação ao menor que ainda não houvesse completado 16 anos de idade.

Todavia, o art. 3º da referida Convenção define os direitos à guarda e à visita: (i) o direito de custódia ou guarda compreende o direito relativo ao cuidado do menor, em especial o de decidir o lugar de sua residência; (ii) o direito de visita compreende a faculdade de levar o menor, por um período limitado, a um lugar diferente do de sua residência habitual.

Por meio da Resolução 3.028, XXVII, de 18.12.1972, que recebeu o nome de *Conferência das Nações Unidas para uma Convenção Internacional sobre o Direito da Adoção*, a ONU tentou aglutinar os países-membros com a finalidade de estudar e pesquisar os diversos programas e legislações sobre proteção de menores. A partir desse estudo, a ONU instituiu a Resolução 41/1985, de 3.12.1986, que serviu de parâmetro à declaração sobre os princípios sociais e jurídicos apli-

---

4. Assinaram essa Convenção os seguintes países: Bolívia, Brasil, Colômbia, Chile, Haiti, México, República Dominicana, Uruguai e Venezuela. Mas foi ratificada somente pelo México e pela Colômbia.

cáveis à proteção e ao bem-estar dos menores, tendo como finalidade a prática da adoção e outras atividades de colocação familiar no plano nacional e internacional.

Apesar do esforço generalizado dos países-membros da ONU, essa resolução, que não tinha caráter vinculante e obrigatório, não conseguiu solucionar eficazmente os conflitos e problemas advindos da prática da adoção.

A resolução acima citada também inspirou a Assembléia-Geral da ONU, que, em 20.11.1989, proclamou o documento mais importante sobre a proteção infanto-juvenil: a *Convenção sobre os Direitos da Criança*, com caráter vinculante para todos os países-membros, estabelecendo, nos arts. 20, 21 e 35, a proteção especial de crianças sem família, a adoção nos níveis nacional e internacional e a proteção contra venda, tráfico e seqüestro de menores.

A Convenção lembra os princípios básicos das Nações Unidas e disposições específicas de certos tratados e declarações relevantes sobre os direitos humanos; reafirma o fato de que crianças, dada sua vulnerabilidade, necessitam de cuidados e proteção especiais; coloca ênfase especial sobre os cuidados primários e a proteção responsável da família; a necessidade de proteção legal e de outras formas de proteção à criança, antes e depois de seu nascimento; a importância do respeito aos valores culturais da comunidade da criança; e o papel vital da cooperação internacional para o cumprimento dos direitos das crianças.

O texto convencional estabelece a obrigação do Estado de providenciar que a criança não fique sem família e diretrizes sobre a adoção. As crianças que estão privadas, temporária ou permanentemente, do seu meio familiar, ou cujo interesse maior exija que não permaneçam nesse meio, terão direito a proteção e assistência especial do Estado. Por isso, os Estados-partes garantirão, de acordo com suas leis nacionais, cuidados alternativos para essas crianças. Esses cuidados podem incluir, *inter alia*, a colocação em lugares de adoção, a *Kafalah*[5] do Direito Islâmico, a adoção ou, caso necessário, a colocação em institui-

---

5. *Kafalah* – sistema islâmico de proteção de crianças abandonadas e órfãs –, literalmente, significa "acolhimento" e consiste em instituto por meio do qual a criança é acolhida por pessoas unidas pelo casamento com a finalidade de lhe oferecer um ambiente familiar. A criança não será integrada nesta família, não assumindo o nome patronímico nem adquirindo direitos sucessórios. Este sistema de acolhimento é utilizado pelos países islâmicos em face da proibição da adoção pelo *Alcorão*. A *Kafalah* é uma espécie de guarda ou tutela do Direito Brasileiro.

ções adequadas de proteção para crianças. Ao serem consideradas as soluções, deve-se dar especial atenção à origem étnica, religiosa, cultural e lingüística da criança, bem como à conveniência da continuidade de sua educação.

A Convenção prossegue determinando que os Estados-partes que reconhecem ou permitem o sistema de adoção atentarão para o fato de que a consideração primordial seja o superior interesse da criança. Dessa forma, atentarão a que: (i) a adoção da criança seja autorizada apenas pelas autoridades competentes, as quais determinarão, consoante as leis e os procedimentos cabíveis, e com base em todas as informações pertinentes e fidedignas, que a adoção é admissível, em vista da situação jurídica da criança, com relação a seus pais, parentes e representantes legais, e que, caso solicitado, as pessoas interessadas tenham dado, com conhecimento de causa, seu consentimento à adoção, com base no assessoramento que possa ser necessário; (ii) a adoção efetuada em outro país possa ser considerada como outro meio de cuidar da criança, no caso em que a mesma não possa ser colocada em um lar de adoção ou entregue a uma família adotiva ou não logre atendimento adequado em seu país de origem; (iii) a criança adotada em outro país goze de salvaguardas e normas equivalentes às existentes em seu país de origem com relação à adoção; (iv) todas as medidas apropriadas sejam adotadas a fim de garantir que, em caso de adoção em outro país, a colocação não permita benefícios financeiros indevidos aos que dela participarem; (v) quando necessário, esses objetivos sejam promovidos mediante ajustes ou acordos bilaterais ou multilaterais, envidando-se esforços nesse contexto com vistas a assegurar que a colocação da criança em outro país seja levada a cabo por intermédio das autoridades ou organismos competentes.

A Convenção sobre os Direitos da Criança entrou em vigor internacional em 2.9.1990, sendo aprovada pelo Congresso Nacional brasileiro por meio do Decreto Legislativo 28, de 14.9.1990. O Brasil ratificou a Convenção em 24.9.1990, tendo vigência, entre nós, no dia 23.10.1990. Legalmente, essa Convenção tornou-se exigível em solo brasileiro por intermédio do Decreto 99.710, de 21.11.1990.[6]

---

6. A Convenção sobre os Direitos da Criança adequou-se perfeitamente à legislação interna, representada pelo Estatuto da Criança e do Adolescente. Sua aplicação em solo pátrio tem força de lei, em vista de sua ratificação pelo Brasil. Os efeitos dessa Convenção – assim como do Estatuto – nas práticas jurídicas e sociais têm ficado aquém do desejado, embora se perceba intenso esforço dos operadores do Direito e instituições em lhe promover integral cumprimento.

Por fim, a Conferência de Haia de Direito Internacional Privado, na sua 16ª reunião, em outubro/1988, decidiu que a organização deveria, em conjunto com os Estados-membros, instituir uma nova Convenção sobre a Adoção Internacional, que fosse mais eficiente e vinculativa para os Estados.[7]

Uma Autoridade Central Estadual especial foi formada – a *Commission Spéciale sur l'Adoption d'Enfants Originaires de l'Étranger*, que se reuniu de 11 a 21.6.1990, de 22.4 a 3.5.1991 e de 3 a 14.2.1992.

As conclusões da *Commission* foram apresentadas ao Plenário da 17ª Seção da Conferência de Haia de Direito Internacional Privado, no mês de maio/1993, recebendo o título de *Convenção Relativa à Proteção e à Cooperação Internacional em Matéria de Adoção Internacional*.[8]

A preocupação central dessa Convenção versou sobre quatro prioridades a respeito da criança colocada em família substituta: (i) que, para o desenvolvimento harmonioso da personalidade da criança, ela deve crescer em um meio familiar, em clima de felicidade, de amor e compreensão; (ii) que devem ser tomadas todas as medidas para que a criança seja mantida em sua família de origem; (iii) que a adoção internacional apresenta a vantagem de dar uma família a uma criança que não encontra família conveniente em seu país de origem; (iv) que sejam instituídas medidas para garantir que ações internacionais sejam feitas no interesse superior da criança e com respeito a seus

---

7. O tema da adoção internacional insere-se na esfera do direito internacional privado, como justifica Cláudia Lima Marques ("Novas regras sobre adoção internacional no direito brasileiro", *RT* 692): "Quem escreve sobre as regras da adoção internacional no ordenamento jurídico brasileiro já está escrevendo sobre a adoção em direito internacional privado. A adoção internacional já foi tema de várias declarações, convenções e tratados multilaterais. A finalidade maior desse esforço internacional é criar mecanismos eficientes para assegurar o bem-estar da criança adotada, assim como uma situação jurídica estável, tanto no seu país de origem como no país dos adotantes. Mas, ainda hoje, a segurança jurídica das crianças adotadas internacionalmente depende, em muito, das normas internas sobre adoção, de sua prática e do controle exercido pelo Poder Judiciário do país de origem, bem como da confiança que essas normas despertam nos países onde os adotantes estrangeiros têm seu domicílio".

8. São signatários originários da Convenção: Argentina, Austrália, Áustria, Bélgica, China, Canadá, Chipre, Checoslováquia, Dinamarca, Egito, Finlândia, França, Alemanha, Grécia, Hungria, Irlanda, Israel, Itália, Japão, Luxemburgo, México, Países Baixos, Noruega, Polônia, Portugal, Espanha, Suriname, Suécia, Suíça, Reino Unido de Grã-Bretanha e Irlanda do Norte, Estados Unidos da América, Uruguai, Venezuela e Iugoslávia. O Brasil participou como membro *ad hoc*.

direitos fundamentais, assim como para prevenir o seqüestro, a venda ou o tráfico de crianças.[9]

A par dessas relevantes preocupações, a Convenção inspira-se, particularmente, nos princípios instituídos pela Convenção das Nações Unidas sobre os Direitos da Criança, de 20.11.1989, e na Declaração das Nações Unidas sobre os princípios sociais e jurídicos aplicáveis à proteção e ao bem-estar das crianças, inscritos na Resolução da Assembléia-Geral 41/1985, acima referida.

Em relação à oportunidade da adoção, a Convenção aplica-se quando uma criança com residência habitual em um Estado Contratante (o Estado de origem) tenha sido, é ou deva ser deslocada para outro Estado Contratante (o Estado de acolhida), seja após sua adoção no Estado de origem pelos cônjuges ou por uma pessoa residente, habitualmente, no Estado de acolhida, bem como se essa adoção for realizada, após o deslocamento, no Estado de acolhida ou no Estado de origem. A Convenção somente abrange as adoções que estabeleçam um vínculo de filiação.

A referida Convenção pretende fornecer elementos e estabelecer instrumentos para uma convenção multilateral de escala mundial, com poder vinculante para todos os países, mesmo aqueles que não sejam

---

9. I – Dentre as medidas preventivas do seqüestro, venda ou tráfico de crianças destacam-se as atividades das Autoridades Centrais criadas pela Convenção Relativa à Proteção das Crianças e à Cooperação em Matéria de Adoção Internacional, realizada em Haia, em 1993, e ratificada pelo Brasil, por meio do Decreto 3.987/1999. As medidas sugeridas nessa Convenção incluem: (i) a declaração de adotabilidade da criança; (ii) que a adoção internacional atende aos superiores interesses da criança; (iii) que os pais biológicos, quando possível, tenham dado seu consentimento, livremente, à adoção; (iv) que os futuros pais adotivos se encontrem habilitados e aptos para adotar; (v) que a criança não terá problemas para entrar ou permanecer no país de acolhida. É fato, porém, que o seqüestro, a venda ou o tráfico de crianças são atos ilícitos, que devem ser coibidos. Todavia, encontra-se no *site* da ADITAL – Notícias da América Latina e Caribe (*www. adital,com,br/site/noticias/15371.asp?lang=PT&cod=15371*) – reportagem de 17.2.2005, onde relata o tráfico de crianças bolivianas vendidas para adoção ilegal. Relata que na maioria dos casos as crianças são levadas por agências de adoção internacional, que não sofrem qualquer tipo de controle pela lei daquele país, embora tenha ratificado a Convenção de Haia. A revista *Isto É*, edição de 25.11.1998 (*www.zaz.com.br/site/istor/ politica/152143b.htm*), noticia adoções irregulares.

II – Outras medidas que podem ser eficazes: (i) apoio às famílias (financeiro, social e serviços de saúde – CF, art. 226, § 3º, VI, c/c ECA, arts. 34 e 260, § 2º); (ii) instalação de políticas públicas voltadas à proteção das famílias mais necessitadas – creches, escolas, postos de saúde, orientação para adolescentes e quanto à gravidez na adolescência, trabalho infantil etc.; (iii) maior rigor na escrituração das certidões de nascimento; (iv) maior rigor nas alfândegas e aeroportos.

Estados-membros da Conferência de Haia de Direito Internacional Privado.

O sistema de cooperação por meio das Autoridades Centrais, adotado pelos Estados nas convenções e tratados internacionais, é recente.

O controle exercido por meio das Autoridades Centrais foi utilizado pela primeira vez na *Convenção Relativa à Competência das Autoridades e à Lei Aplicável em Matéria de Proteção de Menores*, concluída em 5.10.1961 na cidade de Haia.[10]

Naquela oportunidade a Convenção estabeleceu que todas as autoridades que decretassem medidas de acordo com as disposições da Convenção deveriam informar, sem demora, as autoridades do Estado de que a criança é nacional e sua residência habitual. Cada Estado Contratante designará as *autoridades* que poderão dar e receber, diretamente, as informações acima citadas e notificará aquela designação ao Ministério dos Negócios dos Países Baixos.

Todavia, foi na *Convenção sobre os Aspectos Civis do Rapto Internacional de Crianças*,[11] celebrada em Haia, em 25.10.1980, que a expressão "Autoridade Central" foi utilizada com as funções que hoje se conhecem. O art. 6º da citada Convenção estabelecia que cada Estado Contratante designaria uma Autoridade Central encarregada de dar cumprimento às obrigações que lhe fossem impostas por aquela Convenção.

A partir de então, os documentos relacionados à proteção dos direitos infanto-juvenis incluíram o instituto em seus textos, com a finalidade de coordenar, articular e exercer o controle das atividades a que se propunham tais documentos.

Somente para ficar entre os documentos internacionais mais importantes ligados ao tema, cita-se a *Convenção Interamericana sobre*

---

10. Convention Concerning the Powers of Authorities and the Law Applicable in Respect of the Protection of Infants (concluded at the Hague 5 October 1961): "Art. 11. All authorities who have taken measures by virtue of the provisions of the present Convention shall without delay inform the authorities of the State of the infant's nationality of them and, where appropriate, those of the State of his habitual residence. Each Contracting State shall designate the authorities which can directly give and receive the information envisaged in the previous paragraph. It shall give notice of such designation to the Ministry of Foreign Affairs of the Netherlands".

11. Essa Convenção tem por objeto: (i) assegurar o regresso imediato das crianças ilicitamente transferidas para qualquer Estado Contratante ou nele retidas indevidamente; (ii) fazer respeitar, de maneira efetiva, nos outros Estados Contratantes os direitos de custódia e de visita existentes num Estado Contratante.

Restituição Internacional de Menores, celebrada em Montevidéu, em 15.7.1989, que consagrou, no art. 7º, que, "para os efeitos dessa Convenção, cada Estado-parte designará uma Autoridade Central encarregada do cumprimento das obrigações que estabelece essa Convenção e comunicará a referida designação à Secretaria-Geral da Organização dos Estados Americanos".

Em 29.5.1993, em Haia, foi celebrada a *Convenção Relativa à Proteção e à Cooperação em Matéria de Adoção Internacional*, dispondo semelhante ordem, no art. 6º: "Todo Estado Contratante designará uma Autoridade Central encarregada de dar cumprimento às obrigações que a presente Convenção impõe".

Em 1995 foi realizada, no México, a *Convenção Interamericana sobre Tráfico Internacional de Menores*,[12] reafirmando o mecanismo de assistência mútua, de intercâmbio e cooperação já consagrado das Autoridades Centrais.

Verifica-se, pois, que a instituição de uma Autoridade Central (administrativa) tem o objetivo de assegurar o fiel cumprimento das convenções e tratados internacionais cujas obrigações foram acordadas pelos Estados-partes.

---

12. Objetiva essa Convenção a prevenção e a sanção do tráfico internacional de crianças nos aspectos penais e civis.

4

*A Convenção Relativa à Proteção das Crianças
e à Cooperação em Matéria de Adoção Internacional
– A Convenção de Haia*

4.1 Objeto e objetivos da Convenção. 4.2 Desvio da finalidade da adoção internacional. 4.3 Normas de centralização e de controle da adoção transnacional. 4.4 Reflexos e efeitos da Convenção de Haia em nosso sistema jurídico. A recepção dos tratados e convenções pela ordem jurídica pátria.

A *Convenção Relativa à Proteção das Crianças e à Cooperação em Matéria de Adoção Internacional*, concluída em Haia, em 29.5.1993, ratificada pelo Brasil, foi promulgada pelo Presidente da República por meio do Decreto 3.087, de 21.6.1999.

Em virtude da importância que representa essa Convenção para o instituto da adoção, importa salientar, inicialmente, que o período antecedente à conclusão dos trabalhos referentes a um tratado, convenção ou acordo internacional envolve particular atenção dos Estados participantes.[1] É possível dizer, com Celso D. de Albuquerque Melo,

---

1. A Convenção de Haia foi desenvolvida num período de três anos, por meio de discussões e negociações que envolveram, aproximadamente, 71 países, 5 organizações intergovernamentais e 12 ONGs internacionais. Foram realizadas reuniões com especialistas (em junho/1990, abril/1991 e fevereiro/1992) e uma reunião governamental para elaboração,

que "a negociação é a fase inicial do processo de conclusão de um tratado. Ela é de competência, dentro da ordem constitucional do Estado, do Poder Executivo. A competência geral é sempre do chefe de Estado (o Rei da Bélgica, da Holanda, o Presidente da República da França, Alemanha e Itália). Entretanto, outros elementos do Poder Executivo passaram a ter uma competência limitada (Ministro do Exterior, os demais Ministros em matéria técnica). Nesta etapa da conclusão dos tratados internacionais os representantes do chefe de Estado, isto é, os negociadores, se reúnem com a intenção de concluir um tratado (...). A negociação de um tratado bilateral se desenvolve, na maioria das vezes, entre o Ministro do Exterior ou seu representante e o agente diplomático estrangeiro, que são assessorados por técnicos no assunto em negociação. A negociação de um tratado multilateral se desenvolve nas grandes conferências e congressos (...). De qualquer modo, a negociação deve ser feita com boa-fé e, neste caso, segundo E. Zoller, isto significa a ausência de fraude, não induzir a erro e não mentir. Esta fase termina com a elaboração de um texto escrito, que é o tratado. Quando os negociadores estão munidos de plenos poderes, ou deles dispensados, é então assinado o tratado. Se não possuem os plenos poderes, permite-se que os negociadores rubriquem o texto até que os mesmos recebam os plenos poderes e possam assiná-lo. O lapso de tempo entre a rubrica e a assinatura, neste caso, é de poucas semanas, em média. A adoção do texto de um tratado é feita por todos os Estados negociadores. Quando há uma conferência o texto do tratado é adotado por dois terços dos Estados presentes e votantes, a não ser que se determine em contrário".[2]

É possível, entretanto, que haja desacordos de vontades no momento da discussão dos assuntos, ou que seja necessária "a compatibilização de textos adequados às distintas línguas, legislações, culturas, interesses políticos, influências religiosas etc.".[3]

Com efeito, a Convenção de Haia preocupou-se com traduzir pensamento antigo dos membros da Conferência Permanente de Haia relacionado com a regulamentação da adoção transnacional, em

aprovação e assinatura da Convenção, em 10.5.1993. Cf. Josiane Rose Petry Veronese, *Temas de Direito da Criança e do Adolescente*, p. 66. Sobre a formação e a celebração dos tratados, cf. Valério de Oliveira Mazzuoli, *Tratados Internacionais*, pp. 37-63.

2. Celso D. de Albuquerque Melo, "A ratificação dos tratados: efeitos no Direito interno e no direito constitucional", *Caderno do Programa de Atualização em Direito da Criança*, Texto 3, pp. 1-20.

3. Luiz Carlos de Barros Figueirêdo, *Adoção Internacional – Doutrina & Prática*, p. 46.

virtude do exagerado crescimento daquelas adoções, provocando um fenômeno migratório mundial de crianças.[4]

O crescimento quantitativo de adoções transfronteiriças, sobretudo a partir da década de 1960, trouxe à tona uma série de problemas de ordem social e jurídica, que eram representados pela obtenção de vantagens pecuniárias; pela falsificação de certidões de nascimento; pelo rapto e seqüestro de crianças; pelo não-reconhecimento das sentenças judiciais de adoção em outros países; pela não-aquisição da cidadania plena pelas crianças adotadas; além da inexistência de parâmetros processuais internacionais.

A partir dessas preocupações comuns entre os Estados que mais procuram a adoção internacional, o texto convencional institui mecanismos de defesa e proteção do direito à convivência familiar e comunitária de crianças e adolescentes e, ao mesmo tempo, impede que adoções ilegais sejam concretizadas.

A Convenção de Haia chama a atenção para alguns pontos que devem ser examinados antes da efetivação de uma adoção transnacional. Em primeiro lugar, é preciso verificar a situação geral da criança e do adotante, principalmente nos aspectos jurídico, social, médico etc. Em seguida, prevê a Convenção a necessidade do consentimento para a adoção, que deve ser dado livremente, e com conhecimento de causa, tanto pelos pais biológicos ou outras pessoas responsáveis pela criança como pela própria criança – quando isso é possível. O consentimento da criança realça o grau de importância que a ONU tem dispensado à sua participação ativa na adoção.

A Convenção de Haia determina, igualmente, que a adoção somente poderá ser efetivada se a criança adotada receber autorização para entrar e continuar, de forma permanente, no país de acolhimento.

Como regras gerais, a Convenção obriga os Estados-partes a preservarem os dados referentes à origem e à situação médica da criança adotada.

Ressalta, pela importância, a orientação do texto convencional no sentido de que o adotante está proibido de manter contato prévio com os pais biológicos do adotando ou qualquer outra pessoa que tenha sua guarda enquanto certas condições não forem preenchidas – como, por exemplo, o reconhecimento de que a criança é *adotá-*

---

4. Samuel Alves Melo Jr., "Visão geral da Convenção de Haia e pontos mais importantes – A Convenção e o Estatuto da Criança e do Adolescente", in Luiz Carlos de Barros Figueirêdo (org.), *Infância e Cidadania*, n. 4, pp. 75-91.

vel; de que os consentimentos foram dados; de que a colocação em família substituta no país de origem é impossível; de que os futuros pais adotivos foram declarados aptos para adotar.

A Convenção de 1993 visa, sobretudo, à cooperação administrativa e judicial, permitindo que juízes e Autoridades Centrais possam aplicar seu Direito pátrio, de maneira a que sejam preservados os interesses e direitos das crianças, bem como a combater os perigos da adoção internacional, em especial o tráfico de crianças.

É importante salientar que o texto convencional firmou o *princípio da subsidiariedade*, de caráter geral, estabelecendo que a adoção internacional é o último recurso para a colocação de crianças em família substituta, privilegiando-se sua permanência na família biológica.

Nigel Cantwell, diretor do *International Monitoring Unit* na DEI (Defesa das Crianças Internacionais), analisa os principais pontos da Convenção, salientando que sua idéia principal repousa no desejo de facilitar a aplicação das disposições pertinentes da Convenção das Nações Unidas relativas aos direitos da criança. Essas disposições não se limitam ao artigo especificamente consagrado à adoção (art. 21) e, acessoriamente, ao art. 35, que proíbe o tráfico e a venda de crianças. Uma série de outros artigos contém disposições pertinentes, inclusive o art. 3º (interesse superior da criança), o art. 7º (nome e nacionalidade, direito de conhecer seus pais e de ser educado por eles na medida do possível), o art. 8º (proteção da identidade), o art. 9º (separação da criança e dos pais), o art. 20 (crianças privadas de meio familiar), assim como, em relação às crianças mais velhas, o art. 12 (opinião da criança). Considerados em conjunto, o "Preâmbulo" e o art. 1º da Convenção sobre a Adoção Internacional indicam bem com que espírito os autores do texto trabalharam, sendo certo que sua determinação se reforçou sempre, com o decorrer do tempo.

Conclui o citado autor que a concepção do documento pode ser resumida da seguinte forma: (i) é preciso, em primeiro lugar, ajudar a criança a permanecer junto dos seus pais biológicos; (ii) em caso de insucesso ou de impossibilidade, é, então, necessário tentar encontrar uma outra solução, de tipo familiar, na comunidade ou no país de origem da criança; (iii) se não puder ser encontrada qualquer solução desse tipo, será oferecida a adoção internacional para as crianças que ela puder beneficiar; (iv) em cada etapa é preciso conseguir que os direitos e o superior interesse da criança sejam total e sistematicamente protegidos; (v) convém combater qualquer diligência motivada por preocupações comerciais.

Para que a Convenção produza os efeitos necessários e atinja a finalidade idealizada, são necessárias algumas condições: (i) uma pressão e um encorajamento contínuos devem ser efetuados a favor de uma ampla ratificação, em especial pelos países mais implicados nas adoções internacionais; (ii) os países de acolhimento devem ser persuadidos a não declarar que pessoas e organismos diferentes dos organismos credenciados possam assumir funções que pertençam às Autoridades Centrais; (iii) os países de origem devem ser persuadidos a afirmar que não aceitarão que as funções da Autoridade Central sejam assumidas por outros organismos que não a própria Autoridade Central ou organismos credenciados; (iv) os países de origem, em especial, devem ser ajudados, quando necessário, a criar e a manter Autoridades Centrais e outros serviços públicos relacionados, dotados de recursos suficientes; (v) deve ser efetuada vigilância sistemática, provavelmente pelo setor não-governamental, além dos exames periódicos previstos pela própria Convenção; (vi) o público, em especial nos países de acolhimento, deve ser corretamente informado dos fins e justificações da Convenção e das suas disposições.[5]

Na verdade, a *Convenção sobre a Lei Aplicável em Matéria de Adoção Internacional*, de 15.11.1965, em Haia, e a *Convenção Interamericana sobre Conflitos em Matéria de Adoção de Menores*, de 24.5.1984, em La Paz, que demonstraram dificuldades em sua vigência, em face de suas especificidades e principalmente pela falta de obrigatoriedade para os Estados, foram desacreditadas pelos Estados participantes – embora representassem esforço dos organismos internacionais e dos Estados para solucionar ou, pelo menos, amenizar os conflitos jurídicos criados pela adoção internacional.

Com a edição da Convenção de Haia, de 1993 – que primou por sua aplicação universal e obrigatória –, as ilegalidades e abusos que permearam a adoção internacional sofreram considerável diminuição, e possivelmente atenuaram os problemas legais referentes ao reconhecimento das sentenças judiciais entre os países de origem e países de acolhida.

4.1 Objeto e objetivos da Convenção

O texto da Convenção de Haia firma, explicitamente, qual seu objeto prevalente e QUAIS seus objetivos. O *objeto* da presente

---

5. Nigel Cantwell, "Adoção", *Terre des Hommes*, n. 65.

Convenção não é outro senão a adoção de crianças e adolescentes, que deve ser fundada nas regras da legalidade, em consonância com a ordem jurídica dos países signatários.

Como corolário, a Convenção propugna pela proteção do direito fundamental daqueles protagonistas de estar numa família, ou seja, reconhece que, para o desenvolvimento harmonioso de sua personalidade, a criança deve crescer em um meio familiar, em clima de felicidade, de amor e de compreensão.

A Convenção direcionou seu foco para o direito material à adoção e para seu processo. O texto preambular advertiu que cada país deveria tomar, "com caráter prioritário, medidas adequadas para permitir a manutenção da criança em sua família de origem" ou em uma família em seu país de origem. Na impossibilidade, recorria-se à adoção transnacional como meio legal para a proteção do direito fundamental à família.

Os objetivos da Convenção estabelecem três diretrizes imprescindíveis para uma adoção internacional: obrigam a respeitar os direitos da criança; instauram um sistema de cooperação entre Estados-partes; previnem abusos nas adoções e asseguram o reconhecimento das adoções para os Estados que aceitarem seguir as orientações da Convenção.

Antes, porém, de individualizar os objetivos da Convenção de Haia, mister se faz breve informação sobre a origem da doutrina da *proteção integral* dos direitos da criança e do adolescente. Acolhida pelo Estatuto da Criança e do Adolescente, a expressão "proteção integral" tem como referência a tutela de todos os direitos infanto-juvenis, além de um conjunto de instrumentos jurídicos de caráter nacional e internacional colocados à disposição de crianças e adolescentes para a proteção de todos os seus direitos, representando um salto qualitativo e fundamental na consideração social da infância.

Essa doutrina surgiu no cenário jurídico inspirada nos movimentos internacionais de proteção à infância, materializados em tratados e convenções, especialmente: (i) *Convenção sobre os Direitos da Criança*; (ii) *Regras Mínimas das Nações Unidas para a Administração da Justiça Juvenil (Regras de Beijing)*; (iii) *Regras Mínimas das Nações Unidas para a Proteção dos Jovens Privados de Liberdade*; e (iv) *Diretrizes das Nações Unidas para a Prevenção da Delinquência Juvenil (Diretrizes de Riad)*.

No entanto, a semente inicial da *proteção especial* direcionada à criança foi consagrada na *Declaração de Genebra*, de 26.3.1924, que determinava "a necessidade de proporcionar à criança uma proteção especial", sendo, também, acolhida pela *Declaração Universal dos Direitos Humanos*, proclamada pela Assembléia-Geral das Nações Unidas em 1948. Essa Declaração enfatizava que a criança deveria ter "direitos a cuidados e assistências especiais".

Ainda em nível internacional, contribuíram para o fortalecimento da doutrina da completude de direitos de crianças e adolescentes a *Declaração dos Direitos da Criança*, de 1959,[6] a *Convenção Americana sobre os Direitos Humanos*, conhecida como *Pacto de São José da Costa Rica*, de 1969,[7] as *Regras de Beijing*,[8] de 1985, a *Convenção sobre os Direitos da Criança*, de 1989, que reuniu e consolidou toda a normativa internacional anterior, constituindo instrumento fundamental de transformação e de implantação de uma nova percepção da condição da infância.

Como conseqüência da implementação de regras de proteção de direitos, a *doutrina da proteção integral* tornou-se um novo símbolo, um novo paradigma,[9] um novo parâmetro, que, como acentuam Emilio García Mendez e Mary Beloff, "cumpre uma função hermenêutica dentro dos limites do próprio direito da infanto-adolescência, ao mesmo tempo em que permite interpretar, sistematicamente, suas disposições, reconhecendo o caráter integral dos direitos da infância (...). Ele obriga diversas autoridades, inclusive instituições privadas, a avaliar os interesses superiores da criança como uma consideração primordial para o exercício de suas atribuições".[10]

Como fundamento jurídico dos tratados internacionais já citados, a doutrina da proteção integral preconiza que o direito da criança não deve e não pode ser exclusivo de uma *categoria* de *menor*, classificado como *carente*, *abandonado* ou *infrator*, mas deve dirigir-se a todas as crianças e a todos os adolescentes, sem distinção. As medidas de

---

6. O "Preâmbulo" dessa Declaração afirmava que, "em razão de sua falta de maturidade física e intelectual, tem necessidade de proteção especial e cuidados especiais, notadamente de uma proteção jurídica apropriada antes e depois do nascimento".

7. Dizia, no art. 19, que "toda criança tem direito às medidas de proteção, que, na sua condição de menor, requer, da parte da família, da sociedade e do Estado".

8. Declararam que "os Estados-membros devem procurar, de acordo com seus interesses, promover o bem-estar do menor e da família e (...) devem esforçar-se em desenvolver condições que assegurem ao menor uma vida útil à comunidade e fomentar o processo de desenvolvimento pessoal e de educação (...)".

9. Sobre *paradigmas*, cf. Thomas S. Kuhn, *A Estrutura das Revoluções Científicas*, pp. 219-236.

10. Emilio García Mendez e Mary Beloff, *Infancia, Ley e Democracia*, p. 78.

proteção devem abranger todos os direitos proclamados pelos tratados internacionais e pelas leis internas dos Estados.

A doutrina da proteção integral, como lembra Felício Pontes Júnior, representa que "crianças e adolescentes são sujeitos de direitos universalmente conhecidos, não apenas de direitos comuns aos adultos, mas além desses, de direitos especiais, provenientes de sua condição peculiar de pessoas em desenvolvimento, que devem ser assegurados pela família, Estado e sociedade".[11]

Quando se fala em *proteção integral dos direitos*, supõe-se que o sistema legal garanta a satisfação de todas as necessidades de todas as crianças e adolescentes de até 18 anos de idade, privilegiando, em especial, seu direito à vida, à saúde, à educação, à convivência familiar e comunitária, ao lazer, ao esporte, à profissionalização, à liberdade – enfim, todos os direitos da pessoa humana.

Associado à regra fundamental da completude de direitos, o art. 227 da CF preconizou o atendimento prioritário de todos os direitos infanto-juvenis. As diretrizes internacionais firmadas nas convenções e tratados que versam sobre a proteção à infância, de um modo ou de outro, buscam a realização do direito da criança.

O atendimento prioritário dos interesses infanto-juvenis foi firmado primeiramente no art. 3º da *Convenção das Nações Unidas sobre os Direitos da Criança*, ao estabelecer que "todas as ações relativas às crianças, levadas a efeito por autoridades administrativas ou órgãos legislativos, devem considerar, primordialmente, o interesse maior da criança".

Sob essa denominação, a referida Convenção definiu o objetivo de estender a proteção legal à criança, de forma completa, integral e com absoluta prevalência de atendimento.

A ordem de prioridade no atendimento daqueles direitos é garantia vinculada à ordem jurídica mais expressiva, na medida em que sua proposta foi recepcionada pela Constituição Federal, a fim de assegurar a efetividade dos direitos subjetivos. Trata-se de regra jurídico-garantista na formulação pragmática, por se situar como um limite à discriminação das autoridades.

A regra constitucional da prevalência do atendimento, apoio e proteção à infância e juventude estabelece a necessidade de se cuidar

---

11. Felício Pontes Júnior, *Conselhos de Direitos da Criança e do Adolescente: uma modalidade de exercício do Direito de Participação Política – Fatores determinantes e modo de atuação*, pp. 24-25.

de modo especial dessas pessoas, por sua natural fragilidade ou por estarem numa fase em que se completa sua formação, com riscos maiores.

Traduzindo o preceito constitucional exarado no art. 227, o ECA definiu e materializou o conceito de *absoluta prioridade* no parágrafo único do art. 4º, que dispõe: "a) primazia de receber proteção e socorro em quaisquer circunstâncias; b) precedência de atendimento nos serviços públicos ou de relevância pública; c) preferência na formulação e na execução das políticas sociais públicas; e d) destinação privilegiada de recursos públicos nas áreas relacionadas com a proteção à infância e à juventude".

Por certo, a enumeração de prioridades contida nesse parágrafo é apenas exemplificativa, e representa o mínimo exigível de situações em que deverá ser assegurada a preferência no atendimento dos direitos de crianças e adolescentes.

Firmada a doutrina da proteção integral e do atendimento prioritário dos direitos da criança e do adolescente, de forma geral, pode-se, agora, entender por que a Convenção de Haia objetiva o *superior interesse* da criança e do adolescente, em todas as suas cláusulas sobre a adoção.

Posto isso, analisam-se os objetivos propostos pela Convenção de Haia, inseridos no art. 1º, a saber: "a) estabelecer garantias para que as adoções internacionais sejam feitas segundo o interesse superior da criança e com respeito aos direitos fundamentais que lhe reconhece o Direito Internacional; b) instaurar um sistema de cooperação entre os Estados Contratantes, que assegure o respeito às mencionadas garantias e, como conseqüência, previna o seqüestro, a venda ou o tráfico de crianças; c) assegurar o reconhecimento nos Estados Contratantes das adoções realizadas segundo a Convenção".

O primeiro objetivo propõe que a adoção transnacional deve ser efetivada levando em consideração o superior interesse da criança e em respeito aos seus direitos fundamentais. A orientação convencional praticamente repete os conceitos fundantes da doutrina da proteção integral e do atendimento prioritário aos direitos infanto-juvenis, firmados na Constituição Federal e no Estatuto da Criança e do Adolescente.

Em seguida, a Convenção objetiva a obrigatoriedade de instauração de um sistema de cooperação entre os países com o fim de garantir os direitos das crianças, prevenir o seqüestro, a venda e o tráfico de crianças. Propugna o texto pela prevenção de crimes internacionais contra crianças que são raptadas e seqüestradas em suas casas e levadas para outro país, com o fim de serem adotadas por casais que não querem submeter-se às exigências legais.

O terceiro objetivo da Convenção de Haia refere-se à validade dos atos processuais da adoção realizados no país de origem da criança. O ordenamento jurídico pátrio confere segurança aos seus usuários, pelos institutos constitucionais do direito adquirido, do ato jurídico perfeito e da coisa julgada.[12]

Tal mecanismo era necessário, tendo em vista os diversos e diferentes meios de processamento das adoções nos países. Muitas vezes a criança era adotada em seu país de origem e, chegando ao país dos adotantes, uma nova adoção precisava ser feita, em face da recusa de validade da sentença estrangeira ou por ausência de tratados ou acordos bilaterais. Certamente o prejuízo recaía sobre a criança, que permanecia num país estrangeiro sem os direitos de cidadania.

Como objetivo derradeiro, a Convenção de Haia coloca um ponto final nesse problema: as sentenças de adoções proferidas pelos juízes dos países signatários do texto convencional têm reconhecida sua validade. A Convenção será o instrumento agregador entre os países envolvidos, com a colaboração das Autoridades Centrais administrativas.[13]

Não é sem razão que dobram as preocupações em relação à adoção transnacional. O propósito da Convenção foi estabelecer um mecanismo de cooperação entre os Estados Contratantes, de modo que as adoções processadas em um deles carregassem um conjunto de medidas jurídicas que impedissem ou minassem os abusos e assegurassem que os interesses da criança fossem prevalecentes no processo de adoção. Esse mecanismo de garantia permitirá que as adoções efetivadas sob a égide da Convenção sejam consideradas legais, produzindo os efeitos jurídicos desejados.

Os objetivos acima mencionados – repita-se – foram integralmente recepcionados pela Constituição Federal, que mesmo antes da vigência da Convenção já proclamava, em caráter de preceito fundamental, no art. 227, que "é dever da família, da sociedade e do Estado assegurar à criança e ao adolescente, com absoluta prioridade, o direito (...) à *convivência familiar e comunitária* (...)".

Por sua vez, o ECA – Lei 8.069/1990 – traduziu esse comando em seu art. 19, dispondo que: "Toda criança ou adolescente tem direito a

---

12. CF, art. 5º, XXXVI.
13. Cf. arts. 17, "c", e 23, 1, da Convenção de Haia.

ser criado e educado no seio da sua família e, excepcionalmente, em família substituta, assegurada a convivência familiar e comunitária, em ambiente livre da presença de pessoas dependentes de substâncias entorpecentes".

Como complemento das regras acima citadas, a Lei 8.069/1990 firma a integralidade de direitos da criança e do adolescente, definindo quais os direitos que serão tutelados pela ordem jurídica. Como a projeção legal caminha para a completude dos direitos – inclusive os relacionados à convivência familiar e comunitária –, nota-se que a ordem jurídica pátria está em posição de vanguarda em relação ao contexto internacional.

Em comentários aos objetivos da Convenção, Luiz Carlos de Barros Figueirêdo salienta que, "até agora, apesar dos esforços de alguns países em melhorar suas leis específicas, de acordos bilaterais e multilaterais, o fato é que, no entorno da questão da adoção internacional, podem ser observados diversos problemas sociais, econômicos e jurídicos (...)".

Dentre esses problemas mencionados, o autor exemplifica: "abusos diversos, como busca de lucros, subornos, falsificação de registro de nascimento, coerção dos pais biológicos para concordarem com o pedido, intermediação de pessoas e entidades não-habilitadas, venda e rapto de crianças; a falta de regulamentação aliada à pressão a favor de adotantes oriundos de países ricos, priorizando desejos e interesses dos adotantes estrangeiros em detrimento (muitas vezes) das necessidades das crianças (...); como decorrência da falta de regulamentação: procedimentos diferenciados em cada país e em cada comarca, resultando em atrasos, complicações e custos elevados para os adotantes (...); alguns países receptores foram (são) incapazes de reconhecer legalmente as adoções internacionais deferidas em favor de pessoas residentes em seu território, deixando o adotado em um 'limbo jurídico' (perdeu a nacionalidade original e não adquiriu nova nacionalidade), chegando-se ao cúmulo de se providenciar readoção".[14]

Se as providências sugeridas, objetivadas pela Convenção de Haia, de priorizar a manutenção da criança em sua família de origem não produzissem efeitos, assim mesmo a criança seria credora do direito de ter uma família, de modo que a adoção internacional poderia suprir tal necessidade, apresentando a vantagem de dar uma família

---

14. Luiz Carlos de Barros Figueirêdo, *Adoção Internacional – Doutrina & Prática*, p. 51.

permanente à criança, para quem não possa encontrar uma família adequada em seu país de origem.

Acima de tudo, o texto convencional tratou de assegurar que todas as medidas em relação à adoção internacional fossem tomadas no interesse superior da criança e com respeito a seus direitos fundamentais.

4.2 Desvio da finalidade da adoção internacional

Manter íntegra a finalidade da adoção internacional é tarefa que tem desafiado os técnicos sociais, jurídicos e da segurança pública. O desvio da finalidade da adoção, comumente, irrompe por meio de atos ilícitos.

Muito se falou sobre a exploração de crianças (pelo trabalho e sexual)[15] e sobre o tráfico internacional de crianças (para transplante de órgãos). Essa foi, sem dúvida, uma das preocupações da Convenção, de tal sorte que fez constar, no art. 1º, "b", que um de seus objetivos é a prevenção do "seqüestro, a venda ou o tráfico de crianças".

Com Tarcísio José Martins Costa, é possível delinear os pontos críticos da adoção internacional no que se refere ao tráfico transfronteiriço de crianças. Revela o citado autor que a "existência do hediondo tráfico de crianças (prostituição, exploração sexual, pornografia, matrimônio, mão-de-obra barata, mendicância, roubo e outras atividades ilícitas), nova forma de violação dos direitos da infância, que tanto influenciou a situação negativa que se faz sentir em relação à adoção internacional, é uma vergonhosa e inocultável realidade do mundo de nossos dias, conforme apontaram os relatórios produzidos pelas Nações Unidas e por diversas ONGs de reconhecida idoneidade. Diante da sofisticação cada vez maior do crime organizado, não se pode descartar, de plano, a possibilidade do tráfico até mesmo para

---

15. Cf. nosso *Comentários ao Estatuto da Criança e do Adolescente*, 9ª ed., p. 259: o ECA tipificou, nos arts. 240 e 241 (com a redação dada pela Lei 10.764, de 12.11.2003), os atos ilícitos referentes à exploração sexual de crianças e adolescentes, quer na forma de produzir ou dirigir representação teatral, televisiva, cinematográfica, atividade fotográfica ou qualquer outro meio visual, utilizando-se criança ou adolescente em cena pornográfica, de sexo explícito ou vexatória (art. 240). O dispositivo seguinte (art. 241) criminaliza as condutas tipificadas de apresentar, produzir, vender, fornecer, divulgar ou publicar, por qualquer meio de comunicação, inclusive rede mundial de computadores ou Internet, fotografias ou imagens com pornografia ou cenas de sexo explícito envolvendo criança ou adolescente.

fins de transplante de órgãos, muito embora as inúmeras denúncias veiculadas pela imprensa não tenham sido comprovadas".[16]

Em outra oportunidade[17] anotamos que, antes de consumada a adoção, não será permitida a saída do adotando do território nacional.[18] Ou seja, o adotante estrangeiro não poderá, pelas vias legais, levar o adotando consigo, para fora do país onde se realiza a adoção.

Fora dos casos de adoção, o art. 85 do ECA reafirma a proibição: "Sem prévia e expressa autorização da autoridade judicial, nenhuma criança ou adolescente nascido em território nacional poderá sair do país em companhia de estrangeiro residente e domiciliado no exterior".

A lei foi coerente com sua filosofia. Antes, proibiu que os adotantes fossem representados por procurador; agora, impede a saída da criança ou adolescente do país, em companhia de estrangeiro que não tenha, aqui, residência ou domicílio, sem a autorização do juiz ou sem a sentença judicial.

Era preocupação dos povos a limitação do trânsito de crianças e adolescentes pelos diversos países do globo, por meio da adoção. Essa intenção ficou gravada na Convenção sobre os Direitos da Criança.

Essa Convenção inscreve, no art. 11, n. 1, que os Estados-membros se comprometem a adotar medidas a fim de lutar contra a transferência ilegal de crianças para o exterior e a retenção ilícita das mesmas fora do país. No n. 2 o texto lembra que, para tanto, os Estados-partes promoverão a conclusão de acordos bilaterais ou multilaterais ou a adesão a acordos já existentes.

O tráfico de crianças destinadas a adoções ilegais em países estrangeiros foi noticiado pela imprensa.[19] Por isso, ouviam-se, amiúde, casos de procuradores inescrupulosos que recebiam dinheiro para conseguir crianças para adoção; ou de pais que vendiam seus filhos, e depois se arrependiam e denunciavam a irregularidade.

Deve-se firmar, entretanto, que "as adoções internacionais e outros institutos afins, constituídos em um Estado-parte, serão passí-

---

16. Tarcísio José Martins Costa, "Adoção internacional: aspectos jurídicos, políticos e sócio-culturais", in Rodrigo da Cunha Pereira (coord.), *A Família na Travessia do Milênio. Anais do II Congresso Brasileiro de Direito de Família*, p. 272.
17. V. nosso *Adoção – Adoção Internacional*, 2ª ed., pp. 28-31.
18. ECA, art. 51, § 4º.
19. Exemplo de alguns periódicos: jornal *O Estado de S. Paulo*, ed. de 18.6.1986; jornal *O Globo*, ed. de 13.7.1986; *Jornal do Brasil*, ed. de 11.8.1986; revista *Veja*, ed. de 17. 8.1988; jornal *Folha de S. Paulo*, ed. de 25.10.1994.

veis de anulação quando tiverem como origem ou objetivo o tráfico internacional de menores", conforme determina o art. 18 do Decreto 2.740, de 20.8.1998, que tornou vigente, entre nós, a Convenção Interamericana sobre Tráfico Internacional de Menores.

Isso acontecia porque o sistema de autorização de viagem para crianças e/ou adolescentes saírem do país acompanhados de estrangeiros sempre foi prática que funcionou mal e que escapava da fiscalização judicial,[20] embora as leis contivessem restrições impeditivas a respeito. É bom ver, entretanto, que os casos eram noticiados com mais intensidade antes da vigência do Estatuto.

20. (i) STJ, 3ª Seção, CComp 1.6124-PE, 1996/0000198-7, rel. Min. Cid Flaquer Scartezzini, j. 11.6.1997, *DJU* 1.9.1997, p. 40.726: "Conflito de competência – Processo penal – Tráfico internacional de crianças – Competência. Compete à Justiça Federal processar e julgar delito de tráfico internacional de crianças (Decreto Legislativo n. 28/1990, Decreto n. 99.710/1990, c/c o art. 109, V, da CF/1988) – Precedentes jurisprudenciais – Competência, *in casu*, do Juiz Federal, suscitante – Por unanimidade, conhecer do conflito e declarar competente o suscitante, Juízo Federal da 4ª Vara da Seção Judiciária do Estado de Pernambuco".

(ii) STJ, 6ª Turma, HC 15.580-PB, 2000/0147287-9, rel. Min. Hamilton Carvalhido, j. 28.6.2001, *DJU* 24.9.2001, p. 349:

"*Habeas corpus* – Tráfico internacional de crianças – Competência da Justiça Federal – Fatos praticados anteriormente ao Decreto n. 99.710/1990 – Princípio *tempus regit actum*. 1. Na letra do art. 109, III, da CF, compete à Justiça Federal julgar 'as causas fundadas em tratado ou contrato da União com Estado estrangeiro ou organismo internacional'. 2. Tratando-se de regra processual, ainda que os fatos tenham sido cometidos sob a égide da legislação anterior, compete à Justiça Federal o seu julgamento, tudo na força do princípio *tempus regit actum* (art. 2º do CPP). 3. O princípio *tempus regit actum* em nada ofende o princípio do juiz natural, certo que juízo de exceção seria, ao contrário, vincular a causa a juiz que legalmente já não mais é competente para conhecê-la e decidi-la. 4. Ordem denegada.

"ACÓRDÃO – Vistos, relatados e discutidos os autos, em que são partes as acima indicadas: Acordam os Ministros da 6ª Turma do Superior Tribunal de Justiça, por unanimidade, denegar a ordem de *habeas corpus*, nos termos do voto do Sr. Ministro Relator. Os Srs. Mins. Paulo Gallotti, Fontes de Alencar, Vicente Leal e Fernando Gonçalves votaram com o Sr. Ministro Relator."

(iii) STJ, 6ª Turma, RHC 6.322-PB, 1997/0016367-9, rel. Min. Anselmo Santiago, j. 21.10.1997, *DJU* 24.11.1997, p. 61.285 (*Lex-STJ* 104/36; *RT* 748/571): "Recurso de *habeas corpus* – Tráfico internacional de crianças – Pretendido trancamento, no fato de ter transitado em julgado a decisão proferida no juízo civil, deferindo a adoção de menor por casal estrangeiro – Circunstância que não inibe o juízo penal de apurar eventual fraude no procedimento, onde teriam atuado falsas mães biológicas – Competência da Justiça Federal. 1. Não tendo o juízo cível apreciado o tema da falsidade das adoções, pela interveniência de supostas mães biológicas, não faz coisa julgada na esfera penal a decisão que, à vista da aparente normalidade do procedimento, deferiu a adoção de menor por casal estrangeiro. 2. Tendo o Congresso Nacional, através do Decreto Legislativo n. 28, de 24.9.1990, e o

Quando trata da adoção por estrangeiros, o Estatuto exige a pré-qualificação do interessado, em seu país de origem. Com esse pré-requisito, o interessado deve habilitar-se perante a Autoridade Central Estadual, que formalizará o processo de investigação social e procederá à conferência dos documentos. Este procedimento, repleto de exigências, não deixa de ser um controle das adoções irregulares e da retirada ilegal de crianças de nosso país.

Deveras, a situação está mudando, pois a sociedade está mais atenta aos fenômenos e atividades ilícitas, que implicam comoção de cunho nacionalista. Como bem frisou Arnaldo Marmitt, "o Estatuto colocou ponto final às tentativas de casais estrangeiros pagarem para adotar crianças, de efetuarem compras através de intermediários, de arquitetarem falcatruas para conseguir levar consigo um pequeno brasileiro. O Brasil vai se firmando na busca de uma legislação sólida e adequada e na celebração de convênios em colaboração com instituições estrangeiras oficiais, encarregadas de uma sistematização técnica cada vez melhor, sobre adoções internacionais. Qualquer tipo de mercantilização é hoje repudiado *in totum*, e tudo se realiza sob o controle do Poder Judiciário e do Ministério Público".[21]

Há que ser considerado, todavia, que o tráfico existe, embora não seja visível. Foi classificado por Brigitte Trillat e Sylvia Nabinger como "um comércio clandestino, vergonhoso e ilícito".[22] Mais adiante essas pesquisadoras sociais complementam que o tráfico de crianças não pode ser considerado como um comércio de mercadorias, tendo em vista que crianças são seres humanos e, portanto, objetos de toda proteção física ou mental.[23]

Governo Federal, por força do Decreto n. 99.710, de 21.11.1990, incorporado ao Direito pátrio os preceitos contidos na Convenção Internacional sobre os Direitos da Criança, não mais há de se discutir sobre a competência da Justiça Federal em casos de tráfico internacional de criança, aplicando-se à hipótese o art. 109, V, da CF/1988. 3. Recurso improvido – Por unanimidade, em negar provimento ao recurso".

21. Arnaldo Marmitt, *Adoção*, p. 156.

22. Brigitte Trillat e Sylvia Nabinger, "Adoption internationale et trafic d'enfants: mythes et réalités", *Revue Internationale de Police Criminelle – Interpol* 428/19.

23. "Le concept de trafic induit celui de circulation et transfert de biens. Tel est le cas du trafic de stupéfiants, d'oeuvres d'art ou d'organes. Le trafic peut être illicite par l'objet matériel, enjeu de l'échange: il en est ainsi du trafic de drogue; alors qu'en matière de trafic d'oeuvres d'art, c'est la transaction elle-même qui constitue l'acte illégal. Le terme de trafic, toujours associé à celui de marchandises, est désormais lié à celui d'enfant. Cet être humain, portant l'objet de toutes les protections dues à sa faiblesse physique et mentale, se trouve ainsi victime d'une chosification" (Brigitte Trillat e Sylvia Nabinger, "Adoption internationale et trafic d'enfants: mythes et réalités", *Revue Internationale de Police Criminelle – Interpol* 428/19).

Como se vê, as normas internacionais objetivam, sobretudo, evitar o tráfico de crianças, pois, como assinala Josiane Rose Petry Veronese, "se é correto afirmar que a adoção se constitui numa forma de resolver os problemas de crianças que vivem em condições subumanas, sobretudo nos países marcados pela miséria econômico-social ou pela guerra, também é certo que não seria adequado que a adoção fosse realizada sem nenhuma formalidade legal, sem nenhum compromisso, tendo em conta que se devam impedir os abusos que já ocorreram e ainda ocorrem em face da falta de escrúpulos de pessoas ou mesmo de entidades que se servem desse mecanismo para auferir vantagens econômicas".[24]

A Lei 8.069/1990 tipificou como crime a prática do tráfico de crianças. Dispõe o art. 239: "Promover ou auxiliar a efetivação de ato destinado ao envio de criança ou adolescente para o exterior com inobservância das formalidades legais ou com o fito de obter lucro: Pena – reclusão de 4 (quatro) a 6 (seis) anos, e multa".[25]

---

24. Josiane Rose Petry Josiane Rose Petry Veronese, "Adoção internacional: um assunto complexo", in CD-ROM *Acervo Operacional dos Direitos da Criança e do Adolescente* (disponível em *www.ccl.ufsc.br/~9612212/crianca/adocao.txt*, acesso em 25.9.2003).

25. Cf. nosso *Comentários ao Estatuto da Criança e do Adolescente*, 9ª ed., p. 258. Sobre o referido crime, salientamos:

"*Objetividade jurídica*: o objetivo jurídico da norma é, justamente, evitar que crianças ou adolescentes sejam enviados ao exterior em desrespeito às normas brasileiras.

"*Sujeito ativo*: é todo aquele que promove ou auxilia a efetivação de ato destinado ao envio da criança ou adolescente para o exterior sem atenção às normas vigentes no país, com a finalidade de obter lucro.

"*Sujeito passivo*: a vítima desse crime é toda criança ou adolescente que é enviado para o exterior.

"*Tipo objetivo*: é representado pelos verbos 'promover' ou 'auxiliar'. 'Promover', aqui, está colocado no sentido de 'fazer', de 'realizar' algum ato, sem observância das normas específicas, com a finalidade de enviar para o exterior criança ou adolescente, visando a lucro pecuniário.

"(...). Também na forma de 'auxiliar', significando 'ajudar' ou 'prestar auxílio' na realização do ato irregular.

"*Tipo subjetivo*: é caracterizado pela vontade de, irregularmente, enviar criança ou adolescente para o exterior com ou sem a obtenção de lucro pecuniário. Quando o crime se consuma mediante recebimento de dinheiro, configura-se o dolo específico.

"*Consumação e tentativa*: tanto na ação de promover quanto na de auxiliar, o crime consuma-se com a verificação do resultado, ou seja, com o efetivo envio de criança ou adolescente para o exterior. Admite-se a tentativa, tendo em vista que a conduta reclama um resultado, que só não se verifica por circunstâncias alheias à vontade do agente" (pp. 258-259).

Igualmente notória foi a preocupação do art. 35 da Convenção sobre os Direitos da Criança no sentido de impedir o seqüestro, a venda ou o tráfico de crianças para qualquer fim, sob qualquer forma, devendo o Estado-parte tomar todas as medidas para proteger a criança contra quaisquer formas de exploração, inclusive aquelas abrangidas pelos arts. 32 e 33 do referido diploma.

O impedimento legal à prática do tráfico existe. Entretanto, a prática social deve ser eficiente a ponto de impedir a ação criminosa. E trabalhar no sentido de impedir a realização do crime é ação imperiosa e urgente, uma vez que após a efetivação do ato ilícito, com o crime consumado, a criança já foi levada para fora do país, sabe-se lá em que condições, para qual lugar, passando toda sorte de necessidades.

Esse assunto deve ser tratado com muita seriedade. Notícias falsas podem gerar temor injustificado nas famílias. Um alarde desnecessário. Não se pode cair na tentação de equiparar qualquer adoção feita por interessados estrangeiros com o crime bárbaro de tráfico de crianças e extração de seus órgãos. Se há o crime, deverá o mesmo ser apurado; e seus autores, processados e condenados.

A *Convenção sobre os Direitos da Criança*, proclamada pelas Nações Unidas em 1990, preocupada em atender aos reclamos da comunidade internacional, direcionou a obrigatoriedade dos países-membros de proteger a criança contra todas as formas de exploração e abuso sexual – outras formas de desvio da finalidade da adoção transnacional.

Nesse sentido, dispõe o art. 34 da citada Convenção que os Estados-partes devem tomar todas as medidas de caráter nacional, bilateral e multilateral, que sejam necessárias para impedir: (i) o incentivo ou a coação para que uma criança se dedique a qualquer atividade sexual ilegal; (ii) a exploração da criança na prostituição ou outras práticas sexuais ilegais; (iii) a exploração da criança em espetáculos ou materiais pornográficos.

A *Convenção de Haia*, por sua vez, reafirmou a posição dos Estados Contratantes e inscreveu em seus objetivos a instauração entre eles de sistemas de cooperação que assegurem o respeito às garantias legais e, como conseqüência, previnam o seqüestro, a venda ou o tráfico de crianças.

É necessário lembrar, entretanto, que o tráfico internacional de crianças continuou na pauta da preocupação internacional, sendo que em 18.3.1994 foi promulgada a *Convenção Interamericana sobre Tráfico de Menores*,[26] regulando aspectos civis e penais do tráfico internacional de menores, visando, sobretudo, à proteção dos direitos fundamentais e dos superiores interesses da criança.

Nessa Convenção, os Estados-partes obrigaram-se a: (i) garantir a proteção do menor, levando em consideração seus interesses superiores; (ii) instituir, entre os Estados, um sistema de cooperação jurídica que consagre a prevenção e a sanção do tráfico internacional de menores, bem como a adoção de disposições jurídicas e administrativas sobre a referida matéria com essa finalidade; (iii) assegurar a pronta restituição do menor vítima do tráfico internacional ao Estado onde tem residência habitual, levando em conta os interesses superiores do menor (art. 1º).

A exemplo da Convenção de Haia sobre adoção internacional, a Convenção Interamericana sobre Tráfico Internacional de Menores instituiu o sistema de cooperação dentre os Estados-partes, por meio de Autoridades Centrais, encarregadas de se comunicarem entre si, visando à troca de informações e de procedimentos (art. 5º).

4.3 Normas de centralização e de controle da adoção transnacional

Em matéria de controle, é preciso, preliminarmente, advertir que a Convenção, embora discipline a adoção internacional, respeita a norma interna dos Estados Contratantes (art. 28).

A Convenção de Haia não resultou em mais um documento internacional, de caráter diplomático, sem obrigatoriedade ou vinculação para os Estados-partes, como se verificou na maioria das convenções.

O esforço dos Estados Contratantes em apresentar um documento que pudesse reunir as informações necessárias, respeitando o conjunto de leis internas de cada Estado, e, principalmente, diretrizes objetivas de proteção e respeito aos procedimentos de adoção transnacional foi o maior mérito dessa Convenção.

A adoção internacional sempre foi tema polêmico e, muitas vezes, complexo, favorecendo o surgimento de inúmeros mitos e

---

26. No Brasil a citada Convenção entrou em vigor por meio do Decreto 2.740, de 20.8.1998. Sobre o tema ainda não existem julgados dos tribunais.

equívocos, não podendo ser compreendido fora de um contexto jurídico-social.

Em cada adoção transnacional processada surgiu a dúvida: Será que ela foi realizada conforme determina a lei? Será que a criança dada em adoção não foi ilegalmente retirada do seio de sua família, de maneira irregular? Será que a criança não foi objeto de rapto em seu país de origem? Será que a criança não se destinará à verdadeira adoção, mas à retirada de órgãos para transplante? Enfim, pode-se questionar infinitamente sobre assuntos desta ordem. E sempre haverá alguém que desconfie dos procedimentos administrativos e judiciais utilizados na adoção.

A Convenção de Haia preocupou-se com isso, inserindo, no texto preambular, a "necessidade de prever medidas para garantir que as adoções internacionais sejam feitas no interesse superior da criança e com respeito a seus direitos fundamentais, assim como para prevenir o seqüestro, a venda ou o tráfico de crianças".

Dessa forma, num esforço desmedido, a Convenção de Haia desenvolve regras gerais de unificação de esforços no sentido de que todos os Estados Contratantes respeitem – e sigam – orientações comuns que estabeleçam como prioridades a credibilidade, a idoneidade, a seriedade dos procedimentos de adoção e, principalmente, a garantia jurídica das decisões judiciais, na forma da segurança da coisa julgada.

Posto isso, analisa-se o posicionamento da Convenção, que *centraliza* e *controla* as relações entre os Estados-partes envolvidos com a adoção. O controle se dá, principalmente: (i) pela atuação da Autoridade Central, como pólo de centralização de informações; (ii) no que diz respeito às atribuições das agências de adoção – e somente por meio delas; (iii) pela garantia da adotabilidade da criança; e (iv) pelo preenchimento dos requisitos necessários e impostos pela Convenção para as adoções internacionais.

Em primeiro lugar, focaliza-se o sistema de cooperação internacional proposto pela Convenção, que tem sua base nas Autoridades Centrais. Essa centralização pretende ajudar, internacionalmente, o estabelecimento da confiança entre os servidores dos vários Estados (art. 7º, 2), assegurar a troca de informações (arts. 7º e 9º), instrumentalizar a tomada conjunta de decisões (art. 17, "c") e, na medida do possível, suprimir os obstáculos para a aplicação da Convenção (art. 7º, 2, "b"), facilitando a identificação de casos de corrupção, de atuação de forma a induzir ao abandono, de oferecimento ou aceitação de benefícios financeiros envolvidos com as adoções; visando, sempre, a combater o tráfico de crianças.[27]

De fato, a figura da Autoridade Central, centralizando as informações e exercendo as demais atribuições fixadas pela Convenção, funciona como agente controlador da lisura do processo de adoção, como *locus* principal entre Estados-partes e interessados na adoção.

Essa centralização é exercida pela Autoridade Central no momento em que a Convenção lhe outorga o monopólio de controle da iniciativa de adoção pelos candidatos a adotantes (art. 15), pela seleção do candidato em seu país de origem (art. 14), posto que o primeiro passo para a efetivação da adoção é feito por intermédio da Autoridade Central.

Desse modo, as pessoas com residência habitual em um Estado Contratante que pretendam adotar uma criança cuja residência habitual seja em outro Estado Contratante deverão dirigir-se à Autoridade Central do Estado de sua residência habitual.

Todavia, se a Autoridade Central do Estado de acolhida considerar que os solicitantes estão habilitados e aptos a adotar, preparará um relatório contendo informações sobre a identidade, a capacidade jurídica e a adequação dos solicitantes para adotar, sua situação pessoal, familiar e médica, seu meio social, os motivos que os animam, sua aptidão para assumir uma adoção internacional, assim como sobre as crianças que eles estariam em condições de tomar a seu cargo.

Cláudia Lima Marques considera adequado e oportuno o controle da adoção pela Autoridade Central, "uma vez que o processo começa necessariamente com os candidatos dirigindo-se à sua Autoridade Central e não àquela do país de origem da criança, para evitar a pressão e a procura desenfreada de crianças 'adotáveis' naquele país".[28]

De fato, as Autoridades Centrais devem *dialogar*, de modo que o contato com a Autoridade Central do país de origem é de responsabilidade da Autoridade Central do país de acolhida; ou seja, esse sistema de contatos será feito entre autoridades públicas, para evitar as constantes pressões e comprometimentos das agências de adoção e dos próprios adotantes.

27. Cf. Cláudia Lima Marques, "Notícia sobre a nova Convenção de Haia sobre adoção internacional – Perspectiva de cooperação internacional e proteção dos direitos das crianças", *Revista Igualdade* 11/10-12.

28. Cláudia Lima Marques, "Notícia sobre a nova Convenção de Haia sobre adoção internacional – Perspectiva de cooperação internacional e proteção dos direitos das crianças", *Revista Igualdade* 11/11.

Num segundo momento a Autoridade Central exerce o controle sobre as agências de adoção – ou, como prefere o art. 11 da Convenção, *organismos credenciados*. O art. 12 reflete a preocupação desse controle: "Um organismo credenciado em um Estado Contratante somente poderá atuar em outro Estado Contratante se tiver sido autorizado pelas autoridades competentes de ambos os Estados". O credenciamento pretendido pelo organismo pode estar resumido no documento de sua constituição, objetivos e meios de atuação.

A Convenção indica que as funções da Autoridade Central devem ser exercidas por autoridade pública, como já referido. Todavia, a própria Convenção abre uma exceção perigosa, no art. 22, n. 1, quando permite que os Estados possam deferir as atribuições da Autoridade Central a organismos credenciados ou autorizados, desde que estejam em conformidade com a própria Convenção, e sempre de acordo com as normas de seu Estado.[29]

No Brasil não é possível admitir a adoção por estrangeiros que não seja realizada em solo nacional. Qualquer adoção deve seguir as regras da lei aplicável ao assunto, como regula a Lei de Introdução ao Código Civil, combinadas com os arts. 39 e 147, I, do ECA. Essa exceção foi acordada pela Convenção de Haia em vista da possibilidade de países ratificantes permitirem que a adoção possa ser consumada nos países de acolhida.

Essa exceção – na voz de Cláudia Lima Marques – faz desaparecer, naquele país, a segurança representada pela Autoridade Central, permitindo que outros Estados-partes se neguem a fazer adoções com países que substituam a figura da Autoridade Central pelas agências de adoção. E mais: essa exceção deixa o regime de adoção internacional fragilizado hoje em dia, quando as agências estão fora de controle estatal quanto às suas práticas, necessitando apenas de uma autorização prévia para trabalhar (art. 11 da Convenção), e desligadas de qualquer órgão público durante os procedimentos de adoção.[30]

O terceiro momento que ativa o controle das adoções internacionais pela Autoridade Central refere-se à garantia de adotabilidade da criança. De fato, o art. 16 da Convenção dispõe que é a Autoridade Central que decide sobre a adotabilidade da criança. Isso significa que, previamente, deve existir, no âmbito da Autoridade Central, um

---

29. Cf. nota de rodapé 2 do Capítulo 7.

30. Cláudia Lima Marques, "Notícia sobre a nova Convenção de Haia sobre adoção internacional – Perspectiva de cooperação internacional e proteção dos direitos das crianças", *Revista Igualdade* 11/11.

cadastro de crianças destinadas à adoção, que será consultado na medida em que chegarem os pedidos de habilitação dos interessados estrangeiros.

Soma-se ao fato que é de sua responsabilidade, também, a transferência da criança para o país de acolhida e a realização da adoção segundo o superior interesse da criança (art. 17), atendendo aos seus direitos assegurados pela nossa ordem jurídica.

Pelos arts. 14 e 15, a Convenção designa a supremacia da Autoridade Central para o contato com outros organismos de outros Estados Contratantes, concluindo sua atribuição de instrumentalizar a decisão conjunta das Autoridades Centrais sobre a colocação daquela criança com aqueles interessados estrangeiros.

Por último, a Autoridade Central exerce o controle da adoção transnacional por meio da verificação dos requisitos necessários, impostos pela Convenção, para as adoções internacionais. Assim, as Autoridades Centrais de ambos os Estados tomarão todas as medidas necessárias para que a criança receba a autorização de saída do Estado de origem, assim como aquela de entrada e de residência permanente no Estado de acolhida, quando todos os requisitos exigidos pelo art. 17 forem satisfeitos.

Como adição, a Autoridade Central deverá estar atenta ao sucesso do processo judicial de adoção – mas sem nele interferir –, de forma a, posteriormente, atestar sua liceidade perante o Estado de acolhida e decidir, em conjunto com o outro Estado Contratante, o que fazer em caso de insucesso da adoção (art. 21).[31]

4.4 Reflexos e efeitos da Convenção de Haia em nosso sistema jurídico.
A recepção dos tratados e convenções pela ordem jurídica pátria

Em primeiro lugar, o assunto deve ser analisado sob a ótica da extensão da obrigatoriedade da Convenção de Haia no sistema norma-

---

31. Algumas sugestões: (i) verificar a real situação da criança ou adolescente na família estrangeira onde se encontra, por meio de estudo realizado pela equipe interprofissional do juízo estrangeiro; (ii) fazer acompanhamento do casal estrangeiro para reverter o insucesso com a finalidade de manter a criança naquela família; (iii) fazer colocação em família substituta no país onde se encontra a criança ou adolescente; (iv) em último caso, repatriar a criança ou adolescente para ser colocado em família nacional.

tivo pátrio. Sob esse aspecto, duas questões devem ser analisadas: (i) O texto da Convenção de Haia, sobre a adoção internacional, tem força de lei em nosso sistema normativo? (ii) Esse mesmo texto está de acordo com a legislação de adoção vigente no país?

As indagações, à primeira vista, podem gerar certa perplexidade, inconformismo ou, até mesmo, o temor da ingerência legislativa internacional em nosso sistema normativo.

Os acordos, tratados, pactos e convenções internacionais são editados para a proteção de interesses comuns, com fins humanitários e reguladores de comportamentos, extensivos a todos os Estados Contratantes. Os documentos internacionais são elaborados pelos próprios Estados-membros das organizações transnacionais, sendo a mais conhecida a Organização das Nações Unidas – ONU.

O procedimento da assinatura do texto convencional pelos Estados é muito cuidadoso, e os Estados Contratantes enviam seus técnicos e representantes diplomáticos para aferir a extensão da sua obrigatoriedade e o possível conflito entre as diversas leis já existentes em seus ordenamentos jurídicos.

No Brasil, após esse procedimento, o texto é encaminhado ao Congresso Nacional, que tem competência exclusiva para deliberar sobre sua vigência em solo pátrio. Assim dispõe o inciso I do art. 49 da CF: "É da competência exclusiva do Congresso Nacional: I – resolver definitivamente sobre tratados, acordos ou atos internacionais que acarretem encargos ou compromissos gravosos ao patrimônio nacional".

Diante da determinação constitucional, o Congresso Nacional, ao apreciar convenções e tratados internacionais celebrados pelo nosso país, resolve pela sua aprovação ou não. Sendo aprovado, o texto acordado será editado e promulgado pelo próprio Congresso, por meio de decreto legislativo.

Pela moderna interpretação da hierarquia das leis, tem-se que, abaixo do texto constitucional, as normas são divididas *ratione materiae*, ou seja, separam-se aqueles atos legislativos próprios de modificação do texto constitucional (emendas à Constituição e leis complementares à Constituição) dos demais, inclusive daqueles atos legislativos tidos como função legislativa, diversos das leis propriamente ditas, como os decretos legislativos e as resoluções do Congresso Nacional. Na lição de Celso Ribeiro Bastos, a catalogação do art. 59 da CF parece ter sido presidida pelo critério formal, que define os atos jurídicos em função da força particular de que gozam seus efeitos dentro do sistema.[32]

Antes da promulgação da Emenda Constitucional 45, de 8.12.2004, havia uma certa dúvida sobre a posição hierárquica entre os tratados e a lei interna, prevalecendo a corrente doutrinária que estabelecia a paridade normativa, sob o fundamento da regra *lex posterior derogat lex prior*.

Todavia, com a inclusão do § 3º no art. 5º da CF pela citada emenda, acabaram-se todas as divergências a respeito da preponderância dos tratados e convenções sobre direitos humanos. Dispõe o citado parágrafo que "os tratados e convenções internacionais sobre direitos humanos que forem aprovados, em cada Casa do Congresso Nacional, em 2 turnos, por três quintos dos votos dos respectivos membros, serão equivalentes às emendas constitucionais".

Constituições de diversos países consagram a prevalência do Direito Internacional, considerando auto-aplicáveis as normas advindas de tratados internacionais.[33]

Todos os direitos considerados fundamentais acordados mediante tratados incorporam-se à ordem jurídica interna, por serem também definidores de direitos e garantias fundamentais, recebendo o *status* de cláusula pétrea, que não podem ser supressas do texto constitucional.[34]

A Convenção de Haia trouxe um dos mais importantes direitos fundamentais da pessoa humana, que é o direito a ter uma família, consagrado no art. 227 da nossa CF.

Sendo assim, o texto convencional que trata da adoção internacional foi aprovado pelo Congresso Nacional e foi promulgado em 14.1.1999, pelo Decreto Legislativo 1. Em 10.3.1999 o Governo Brasileiro depositou o Instrumento de Ratificação da Convenção de Haia, que entrou em vigor em todo o território nacional somente em 1º de julho do mesmo ano. No entanto, a Presidência da República expediu o Decreto 3.087, de 21.6.1999, com o fim de determinar o exato e fiel cumprimento do texto convencional.

32. Celso Ribeiro Bastos, *Curso de Direito Constitucional*, 1983, p. 154.

33. Cf. Valério de Oliveira Mazzuoli, *Direitos Humanos & Relações Internacionais*, p. 111. O citado autor indica os seguintes exemplos de recepção automática das normas internacionais celebradas em tratados: Constituição da República Federal da Alemanha, art. 25; Áustria, art. 9º; França, art. 55; Holanda, art. 60, Seção 3; Portugal, art. 16º, n. 1; Estados Unidos, art. 6º, II; Grécia, art. 28, § 1º; Espanha, art. 9º, n. 2; Peru, art. 101; Itália, art. 10.

34. CF, art. 60, § 1º, IV.

Num segundo momento, resta apreciar se o texto da Convenção de Haia, aprovado pelo Congresso, foi acolhido pela legislação infraconstitucional, representada, de modo especial, pelo Estatuto da Criança e do Adolescente.

Ao se confrontar o texto da Convenção de Haia, sobre adoção por estrangeiros, com a norma pátria referente à adoção, algumas considerações devem ser feitas.

Antes, porém, anota-se que o texto convencional não admite reservas,[35] ou seja, o Estado-parte concorda ou não com o texto integral da Convenção; significando também que, depois de ratificado seu conteúdo, sua observância será integral e obrigatória, não se admitindo ressalvas.

Em princípio, a Convenção não oferece resistência ao sistema legislativo pátrio relacionado com a adoção de crianças e adolescentes em situação de risco pessoal e social. Seu texto absorveu integralmente as recomendações genéricas dos Estados Contratantes, que queriam ver respeitados alguns pontos fundamentais dos sistemas normativos domésticos.

A Convenção de Haia manteve a responsabilidade paterna (poder familiar) dos pais adotivos em relação à criança e ao adolescente adotados.

Como conseqüência, o texto convencional confirma, pela adoção, o vínculo de filiação legítima e a aquisição de todos os direitos inerentes à filiação, equiparando-se ao mandamento constitucional brasileiro previsto no § 6º do art. 227.

Como medida decorrente das premissas anteriores, o texto estabelece a ruptura do antigo vínculo de filiação da criança com os pais biológicos. Certifica-se que, basicamente, a Convenção de Haia mantém, intactos, os principais fundamentos da relação paterno-filial consagrados no sistema normativo pátrio.

Sobre a proteção dos direitos infanto-juvenis, de forma geral, a Convenção manteve sua estrutura vinculada à Declaração dos Direitos da Criança, editada pela ONU.

Embora a Convenção tenha decidido pelo critério do domicílio da criança, o art. 2º, n. 1, daquele diploma[36] pode gerar contradições

---

35. Convenção de Haia, art. 40.

36. Art. 2º, n. 1, da Convenção de Haia: "A Convenção será aplicada quando uma criança com residência habitual em um Estado Contratante ('o Estado de origem') tiver sido, for, ou deva ser deslocada para outro Estado Contratante ('o Estado de acolhida'),

quando admite a possibilidade de a adoção ser efetivada no país de acolhida.

Sugere o texto convencional que a adoção pode ser feita no Estado de acolhida, ou seja, que, após a tramitação das informações entre as Autoridades Centrais, a criança seria enviada (ou buscada) aos pais adotivos, e o efetivo processo de adoção teria lá o seu início.

A proposta apresentada pelo dispositivo convencional traria de volta a figura da *guarda pré-adotiva* consagrada no Código de Menores (Lei 6.697/1979), expulsa do ordenamento jurídico pátrio, por provocar ingerência na jurisdição de outro magistrado e por facilitar o tráfico de crianças.

Nesse particular, a Convenção distanciou-se da lei brasileira de adoção, que exige seja ela constituída por sentença judicial, no país de origem da criança, e protegida pela segurança jurídica conferida (a ela) pela coisa julgada.[37]

Em hipótese alguma, pelo sistema jurídico pátrio, a criança poderá ser levada por adotantes estrangeiros para ser adotada no país de acolhida. Em relação a isso, a Convenção fere norma interna, e não tem eficácia.

As regras brasileiras de conflito de leis encontram-se na Lei de Introdução ao Código Civil – Decreto-lei 4.657/1942.[38] Essas regras são complementadas pelos arts. 39 e 147, I, do ECA, que estabelecem a competência para o processamento da adoção. Outras normas de aplicação de leis constam nos tratados internacionais ratificados pelo Brasil. Entre aqueles, três se destacam: a *Convenção da ONU sobre os Direitos da Criança*, de 1990; a *Conferência Interamericana*, de 1984 (CIDIP); e a *Convenção de Haia*, de 1993 (Decreto 3.087/1999).

São as crianças que necessitam de proteção, de modo que, em virtude dessa necessidade, a ordem jurídica deve proteger-lhes os interesses. Como salienta Cláudia Lima Marques, em verdade "é o *status* do filho que se modifica drasticamente na adoção e a concentração do direito internacional privado deve ser na criança".[39]

---

quer após sua adoção no Estado de origem por cônjuges ou por uma pessoa residente habitualmente no Estado de acolhida, *quer para que essa adoção seja realizada, no Estado de acolhida* ou no Estado de origem" (grifamos).

37. ECA, art. 47, § 6º.

38. Decreto-lei 4.657/1942 – LICC: "Art. 7º. A lei do país em que for domiciliada a pessoa determina as regras sobre o começo e o fim da personalidade, o nome, a capacidade e os direitos de família".

39. Cláudia Lima Marques, "A Convenção de Haia, de 1993, e o regime da adoção internacional no Brasil, após a aprovação do novo Código Civil Brasileiro em 2002", in

Portanto, a lei aplicável às adoções realizadas pelo juiz brasileiro é a do domicílio da criança, prevista nas orientações gerais, constantes do art. 7º da LICC.

Dessa forma – repita-se –, mantém-se a regra interna brasileira de que as adoções internacionais de crianças domiciliadas no Brasil serão processadas, necessariamente, pelos juízes brasileiros, de forma que a criança só deixará seu país de origem após a sentença de adoção.[40]

CD-ROM *Acervo Operacional dos Direitos da Criança e do Adolescente*, 2003. Segundo a autora citada: "Tratando-se, portanto, de criança domiciliada originariamente no Brasil, a lei brasileira regerá a adoção internacional aqui realizada. Os requisitos e condições impostos para a adoção por estrangeiros não-residentes serão aqueles da lei brasileira, isto é, cumulativamente, os presentes no Estatuto da Criança e do Adolescente e na Convenção de Haia e, subsidiariamente, os do Código Civil. O Estatuto da Criança e do Adolescente é considerado pelo juiz brasileiro como lei de aplicação imediata ou *lois de police*, assim como são de ordem pública internacional as normas do Estatuto da Criança e do Adolescente e da Convenção de Haia de 1993 referentes à 'forma solene' da adoção internacional de crianças no Brasil, segundo o art. 3º do Código Bustamante, não superado pelo art. 17 da LICC/1942. Vale lembrar que a lei aplicável para reger o consentimento dos pais biológicos e do adotado maior de 12 anos será, portanto, esta lei geral, a lei do domicílio da criança (art. 7º da LICC/1942), no caso, a lei brasileira; mas as questões prévias referentes à capacidade para tais manifestações de vontade serão regidas pela lei pessoal de cada envolvido (art. 7º da LICC/1942)".

40. ECA, art. 51, § 4º.

5

A Autoridade Central

5.1 Conceito. 5.2 Natureza jurídica. 5.3 Composição da Autoridade Central. 5.4 Funcionamento da Autoridade Central. 5.5 Atribuições da Autoridade Central. 5.6 A Autoridade Central Estadual no sistema brasileiro.

5.1 Conceito

A adoção transfronteiriça é, por definição, fenômeno que exige cooperação de dois países para se tornar eficaz. Não poderá, pois, ser deixada à iniciativa privada de particulares ou de agências credenciadas. É preciso dispor de um conjunto de regras e de normas bem definidas para, efetivamente, estabelecer um rígido controle da adoção, com o fim de assegurar a cooperação pretendida pela Convenção.

A Convenção sobre a adoção internacional utilizou metodologia de outra Convenção: a que trata dos aspectos civis do rapto internacional de crianças. Esse método estabelece seu objetivo na centralização das informações e controle dos atos administrativos relacionados à adoção transnacional, em cada país – de origem ou de acolhimento –, por meio de uma *Autoridade Central*.

As Autoridades Centrais detêm a responsabilidade última de vigiar todos os aspectos de uma adoção internacional, desde o momento em que é formulado o pedido: aprovar os pais candidatos à adoção, assegurar-se de que a adoção constitui, mesmo, a melhor solução para a criança e que ela pode ser adotada; assegurar-se de que os pais adotivos e a criança são, mutuamente, convenientes; velar para que todos os procedimentos sejam respeitados e para que sejam reunidas todas as condições para a transferência material da criança para o país de acolhimento. Podem, igualmente, cooperar nos casos em que uma adoção venha a falhar.[1]

"Autoridade Central" é um título pomposo, mas essa instância pode, em certos países, resumir-se a um único funcionário. É por isso que, à exceção de determinadas funções, que a Autoridade Central deve exercer diretamente (essencialmente no domínio da troca de informações), a Convenção de Haia prevê a possibilidade de delegar a grande maioria das tarefas.[2]

A existência das Autoridades Centrais pode ser considerada sob um novo aspecto. A segurança jurídica pretendida pelas pessoas e instituições deve ser assegurada de forma ordenada, ou seja, prevista num conjunto de regras e desenvolvida de forma a garantir a legalidade e a perpetuidade das ações.

No contexto dos atos convencionados ou pactuados entre os Estados-membros, criou-se um mecanismo de segurança dos atos administrativos, visando a garantir a tranqüilidade daqueles que convencionam entre si.

As Autoridades Centrais surgiram, nesse contexto, para garantir que os pactos e convenções internacionais pudessem ser cumpridos com o ideal garantista da certeza jurídica de seus efeitos para todos os envolvidos.

A Autoridade Central ainda não foi definida, talvez porque o mais importante, nesse instituto, seja sua natureza jurídica e suas atribuições. Todavia, trata-se de órgão representativo do Estado – no sentido de Estado representativo de um povo, sustentado pela soberania –, vinculado à administração política desse mesmo Estado.

Como se vincula à administração do Estado, a Autoridade Central não tem vida própria, pois depende de decisões outras do chefe de governo ou de outras instâncias superiores.[3]

1. Cf. Capítulo 3, nota de rodapé 9.
2. Cf. Nigel Cantwell, "Adoção", *Terre des Hommes*, n. 65.
3. Hely Lopes Meirelles, *Direito Administrativo Brasileiro*, p. 344.

A Autoridade Central compõe a Administração Pública, porque suas funções envolvem situações de estado ou de liberdade das pessoas e, no caso específico da adoção, vão surgir vínculos de filiação e a instituição familiar. Tal mérito é deferido somente ao Estado, como ente encarregado de assegurar as relações sociais.

Além de ter o poder de *autoridade*, ou seja, de estar acima dos envolvidos e poder ser o ponto de equilíbrio na solução dos casos que lhe são apresentados, a Autoridade Central, propugnada pelas convenções, como já mencionado, tem o objetivo de *centralizar* e *uniformizar* os procedimentos administrativos concernentes aos atos preparatórios da adoção transnacional.

A centralidade de suas deliberações supõe que todos os demais procedimentos em trâmite nos Estados federados – no caso do Brasil, por exemplo – devem ser comunicados à Autoridade Central no âmbito federal, para que esta, munida das informações necessárias, comunique à Autoridade Central do outro Estado-membro os atos administrativos e jurisdicionais ultimados.

Sob esse aspecto, a própria Convenção permite que, num Estado federal no qual vigoram diversas formas de administração da adoção, possa ser designada mais de uma Autoridade Central, especificada a extensão territorial e pessoal de suas funções. O Estado que se utilizar dessa faculdade designará a Autoridade Central a quem pode ser dirigida toda a comunicação, para sua retransmissão à Autoridade Central especificamente competente dentro desse Estado.[4]

Todavia, é no âmbito de uma política pública para a adoção internacional que a Autoridade Central desempenhará, com segurança, suas funções. A referida política pública deverá ocupar-se com o atendimento à criança e ao adolescente em situação de risco, por meio da colocação em família substituta estrangeira de forma organizada, consciente e segura, com o claro objetivo de, antes de servir ao adotante – que é beneficiário do sistema –, amparar a criança, cuidando de não deixá-la à mercê de intermediários inescrupulosos.[5]

A escolha da Autoridade Central como interlocutora dos Estados foi uma decisão estratégica dos próprios Estados-membros, temerosos da inconseqüência e do descumprimento das diretrizes propostas nas convenções internacionais.

---

4. Cf. art. 6º, n. 2, da Convenção Relativa à Proteção das Crianças e à Cooperação em Matéria de Adoção Internacional.

5. Cf. Jane Pereira Prestes, "Autoridade Central Estadual: intervenção técnica em múltiplos aspectos", in Samuel Alves de Melo Jr. (org.), *Infância e Cidadania*, n. 1, p. 30.

Por esses atributos, a Autoridade Central exerce função pública, uma vez que volta sua atenção ao serviço do Estado, à realização do bem comum e à satisfação do interesse coletivo.

A Autoridade Central é, pois, o órgão da Administração Pública encarregado de certificar a idoneidade dos atos administrativos e pré-processuais referentes à adoção. Em relação àqueles que desejam adotar crianças ou adolescentes num Estado estrangeiro, sua atuação imprime autoridade, idoneidade, seriedade e, acima de tudo, certeza da legalidade nos procedimentos pré-processuais de informações referentes aos interessados.[6]

Pode-se dizer que a autoridade administrativa centralizará todas as informações referentes ao assunto e as repassará ao outro Estado Contratante, com a segurança da autoridade, da verdade, da idoneidade e da seriedade, além, é claro, da legalidade.

5.2 Natureza jurídica

Uma das características trazidas pela Convenção de Haia foi a criação de uma metodologia de cooperação e relacionamento entre os Estados Contratantes, envolvidos com a adoção internacional, desenvolvida por meio de órgão oficial dos Estados, denominado *Autoridade Central*, já referida no item anterior.

A definição da natureza jurídica dos atos praticados pela Autoridade Central, seja no âmbito estadual, seja no âmbito federal, não é de fácil solução, em virtude de sua novel aplicabilidade no meio jurídico pátrio.

Qual a natureza dos atos praticados pela Autoridade Central: são eles administrativos ou jurisdicionais? Em vista da autonomia das funções políticas do sistema jurídico brasileiro, e de acordo as normas de organização judiciária, a que compete a regularização das Autoridades Centrais nos Estados federados, tem-se que as atribuições daquelas Autoridades são de natureza administrativa, não sendo possível qualquer atividade jurisdicional.

Entende-se que as atribuições da Autoridade Central têm natureza administrativa. Embora a Autoridade Central seja constituída na estrutura organizacional do Poder Judiciário, pode parecer, à primeira vista, que suas funções têm caráter judicial. A concentração de

---

6. Cf. nosso *Adoção – Adoção Internacional*, 2ª ed., p. 140.

responsabilidade nos membros daquele órgão, referente ao processamento preparatório da adoção, pode gerar certa confusão.

De fato, seria deveras conflituosa a situação de ratificar um instrumento internacional que não respeitasse o sistema federativo pátrio, principalmente a independência e autonomia das Justiças Estaduais. É certo, também, que o monopólio do exercício da jurisdição pelo Poder Judiciário é concebido como garantia individual na CF, prevista no art. 5º, XXXV.[7]

Pode-se dizer que, mais que um direito fundamental individual, a jurisdição, ou o acesso ao Poder Judiciário, constitui cláusula pétrea da CF, como relacionou, expressamente, o art. 60, § 4º, III e IV.

A dificuldade em admitir o caráter administrativo das Autoridades Centrais decorre, em grande parte, do *locus* legislativo em que elas são criadas. De fato, elas compõem órgão do Poder Judiciário, criadas por lei, dentro das estruturas dos Estados federados. Essa orientação está expressamente garantida pela norma constitucional prevista no art. 125, que autoriza os Estados a organizarem sua Justiça, observando a regra da divisão e independência dos Poderes.

Ademais, a CF autoriza, no § 3º do art. 125, que lei estadual, por proposta do Tribunal de Justiça, possa criar outras Justiças, abrindo espaço para a criação das Autoridades Centrais.

A dificuldade torna-se mais evidente quando se vê o termo "Judiciária" justaposto a Autoridade Central Estadual, estampado no art. 52 da Lei 8.069/1990.

Luiz Carlos de Barros Figueirêdo não concorda com essa posição. Para ele, a Autoridade Central Estadual não se restringe a uma autoridade meramente administrativa, "tendo função *judicialiforme*",[8] em face de sua composição por integrantes da Magistratura.

"Judicialiforme" significa *com força de decisão judicial*, e a Autoridade Central não tem esse poder, e tampouco exerce funções judiciais. A função da Autoridade Central Estadual é exclusivamente administrativa, tendo atribuições somente no campo pré-processual, cujas deliberações não vinculam o juiz do processo (judicial) de adoção.

Pensar de outra forma seria conceder atribuições jurisdicionais a um órgão que não foi idealizado para tal tarefa, cuja composição

---

7. Cf. José Afonso da Silva, *Curso de Direito Constitucional Positivo*, 29ª ed., p. 554.

8. Luiz Carlos de Barros Figueirêdo, *Adoção Internacional – Doutrina & Prática*, p. 186.

se pretende interdisciplinar, em face da multidisciplinariedade da adoção.

Atribuir funções de natureza judicial à Autoridade Central poderia caracterizar um estrondoso golpe à independência do juiz do processo, pois este não poderia julgar de maneira diversa daquele órgão. A Autoridade Central não decide, apenas delibera sobre a aptidão do candidato estrangeiro à adoção, cujo resultado, positivo ou negativo, não obriga a efetivação (ou não) da adoção. O juiz da causa é independente e livre para aceitar (ou não) o pedido de adoção.

Por outro lado, Maurício Antônio Ribeiro Lopes suscita questão relevante sobre a atividade da Autoridade Central, indignando-se com a possibilidade de deferimento de função jurisdicional a ela: "E aqui chegamos a um dos pontos fulcrais da questão. Não nos parece possível sustentar que todas as atribuições conferidas à Autoridade Central pela Convenção de Haia sejam de natureza meramente administrativa. Uma delas, ao menos, parece-me de natureza jurisdicional. É aquela expressa na alínea 'c' do art. 17, que dispõe, *verbis*: 'Toda decisão de confiar uma criança aos futuros pais adotivos somente poderá ser tomada no Estado de origem se: (...) as Autoridades Centrais de ambos os Estados estiverem de acordo em que se prossiga com a adoção'".[9]

A situação, aparentemente conflituosa, apresentada pelo autor acima citado foi gerada antes da vigência do Decreto 3.174/1999, que regulamentou o exercício das atividades da Autoridade Central no Brasil, autorizando as Comissões Estaduais Judiciárias de Adoção a desenvolverem as funções referentes às Autoridades Centrais no âmbito estadual, como permite o art. 6º, n. 2, da Convenção de Haia.

Por conseguinte, é preciso salientar que as orientações e deliberações expedidas pela Autoridade Central Estadual são dignas de respeito, pelo trabalho importante, sério e idôneo que exercem. Todavia, isso não significa atribuir jurisdicionalidade aos atos da Autoridade Central, seja ela de âmbito estadual ou federal, posto que sua atividade é – repita-se – predominantemente administrativa, pré-processual, destinada à preparação dos interessados estrangeiros em adotar uma criança brasileira.

---

9. Maurício Antônio Ribeiro Lopes, "Adoção internacional e representação dos casais estrangeiros no Brasil", in Teresa Arruda Alvim Wambier e Eduardo Oliveira Leite (coords.), *Repertório de Doutrina sobre Direito de Família. Aspectos Constitucionais, Civis e Processuais*, vol. 4, p. 285.

5.3 Composição da Autoridade Central

Muito se tem discutido a respeito da composição da Autoridade Central. Em julho/2000, no âmbito da 1ª Assembléia Ordinária do Conselho de Autoridades Centrais, realizada nos dias 24, 25 e 26.5.2000, foi aprovada, pelas Resoluções 01 e 02/2000, a proposta de que a composição das Autoridades Centrais em nível estadual deveria ser formada, preferencialmente, por integrantes da Magistratura, em pleno exercício de suas funções.

Nos dias 2 e 3.4.2001, na cidade de Recife/PE, no âmbito da 3ª Assembléia Ordinária do Conselho das Autoridades Centrais Brasileiras, o juiz Luiz Carlos de Barros Figueirêdo apresentou o texto final da "Proposta de Uniformização de Procedimentos nas Autoridades Centrais de Adoção", em nome do grupo de trabalho[10] especificamente designado – que confirmou a composição acima mencionada – para apreciar o assunto e apresentar sugestões sobre o procedimento a ser seguido pelas Autoridades Centrais.

A justificativa apresentada pelo citado Juiz contradiz a própria natureza das atribuições da Autoridade Central. Lembra que "o papel da Autoridade Central Estadual não se restringe ao de uma autoridade meramente administrativa, tendo função judicialiforme, e, como tal, a sua composição deve ser exclusivamente de integrantes da Magistratura em pleno exercício de suas funções".[11]

Nessa última Assembléia foi aprovada, por unanimidade, a Cláusula Décima-Primeira, segundo a qual: "As CEJAs ou CEJAIs devem ser compostas, obrigatoriamente, por magistrados da ativa".

Estando presente àquela reunião, tive a oportunidade de apresentar oposição àquela decisão, justificando o despropósito da recomendação. Primeiro porque se sugeriu a substituição da expressão "obrigatoriamente por integrantes da Magistratura" por "preferencialmente por integrantes da Magistratura", que possibilitaria que outros profissionais pudessem integrar as Autoridades Centrais dos Estados. Esse é o entendimento da ampla maioria dos estudiosos da adoção internacional. A composição das Autoridades Centrais com

---

10. No âmbito da IV Reunião das CEJAs, na cidade de Cuiabá/MT, deliberou-se a criação de um grupo de trabalho, formado pela Autoridade Central Estadual Judiciária de Adoção dos Estados de Pernambuco, Ceará, Paraíba e Rio de Janeiro.

11. Luiz Carlos de Barros Figueirêdo, *Adoção Internacional – Doutrina & Prática*, p. 186.

profissionais de diferentes áreas torna o estudo da habilitação do pretendente à adoção internacional mais completo e seguro.

Segundo, a proposta ressalva que os juízes participantes das referidas Autoridades Centrais dos Estados estejam no pleno exercício de suas funções. Certamente, a proposta colocada pretende impedir que profissionais sem compromisso com a causa da criança tenham assento na Autoridade Central Estadual.

Pode-se citar, a título de exemplo, a delicada situação da Autoridade Central Estadual no exercício de suas atribuições. A proposta de uniformização de procedimentos da Autoridade Central Estadual acima mencionada sugere, ainda, a instituição de um pré-requisito para a apreciação de concessão de passaporte do adotando junto à Polícia Federal: o visto da Autoridade Central Estadual no alvará de viagem expedido pelo juiz que deferiu a adoção. Tal medida, segundo a proposta, visa a impedir o tráfico de crianças e, conseqüentemente, as adoções irregulares, porquanto a Autoridade Central Estadual é quem deverá se responsabilizar por aquela adoção.

Tem-se como sacramentada constitucionalmente a segurança jurídica que emerge da coisa julgada material da sentença terminativa de mérito.

As atribuições administrativas das Autoridades Centrais terminam no momento da expedição do Certificado de Habilitação à adoção.

Ao adotar o conteúdo da proposta, a Autoridade Central Estadual irá *revisar* a sentença proferida por outro órgão, com poder jurisdicional. Ora, um órgão administrativo não tem competência para apreciar a decisão final de um processo judicial, nem mesmo para *chancelar* ou *vistar* seu conteúdo. O sistema jurídico pátrio somente permite a revisão da sentença em instância recursal, que não é o caso.

Imagine-se que, por algum motivo, a Autoridade Central Estadual se recuse a apor o visto no alvará de viagem. Como ficaria a presente situação? Não caberia recurso para mais nenhum órgão, pois a atividade da Autoridade Central Estadual foi simplesmente administrativa.[12]

Ademais, a Autoridade Central Estadual, quando expede o Certificado de Habilitação à adoção para um pretendente estrangeiro, está dizendo e confirmando que aquele indivíduo está apto para adotar

---

12. "Competência – Mandado de segurança – Ato da Comissão Estadual Judiciária de Adoção Internacional – Órgão do TJSP – Competência originária da Câmara Especial – Segurança conhecida" (*JTJ* 146/256).

uma criança ou adolescente. Se, por acaso, ocorrer algum imprevisto no decorrer do processo judicial, a competência é do juiz natural do processo. Após, somente por meio de recurso[13] para a instância superior.

A Autoridade Central Estadual não poderá ser considerada instância regular para a apreciação dos recursos contra as sentenças proferidas pelo juiz da causa. Nosso sistema recursal confere essa competência aos Tribunais de Justiça, na esfera estadual.

O que poderá ser feito, entretanto, é a inclusão no corpo da sentença judicial de palavras sacramentais que indiquem que aquela adoção foi feita de acordo com a Convenção de Haia, seguindo-se todas as suas exigências, eliminando-se, inclusive, o modelo de Certificado de Conformidade em Adoção Internacional, proposto pelo art. 23 da Convenção.

Após o trânsito em julgado da sentença judicial, o pretendente poderá dirigir-se ao cartório judicial e requerer certidão que constate que a sentença se tornou não-modificável, valendo, pois, para os efeitos de emissão de passaporte do adotado e de validação da sentença perante a Autoridade Central do país do adotante.

Se esse procedimento não estiver acertado, mais uma atribuição caberá à Autoridade Central Estadual, agora de caráter e efeito duvidosos e inadequados ao sistema jurídico vigente.

Posto isso, firma-se a posição de que a melhor fiscalização administrativa exercida pela Autoridade Central Estadual não pode ser feita somente por juízes, embora a Autoridade Central Estadual seja adjetivada de "judiciária".

Ao discorrer sobre o assunto, em outra oportunidade,[14] anotamos que a Autoridade Central Estadual, atuando como órgão consultivo, deveria ser composta por desembargadores, juízes de direito, procuradores e promotores de justiça, psicólogos, sociólogos, pedagogos, assistentes sociais, advogados, médicos e outros profissionais.

O Ministério Público, a quem incumbe a análise jurídica de fiscalização do cumprimento da lei e de formação processual do pedido de inscrição, deve integrar a Autoridade Central Estadual, como *custos legis*.[15] Participam, também, os técnicos sociais, que serão

---

13. Cf. Capítulo 9 deste trabalho.

14. Cf. nosso *Adoção – Adoção Internacional*, 2ª ed., p. 141.

15. (i) *Ilegitimidade de parte* (TJSP, MS 18.272-0-SP, rel. Des. Torres de Carvalho, j. 17.6.1993): "Ilegitimidade de parte – Ativa – Inocorrência – Mandado de segurança im-

chamados a verificar os aspectos sociais, psicológicos, de saúde, de estabilidade financeira e conjugal, bem como de convivência familiar e comunitária, dos interessados.

Para Luiz Carlos de Barros Figueirêdo esses profissionais estão excluídos da condição de membros da Autoridade Central Estadual com direito a voto. Entende ele que somente os integrantes da Magistratura podem deliberar sobre a aptidão dos pretendentes estrangeiros à adoção.[16]

Por outro lado, é importante assegurar ao pretendente à adoção que seu pedido de habilitação será processado por profissional imparcial, livre de qualquer suspeita de favorecimento ou protecionismo, e que a adoção que pretende concretizar é legítima e amparada pelas Autoridades Centrais de ambos os Estados ratificantes.

Os serviços prestados por esses profissionais à Autoridade Central Estadual não são remunerados, porque são considerados de natureza pública relevante. A composição da Autoridade Central Estadual por profissionais de diferentes disciplinas torna o estudo da habilitação do pretendente à adoção internacional mais completo e seguro.

Aqui – considerando-se que o Brasil é signatário da Convenção Relativa à Proteção e à Cooperação em Matéria de Adoção Internacional –, a Presidência da República editou o Decreto 3.174, de 16.9.1999, onde designou a Autoridade Central Administrativa encarregada de dar cumprimento àquelas obrigações impostas pela citada Convenção, aproveitando para instituir o *Programa Nacional de Cooperação em Adoção Internacional* – no âmbito do Departamento da Criança e do Adolescente – e criar o *Conselho das Autoridades Centrais Administrativas Brasileiras*.

No âmbito federal, o referido decreto designou a Secretaria de Estado dos Direitos Humanos do Ministério da Justiça como res-

---

petrado pelo Ministério Público – Atacado ato da Comissão Estadual Judiciária de Adoção Internacional – Órgão do Tribunal de Justiça do Estado de São Paulo – Legitimidade do promotor de justiça reconhecida pelo ECA e pela Lei n. 8.625/1993 – Delegação, ademais, pelo próprio Procurador-Geral da Justiça – Preliminar rejeitada".

(ii) *Legitimidade de parte*: "Legitimidade de parte – Ativa – Promotor de Justiça – Mandado de Segurança impetrado contra ato da Comissão Estadual Judiciária de Adoção Internacional – Arts. 32, inciso I, da Lei federal n. 8.625, de 1993, e 201, IX, da Lei federal 8.069, de 1990 – Delegação, ademais, do Procurador-Geral da Justiça – Preliminar rejeitada" (*JTJ* 146/256).

16. Luiz Carlos de Barros Figueirêdo, *Adoção Internacional – Doutrina & Prática*, p. 186.

ponsável pela comunicação com os demais Estados Contratantes da Convenção. No estadual, o art. 4º autoriza a Autoridade Central Estadual a exercer as atribuições operacionais e procedimentais que não se incluam dentre aquelas de natureza administrativa a cargo da Autoridade Central Federal, respeitadas as determinações das respectivas leis de organização judiciária e normas locais que a instituíram.

Além da designação das Autoridades Centrais, o art. 5º do citado decreto criou o *Conselho das Autoridades Centrais Brasileiras*, composto pelos seguintes membros:

"I – Autoridade Central Federal, que o presidirá; II – 1 (um) representante de cada Autoridade Central dos Estados federados e do Distrito Federal; III – 1 (um) representante do Ministério das Relações Exteriores; e IV – 1 (um) representante do Departamento de Polícia Federal.

"Parágrafo único. O Conselho das Autoridades Centrais Brasileiras reunir-se-á semestralmente, para avaliar os trabalhos efetuados no período e traçar políticas e linhas de ação comuns, objetivando o cumprimento adequado, pelo Brasil, das responsabilidades assumidas por força da ratificação da Convenção Relativa à Proteção das Crianças e à Cooperação em Matéria de Adoção Internacional."

O Conselho das Autoridades Centrais Brasileiras manifesta-se por meio de resoluções, que, de maneira geral, orientam a Autoridade Central dos Estados sobre os procedimentos prévios da adoção internacional.

5.4 Funcionamento da Autoridade Central

A Autoridade Central atua em âmbito federal e estadual de maneira autônoma e distinta. A estrutura e o funcionamento da Autoridade Central Estadual não são rígidos. Pode-se afirmar que a Administração Superior do Poder Judiciário, a quem incumbe a organização do órgão, nomeará os membros de sua instituição e aqueles indicados pelos demais órgãos e profissionais liberais. A quantidade de membros, mandato, funcionamento e modo de votação dos processos serão fixados na Lei de Organização Judiciária de cada Estado e no Regimento Interno.

Por força do art. 52 do ECA, houve a necessidade de implantar a Autoridade Central no âmbito das Justiças Estaduais, criando uma instância administrativa de controle das adoções internacionais.

No âmbito externo, a *Convenção Relativa à Proteção e à Cooperação em Matéria de Adoção Internacional* estabeleceu garantias para que as adoções internacionais fossem efetuadas levando em consideração o interesse superior da criança e com respeito aos seus direitos fundamentais.

Além do objetivo maior, a Convenção pretendeu impedir as adoções irregulares e prevenir o seqüestro, a venda ou o tráfico de crianças, por meio de permanente cooperação e validação das adoções entre os Estados Contratantes.

O mandamento exarado no art. 6º da Convenção determinou que todo Estado Contratante deveria designar uma Autoridade Central, que ficaria encarregada de dar cumprimento às obrigações ali assumidas.

O Brasil ratificou a Convenção de Haia pelo Decreto Legislativo 1/1999, estando em vigor desde junho/2000. Por meio do Decreto 3.174, de 16.9.1999, foi designada a Secretaria de Estado dos Direitos Humanos do Ministério da Justiça para cumprir a missão própria da Autoridade Central Federal.[17]

Sobre a designação das Autoridades Centrais no âmbito dos Estados, o Decreto 3.174/1999 estabeleceu, no art. 4º: "Ficam designados como Autoridades Centrais no âmbito dos Estados federados e do Distrito Federal, as Comissões Estaduais Judiciárias de Adoção, previstas no art. 52 da Lei n. 8.069, de 13 de julho de 1990, ou os órgãos análogos com distinta nomenclatura, aos quais compete exercer as atribuições operacionais e procedimentos que não se incluam naquelas de natureza administrativa a cargo da Autoridade Central Federal, respeitadas as determinações das respectivas leis de organização judiciária e normas locais que a instituíram".

O funcionamento das Autoridades Centrais Administrativas deve ser dividido em duas esferas distintas – a *estadual* e a *federal* –, em face das distintas atribuições de cada uma.

Nos Estados procurou-se uma alternativa de adaptação da determinação da Convenção, preferindo-se deferir às *Comissões Estaduais Judiciárias de Adoção* – CEJA ou CEJAI – as funções de Autoridade Central, passando elas a ser conhecidas como Autoridades Centrais Administrativas Estaduais.

---

17. Ressalta-se, ainda, que o Brasil efetuou depósito de Declaração perante o *Bureau* no que diz respeito ao art. 22, n. 4, da Convenção, excepcionando a adoção somente nas hipóteses do n. 1 do citado artigo.

Dessa forma, a Autoridade Central Estadual incorporou em suas funções aquelas desempenhadas pela CEJA. Em cada Estado Federado haverá uma Autoridade Central, que reportará à Autoridade Central Federal a regularidade dos procedimentos administrativos relativos à adoção por estrangeiros, visando ao controle da legalidade da adoção. Assim dispõe o art. 6º da Convenção de Haia:

"1. Cada Estado Contratante designará uma Autoridade Central, encarregada de dar cumprimento às obrigações impostas pela presente Convenção.

"2. Um Estado Federal, um Estado no qual vigoram diversos sistemas jurídicos ou um Estado com unidades territoriais autônomas poderá designar mais de uma Autoridade Central e especificar a extensão territorial ou pessoal de suas funções. O Estado que fizer uso dessa faculdade designará a Autoridade Central à qual poderá ser dirigida toda comunicação para sua transmissão à Autoridade Central competente dentro desse Estado".

A atual redação do art. 52 do ECA poderia deixar dúvidas sobre a obrigatoriedade da existência da Autoridade Central Estadual. Apesar de toda boa vontade e retidão de desígnios daquele órgão, o legislador ordinário não foi feliz ao redigir o mencionado artigo. Ao invés de tornar a Autoridade Central Estadual um órgão cujas função e atividade fossem obrigatórias, preferiu deixar a critério dos Estados essa tarefa.

Sobre a obrigatoriedade da existência da Autoridade Central Estadual, Arnaldo Marmitt chegou a dizer que "o assunto pressupõe legislação específica e, enquanto ela não surgir, a Autoridade Central Estadual não terá vida. Tem de ser regulada em lei específica estadual, dentro dos limites da competência concorrente, constitucionalmente deferida aos Estados-membros, ut art. 24, XV".[18]

Liborni Siqueira entende que, além de ser facultativa a atuação da CEJAI, poderá "ocorrer um conflito de competência, pois isso poderá acarretar sério problema, quando o juiz indeferir qualquer pedido daquele que recebeu o laudo positivo de habilitação".[19]

Essa posição perdeu sua força na medida em que o Decreto 3.147/1999 obrigou à constituição da Autoridade Central no âmbito das Justiças Estaduais e no âmbito federal.

18. Arnaldo Marmitt, *Adoção*, p. 145.
19. Liborni Siqueira (coord.), in *Comentários ao Estatuto da Criança e do Adolescente*, p. 31.

Por conseguinte, com o advento do Decreto 3.174/1999 o assunto pacificou-se, revelando-se obrigatória sua criação. Agora, toda adoção realizada por estrangeiros terá que, obrigatoriamente, passar pelo estudo e análise da Autoridade Central Estadual.

O Poder Judiciário, mediante procedimento interno, organizará uma tarefa eminentemente administrativa, e não de prestação jurisdicional, podendo criar a Autoridade Central Estadual, que será regulamentada por meio de decreto judiciário, de resolução ou outra forma de regulamentação interna daquela instituição. A criação da Autoridade Central deverá, no entanto, integrar-se, como forma de política de atenção à adoção, no âmbito da lei de organização judiciária estadual.

Nesse sentido, a Autoridade Central Estadual é um órgão de existência obrigatória, vinculado ao Poder Judiciário Estadual e por ele administrado, composto por agentes do Poder Público e por técnicos que emitem pareceres de natureza consultiva, opinativa e administrativa nos processos de habilitação para a adoção de interessados estrangeiros e de caráter não-vinculante para o juiz da infância e da juventude.

A Autoridade Central Estadual desenvolverá suas atividades no âmbito de cada Estado e dentro do contexto da organização judiciária estadual. Entretanto, deverá reportar-se à Autoridade Central Federal quando as adoções internacionais forem concluídas com êxito e dentro da legalidade desejada pela Convenção de Haia e pelo Estatuto, a fim de que essa represente o Estado Brasileiro perante o Estado de origem do adotante.

A Autoridade Central Estadual que instituiu a política de adoção internacional nos Estados tem feito um trabalho excelente em relação à preparação do interessado estrangeiro para a adoção. Além do estudo prévio das condições sociais e psicológicas, bem como da análise da estabilidade conjugal, ela imprime autoridade, idoneidade e seriedade ao processamento das informações referentes aos interessados na adoção.[20]

---

20. Exemplo de procedimento da tramitação dos pedidos de habilitação perante a Autoridade Central Estadual proposto por Luiz Carlos de Barros Figueirêdo (*Adoção Internacional – Doutrina & Prática*, p. 190): "1) Representante apresenta documentos com um requerimento à Secretaria da CEJA; 2) Secretaria recebe documentos e, se completos, autua e registra; 3) encaminha processo para equipe técnica para avaliação; 4) equipe técnica fornece ou faz exigência; 5) havendo parecer da equipe técnica, o processo é encaminhado para o Ministério Público, para emissão de parecer; 6) havendo exigência, o processo é

Sua atividade e seu conteúdo técnico e programático baseiam-se nos postulados firmados pelo *Serviço Social Internacional*, que se preocupa com a melhoria da proteção legal e social de todas as crianças dos países envolvidos no que diz respeito aos fenômenos sociais e, principalmente, à adoção. Ao impor seriedade ao trabalho, a Autoridade Central Estadual autentica o procedimento de adoção internacional, avalizando a idoneidade do interessado. Após a expedição do certificado, o interessado estará habilitado, ou seja, estará apto para requerer a adoção na Vara da Infância e da Juventude.

O interessado em proceder à adoção de criança nacional deverá, primeiro, procurar a Autoridade Central Estadual para se habilitar e ser considerado apto à adoção. A Autoridade Central Estadual decidirá se o interessado tem condições, ou não, para adotar; a Autoridade poderá emitir parecer favorável ou contrário à adoção.

Com essa medida, o Estatuto da Criança e do Adolescente instituiu uma *condição de procedibilidade*, ou seja, criou para o estrangeiro um mecanismo que o habilite a ter *legitimidade* para ingressar em juízo pleiteando a adoção. Em outras palavras, para a realização da adoção, o candidato estrangeiro deverá submeter-se a um procedimento administrativo perante a Autoridade Central Estadual, e somente depois de habilitado poderá ingressar em juízo. Para o interessado estrangeiro haverá, assim, um procedimento a mais, que não é exigido dos interessados nacionais.

A atuação da Autoridade Central tem sido de grande utilidade na preparação dos candidatos estrangeiros à adoção. A tendência é

concluso para intimação da parte e cumprimento de exigência; 7) concluído o parecer da equipe técnica, segue para o Ministério Público; 8) Ministério Público fornece parecer ou faz exigência; 9) havendo parecer do Ministério Público, processo segue para o relator; 10) havendo exigência, o processo é concluso para despacho e aguarda-se o cumprimento da exigência; 11) cumprida a exigência, o Ministério Público emite parecer e o processo segue para o relator; 12) caso todos os pareceres sejam favoráveis, presidente determina a emissão do laudo; 13) emite-se o laudo e entrega-se ao representante legal; 14) lançamento do pretendente habilitado no banco de dados da CEJA; 15) processo segue concluso; 16) juiz determina o arquivamento; 17) havendo voto do relator contrário aos pareceres da equipe técnica e do Ministério Público, o processo segue concluso para determinação da inclusão do processo em pauta na sessão ordinária da CEJA; 18) despacho para a sessão; 19) o pedido sendo deferido na sessão, processo segue para emissão do laudo; 20) emissão do laudo; 21) inclusão no banco de dados; 22) concluso; 23) arquivamento; 24) escolha de um relator para fornecer o voto; 25) voto do relator; 26) concluso; 27) inclusão na sessão da CEJA; 28) pedido deferido; 29) emissão de laudo; 30) inclusão no banco de dados; 31) se pedido indeferido, por inidoneidade, processo segue concluso para inclusão no banco de dados de inidôneos; 32) despacho; 33) arquivamento".

não se admitir as adoções feitas diretamente ao juízo especializado. O trabalho realizado pela Autoridade Central oferece a garantia da segurança ao juiz que apreciará e julgará o pedido. Essa garantia estende-se ao estrangeiro, que quer ver sua adoção processada sem sobressaltos e de maneira legal.

A Autoridade Central é mais um órgão auxiliar do juiz na distribuição da prestação jurisdicional. A maioria dos Estados tem chegado à conclusão de que o trabalho desenvolvido pela Autoridade Central, além de facilitar o serviço do juiz, empresta idoneidade aos processos de adoção por estrangeiros. Se a adoção for processada por meio da Autoridade Central, com certeza, não haverá fraude ou qualquer outra irregularidade.[21]

Ao estabelecer as regras de funcionamento, a Autoridade Central Administrativa dos Estados poderá estabelecer procedimentos para o registro e cadastro de pessoas e agências interessadas na adoção. Somente depois de prévia autorização pela Autoridade Central Federal as agências especializadas em adoção internacional poderão fazer seu registro perante a Autoridade Central Estadual.

A inscrição do candidato à adoção internacional perante a Autoridade Central deverá conter os seguintes requisitos: (i) *endereçamento* – o pedido deverá ser dirigido ao Presidente da Autoridade Central Estadual; (ii) *qualificação do requerente* – nome, estado civil, profissão, endereço; (iii) *fundamentação legal* – artigo e lei correspondente da adoção; (iv) *pedido* – o requerimento de inscrição e habilitação para a adoção de crianças nacionais; (v) *data e assinatura*.[22]

Ao requerimento deverão ser juntados os seguintes documentos: (i) certidão de casamento ou certidão de nascimento; (ii) passaporte; (iii) atestado de sanidade física e mental expedido pelo órgão de vigilância de saúde do país de origem; (iii) comprovação de esterilidade ou infertilidade de um dos cônjuges, se for o caso; (iv) atestado de antecedentes criminais; (v) estudo psicossocial elaborado por agência especializada e credenciada no país de origem; (vi) comprovante de habilitação para a adoção de criança estrangeira, expedido pela autoridade competente do seu domicílio; (vii) fotografia do requerente e do lugar onde habita; (viii) declaração de rendimentos; (ix) declaração de que concorda com os termos da adoção e de que

---

21. Cf. nosso *Adoção – Adoção Internacional*, 2ª ed., pp. 139-140.
22. Convenção de Haia, arts. 14 e 15.

seu processamento é gratuito; (x) a legislação sobre a adoção do país de origem, acompanhada de declaração consular de sua vigência; (xi) declaração quanto à expectativa do interessado em relação às características e faixa etária da criança.

Há restrições declaradas sobre a participação de advogado na adoção internacional. Tratando-se de pedido de adoção formulado por requerente oriundo de país ratificante, a intervenção de advogado é admissível apenas se concomitante à intervenção de organismo credenciado em ambos os países, de origem e de acolhida; em qualquer modalidade de adoção internacional a intervenção de advogado será facultativa.[23]

As vozes dissonantes fundamentam sua posição no seguinte argumento: a CF, no art. 133, ao tratar da indispensabilidade do advogado à administração da justiça, destaca que tal se dá "nos limites da lei". O ECA, no seu art. 166, expressamente admite a possibilidade de que as partes formulem diretamente seu pedido de adoção, sendo, conseqüentemente, facultativa a intervenção de advogado nessa matéria.

Entretanto, advoga-se a possibilidade da presença de advogado na adoção por estrangeiros, tendo em vista não só o disposto no art. 133 da CF, que considera o advogado indispensável à administração da justiça, como também pelo fato de que muitas vezes o pretendente estrangeiro pode encontrar dificuldades com a língua, com os costumes e, principalmente, com as garantias processuais constitucionais.

Também é obrigatória a intervenção de advogado: (i) quando o procedimento for contraditório; (ii) quando houver pedido de extinção do poder familiar cumulado com a adoção; (iii) quando ausentes os genitores; (iv) na hipótese de arrependimento quanto ao consentimento dos genitores.

Se o interessado, contudo, estiver sendo representado por advogado ou por organismo credenciado, deverá juntar o instrumento procuratório hábil.

Tratando-se de adoção realizada mediante cadastro de interessados, onde não se reconhece a existência de pretensões resistidas, a intervenção do advogado será desnecessária.[24]

---

23. Cf. Luiz Carlos de Barros Figueirêdo, *Adoção Internacional – Doutrina & Prática*, p. 182. Cf. Resolução n. 9/2005, Recomendação n. 1, do Conselho das Autoridades Centrais Brasileiras

24. Cf. Luiz Carlos de Barros Figueirêdo, *Adoção Internacional – Doutrina & Prática*, pp. 182-183.

Entretanto, o assunto ainda não é pacífico. Hoje, com a possibilidade de maior informação sobre os direitos individuais, coletivos e difusos, a população acorre ao Poder Judiciário com maior facilidade, cabendo a este criar mecanismos de acesso que permitam a democratização da Justiça.

Ao juntar os documentos necessários à formação do procedimento administrativo, que deverão ser providenciados pelo interessado estrangeiro, a Autoridade Central determinará sua autuação, que será seguida pela elaboração de estudo social, pelos técnicos, que juntarão parecer, abordando as condições sociais referentes à convivência familiar do interessado e suas perspectivas em relação à adoção.

Com o laudo, todas as informações serão encaminhadas ao Ministério Público, que proferirá parecer sobre o pedido.

Os documentos em língua estrangeira, tanto dos interessados quanto das associações, serão traduzidos por tradutor público juramentado. A tradução dos documentos é prevista no § 3º do art. 51 do ECA, que determina as providências acima referidas; o art. 157 do CPC endossa suas diretrizes, no sentido de que "só poderá ser junto aos autos documento redigido em língua estrangeira, quando acompanhado de versão em vernáculo, firmada por tradutor juramentado".

Alguns tribunais têm admitido exceções em relação à tradução de documentos, principalmente quando estão escritos na língua espanhola: "Dispensa-se a tradução, se o documento é em língua espanhola".[25]

E se houver dúvidas, ou não for possível proceder à tradução por tradutor juramentado, pelo fato de inexistir na comarca, a Autoridade Central Estadual (ou o juiz) poderá nomear intérprete ou tradutor *ad hoc*.[26] Nesse caso, a tradução a ser feita deverá obedecer aos critérios que presidem a realização dos exames periciais. Esses documentos poderão ser apresentados em cópias, desde que estejam autenticadas pela autoridade consular brasileira com sede no país de origem do interessado ou agência credenciada.

O procedimento que analisa as informações do interessado estrangeiro em adoção culminará com a expedição do *laudo de habili-*

---

25. E. D. Moniz de Aragão, em seus *Comentários ao Código de Processo Civil* (p. 28), não concorda com esse julgado, preferindo aduzir que "o dever de traduzir previamente o documento não pode ser dispensado mesmo que se trate de idioma conhecido de todos a quantos interesse (por exemplo: documento redigido em Espanhol nas cidades limítrofes com o Paraguai, a Argentina ou o Uruguai)". Cf. *JTA* 112/176.

26. CPC, art. 151, I.

tação, que será válido por dois anos em todo o território nacional.[27] Se a Autoridade Central Estadual entender que o interessado não está apto a adotar uma criança brasileira, expedirá um laudo negativo. Se o interessado não ficar satisfeito com a decisão, poderá utilizar remédio recursal,[28] encaminhado para a Câmara Especial do Tribunal de Justiça. Se positivo, o laudo permitirá que o interessado inicie o processo judicial de adoção.

No âmbito federal a Autoridade Central é representada pela Secretaria Especial de Direitos Humanos da Presidência da República, em vista do disposto no Decreto 3.174/1999.

Suas atividades são mais de ordem política que procedimental, embora estabeleça a necessidade de alguns procedimentos, principalmente em relação às entidades estrangeiras de fomento à adoção.

Sobressai a atividade certificadora dos procedimentos administrativos das Autoridades Centrais dos Estados, e ela garante a legalidade dos atos praticados *interna corporis*, em face do comprometimento internacional firmado na Convenção de Haia.

Com o advento do decreto acima citado, que estabelece o rol de atribuições da Autoridade Central Federal e cria o Conselho das Autoridades Centrais Brasileiras, consolidou-se a proposta de que elas não têm ingerência direta sobre as fases procedimentais e operacionais pré-adotivas e dos processos de adoção.

Sua principal missão é – na lição de Luiz Carlos de Barros Figueirêdo – "avaliar os trabalhos e traçar políticas e linhas de ação comuns, visando ao adequado cumprimento das responsabilidades assumidas com a ratificação da Convenção".[29]

Em verdade, como acima assinalado, o funcionamento da Autoridade Central Federal será mais diplomático que procedimental, visando a manter os necessários contatos do Brasil com os demais Estados Contratantes da Convenção de Haia, inclusive se reportando ao *Bureau* da Convenção sobre os problemas, sucessos e novidades decorrentes da adoção internacional.

---

27. Conforme determinou a I Reunião Extraordinária das Comissões Temáticas do Conselho das Autoridades Centrais Brasileiras, em 19.8.2003.
28. Não existe recurso específico oponível às atividades da Autoridade Central Estadual. Pode-se chamá-lo de "recurso administrativo", "recurso inominado", "pedido de reexame" ou, simplesmente, "recurso".
29. Luiz Carlos de Barros Figueirêdo, *Adoção Internacional – Doutrina & Prática*, p. 121.

5.5 Atribuições da Autoridade Central

Da mesma forma que existem peculiaridades no funcionamento das Autoridades Centrais, há, também, divisão distinta de atribuições, conforme elas atuem no âmbito estadual ou federal.

Antes da ratificação, pelo Brasil, da Convenção de Haia, o ECA previa, no art. 52, a criação de Comissões Estaduais Judiciárias de Adoção. Estando a Convenção em vigor em solo pátrio, o art. 4º do Decreto 3.174/1999 autorizou aquelas Comissões a exercerem as funções da Autoridade Central nos Estados e no Distrito Federal, competindo-lhes exercer as atribuições operacionais e procedimentais que não se incluíam naquelas de natureza administrativa a cargo da Autoridade Central Federal, respeitadas as determinações das respectivas leis de organização judiciária e normas locais que as instituíram.

São atribuições da Autoridade Central nos Estados: (i) organizar, no âmbito do Estado, cadastros centralizados de: (a) pretendentes estrangeiros, domiciliados no Brasil ou no exterior, à adoção de crianças brasileiras; (b) crianças declaradas em situação de risco pessoal ou social, passíveis de adoção, que não encontrem colocação em lar substituto em nosso país; (ii) manter a Autoridade Central Federal plenamente informada dos cadastros de interessados estrangeiros e das adoções transnacionais realizadas em cada Estado; (iii) manter intercâmbio com órgãos e instituições especializados internacionais, públicos ou privados, de reconhecida idoneidade, a fim de ajustar sistemas de controle e acompanhamento de estágio de convivência no exterior; (iv) trabalhar em conjunto com entidades nacionais, de reconhecida idoneidade e recomendadas pelo juiz da infância e da juventude da comarca: (v) divulgar trabalhos e projetos de adoção onde sejam esclarecidas suas finalidades, velando para que o instituto seja usado somente em função dos interesses dos adotandos; (vi) realizar trabalho junto aos casais cadastrados visando a favorecer a superação de preconceitos existentes em relação às crianças adotáveis; (vii) propor às autoridades competentes medidas adequadas destinadas a assegurar o perfeito desenvolvimento e devido processamento das adoções internacionais no Estado, para que todos possam agir em colaboração, visando a prevenir abusos e distorções quanto ao uso do instituto da adoção internacional; (viii) expedir o laudo ou certificado de habilitação, com validade em todo o território estadual, aos pretendentes estrangeiros e nacionais à adoção que tenham sido acolhidos pela Autoridade Central Estadual.

Além dessas relevantes tarefas, outras funções são deferidas às Autoridades Centrais nos arts. 7º, 8º e 9º da Convenção – que, comparando-as com as da Autoridade Central Estadual, se percebe verdadeira identidade de propósitos:

"Art. 7º: 1. As Autoridades Centrais deverão cooperar entre si e promover a colaboração entre as autoridades competentes de seus respectivos Estados a fim de assegurar a proteção das crianças e alcançar os demais objetivos da Convenção.

"2. As Autoridades Centrais tomarão, diretamente, todas as medidas adequadas para: a) fornecer informações sobre a legislação de seus Estados em matéria de adoção e outras informações gerais, tais como estatísticas e formulários padronizados; b) informar-se mutuamente sobre o funcionamento da Convenção e, na medida do possível, remover os obstáculos para sua aplicação.

"Art. 8º. As Autoridades Centrais tomarão, diretamente ou com a cooperação de autoridades públicas, todas as medidas apropriadas para prevenir benefícios materiais indevidos em virtude de uma adoção e para impedir toda prática contrária aos objetivos da Convenção.

"Art. 9º. As Autoridades Centrais tomarão todas as medidas apropriadas, seja diretamente ou com a cooperação de autoridades públicas ou outros organismos devidamente credenciados em seu Estado, em especial para: a) reunir, conservar e permutar informações relativas à situação da criança e dos futuros pais adotivos, na medida necessária à realização da adoção; b) facilitar, acompanhar e acelerar o procedimento de adoção; c) promover o desenvolvimento de serviços de orientação em matéria de adoção e de acompanhamento das adoções em seus respectivos Estados; d) permutar relatórios gerais de avaliação sobre experiências em matéria de adoção internacional; e) responder, nos limites da lei do seu Estado, às solicitações justificadas de informações a respeito de uma situação particular de adoção formuladas por outras Autoridades Centrais ou por autoridades públicas."

Além do rol de tarefas deferidas à Autoridade Central Estadual, existe outra, expressa no parágrafo único do art. 52 do ECA, referente à administração do cadastro (registro centralizado) de interessados estrangeiros na adoção.[30]

---

30. Cf. STJ, REsp 196.406-SP, rel. Min. Ruy Rosado de Aguiar, j. 9.3.1999: "Adoção internacional – Cadastro Central de Adotantes – Questão de fato impugnada. A adoção por estrangeiros é medida excepcional que, além dos cuidados próprios que merece, deve ser deferida somente depois de esgotados os meios para a adoção por brasileiros. Existindo no Estado de São Paulo o Cadastro de Adotantes, impõe-se ao juiz consultá-lo antes de deferir a adoção internacional – Situação de fato da criança, que persiste há mais de dois anos, a recomendar a manutenção do *status quo* – Recurso não conhecido, por esta última razão".

De forma genérica, o cadastro de interessados nacionais e estrangeiros está previsto no art. 50 e §§ do ECA, além de disciplinar, genericamente, a criação do registro centralizado de crianças e adolescentes em condições de serem adotados. O registro centralizado será de grande ajuda à sociedade local, regional e nacional, que terá a oportunidade de obter as informações sobre crianças aptas a serem adotadas.

A Autoridade Central Estadual poderá, igualmente, criar ou aprimorar bancos de dados de adotantes e adotandos, possibilitando aos juízes, principalmente aqueles das comarcas mais distantes do interior do Estado, maior rapidez na adequação da nova família para o adotando. Uma conseqüência louvável que deriva da criação dos bancos de dados é que permite que o adotando permaneça o menor tempo possível numa entidade de atendimento.

O cadastramento de dados poderá ser feito na forma de processo individual, que é a mais comum, como poderão ser reunidos em pastas ou fichários, sistemas de computador etc.

Dissertando sobre o tema, Maria Josefina Becker lembra que "o cadastro a que se refere o *caput* do art. 50 do ECA é de grande importância, pois, além de prevenir demoras injustificadas na adoção de crianças com sua situação legal já definida, permite que se proceda ao intercâmbio de informações entre comarcas e regiões, bem como entre as próprias unidades da Federação. Esses dados, preferentemente informatizados, serão de muita utilidade para viabilizar a colocação das crianças em condições de ser adotadas no próprio país, atendendo, assim, ao que determina a Convenção dos Direitos da Criança em seu art. 21, 'b'".[31]

Há uma tendência muito forte em delegar à Autoridade Central Estadual o controle e a análise dos documentos e pedido de inscrição feito por nacionais ou estrangeiros aqui residentes, do mesmo modo que atua em relação aos estrangeiros que não residem no território nacional. A iniciativa é louvável, e seria uma forma de centralizar todos os pedidos de adoção na Autoridade Central Estadual – o que, diga-se de passagem, não é má idéia.

Ocorrendo isso, para processar o feito de adoção, o juiz da infância e da juventude somente necessitará do laudo ou certificado de habilitação da Autoridade Central Estadual, da identificação pessoal dos requerentes e da criança, assim como o laudo conclusivo do estágio de convivência.

---

31. Maria Josefina Becker, in Munir Cury (coord.), *Estatuto da Criança e do Adolescente Comentado – Comentários Jurídicos e Sociais*, 8ª ed., p. 185.

Acatando a sugestão, a Autoridade Central Estadual, além de funcionar como um órgão centralizador de todos os pedidos de habilitação para adoção, passaria, de igual forma, a controlar e a analisar o aspecto social e psicológico que envolve o pedido e os requerentes, deixando para o magistrado a tarefa de exercer a função jurisdicional, julgando o pedido de adoção.

A idéia é tentadora. Para colocar em prática essa outra atribuição, a Autoridade Central Estadual terá que se capacitar técnica e materialmente. Em face da complexidade do assunto, é preferível, no momento, delegar à Autoridade Central Estadual somente os casos de estrangeiros.

Com o tempo e com a experiência no processamento das informações, ela poderá exercer, em plenitude, todas as atribuições relacionadas à preparação de interessados em adoção, sejam eles nacionais ou estrangeiros.

Os interessados estrangeiros deverão cumprir as mesmas formalidades exigidas para os interessados nacionais, seguindo a orientação do § 2º do art. 50, como se fosse uma imposição de condições para o deferimento da inscrição: (i) os interessados deverão satisfazer os requisitos legais sobre a adoção; (ii) os interessados deverão ser considerados pessoas compatíveis com a natureza da adoção; e (iii) oferecer ambiente familiar adequado.

Ao lado desses requisitos, haverá a manifestação da equipe interprofissional da Justiça da Infância e da Juventude, bem como do Ministério Público, conforme dispõe o § 1º do art. 50.

É certo que, quando se fala em "registro centralizado", deve-se entender aquele *administrado* pela Autoridade Central Estadual, que reunirá todos os estrangeiros interessados em adotar uma criança ou adolescente naquele Estado, pois de outra forma não teria sentido outorgar essa tarefa à Autoridade Central.

Portanto, todos os estrangeiros que demonstrarem interesse em adotar num determinado Estado deverão inscrever-se perante a Autoridade Central, preenchendo um requisito de procedibilidade, para propor a ação de adoção. Na verdade, essa inscrição ou registro confunde-se com o pedido de habilitação, porque tanto um quanto o outro são estágios do mesmo procedimento, que culmina com a confirmação, ou não, do interessado em proceder à adoção.

Poderá, ademais, a Autoridade Central Estadual realizar trabalho de divulgação de projetos de adoção e de esclarecimento de suas finalidades, visando à conscientização geral da necessidade do uso regular e ordenado do instituto da adoção, fomentando, sobretudo, a adoção entre pretendentes nacionais, eliminando qualquer forma de intermediação de colocação de crianças e adolescentes brasileiros pelas entidades de atendimento.

Dentre suas atribuições, a Autoridade Central Estadual poderá manter convênios e intercâmbios com entidades e instituições públicas ou privadas, de âmbito nacional ou internacional, previamente credenciadas pela Autoridade Central Federal, com o objetivo de estabelecer o controle e o acompanhamento do cumprimento das obrigações legais decorrentes da adoção, sem prejuízo da atuação concorrente do juízo que deferiu a medida.

No âmbito federal, as atribuições da Autoridade Central (Federal) orientam-se pelo rol de atividades previstas nos arts. 7º a 9º da Convenção de Haia e 2º do Decreto 3.174/1999, acima citados. No Brasil a Autoridade Central Federal é representada pela Secretaria Especial de Direitos Humanos da Presidência da República.

Ao regular os arts. 7º a 9º da Convenção Relativa à Proteção das Crianças e à Cooperação em Matéria de Adoção Internacional, o citado decreto apresentou, no art. 2º, um rol de atribuições administrativas da Autoridade Central Federal, que dispõe: "I – representar os interesses do Estado Brasileiro na preservação dos direitos e das garantias individuais das crianças e dos adolescentes dados em adoção internacional, observada a Convenção a que se refere o artigo anterior; II – receber todas as comunicações oriundas das Autoridades Centrais dos Estados Contratantes e transmiti-las, se for o caso, às Autoridades Centrais dos Estados federados brasileiros e do Distrito Federal; III – cooperar com as Autoridades Centrais dos Estados Contratantes e promover ações de cooperação técnica e colaboração entre as Autoridades Centrais dos Estados federados brasileiros e do Distrito Federal, a fim de assegurar a proteção das crianças e alcançar os demais objetivos da Convenção; IV – tomar as medidas adequadas para: a) fornecer informações sobre a legislação brasileira em matéria de adoção; b) fornecer dados estatísticos e formulários padronizados; c) informar-se mutuamente sobre as medidas operacionais decorrentes da aplicação da Convenção, e, na medida do possível, remover os obstáculos que se apresentarem; V – promover o credenciamento dos organismos que atuem em adoção internacional no Estado Brasileiro, verificando se também estão credenciados pela Autoridade Central do Estado Contratante de onde são originários, comunicando o credenciamento ao *Bureau* Permanente da conferência da Haia de Direito Internacional Privado; VI – gerenciar banco de dados, para análise e decisão quanto: a) aos nomes dos pretendentes estrangeiros habilitados; b) aos nomes dos pretendentes estrangeiros considerados inidôneos pelas Autoridades Centrais dos Estados federados e do Distrito Federal; c) aos nomes das crianças e dos adolescentes disponíveis para adoção por candidatos estrangeiros; d) aos casos de adoção internacional deferidos; e) às estatísticas relativas às informações sobre adotantes e adotados, fornecidas pelas Autoridades Centrais de cada Estado Contratante; VII – fornecer ao Ministério das Relações Exteriores os dados a respeito das crianças e dos adolescentes adotados, contidos no banco de dados mencionado no inciso anterior, para que os envie às repartições consulares brasileiras incumbidas de efetuar a matrícula dos brasileiros residentes no exterior, independentemente do fato da recepção automática da sentença do juiz nacional e da assunção da nacionalidade do Estado de acolhida; VIII – tomar, em conjunto com as Autoridades Centrais dos Estados federados e do Distrito Federal, diretamente ou com a colaboração de outras autoridades públicas, todas as medidas apropriadas para prevenir benefícios materiais induzidos por ocasião de uma adoção e para impedir quaisquer práticas contrárias aos objetivos da Convenção mencionada neste Decreto".

Ao lado das atribuições da Autoridade Central Federal, acima citadas, o art. 5º do Decreto 3.174/1999 criou o *Conselho das Autoridades Centrais Brasileiras*, órgão colegiado, que tem por finalidade: "I – traçar políticas e linhas de ação comuns, objetivando o cumprimento adequado, pelo Brasil, das responsabilidades assumidas por força da ratificação da Convenção Relativa à Proteção das Crianças e à Cooperação em Matéria de Adoção Internacional, assim como avaliar periodicamente os trabalhos efetuados pelas Autoridades Centrais dos Estados federados e do Distrito Federal; II – garantir o interesse superior da criança e do adolescente brasileiros quanto à sua adotabilidade internacional, observando a Doutrina Jurídica de Proteção Integral consubstanciada no art. 227 e incisos da Constituição Federal, na Convenção das Nações Unidas sobre Direitos da Criança, de 20 de novembro de 1989, na Lei n. 8.069, de 13 de julho de 1990 (Estatuto da Criança e do Adolescente – ECA), e na Convenção Relativa à Proteção das Crianças e à Cooperação em Matéria de Adoção Internacional (Convenção da Haia), em 29 de maio de 1993".

A atuação da Autoridade Central Federal esbarra na lei quando extrapola suas funções – que são meramente administrativas –, interferindo na atividade administrativa da Autoridade Central Estadual, que é autônoma e independente, e na jurisdição das Varas da

Infância e da Juventude, a quem compete processar e julgar o pedido de adoção.

Em suma, as atribuições da Autoridade Central, acima descritas, não podem ser consideradas taxativas, não podendo, em hipótese alguma, interferir em assuntos jurisdicionais.

5.6 A Autoridade Central Estadual no sistema brasileiro

A crescente investida internacional para a contenção da exploração sexual e do tráfico de crianças e, conseqüentemente, a preocupação com os diversos desvios de finalidade da adoção, principalmente a transnacional, exigiram que algumas modificações fossem feitas na legislação brasileira para impedir aqueles abusos.

Sob essa perspectiva, o ECA firmou, no art. 52:

"Art. 52. A adoção internacional poderá ser condicionada a estudo prévio e análise de uma comissão estadual judiciária de adoção, que fornecerá o respectivo laudo de habilitação para instruir o processo competente.

"Parágrafo único. Competirá à comissão manter registro centralizado de interessados estrangeiros em adoção."

Pode-se dizer que, originariamente, a Autoridade Central Estadual tem como finalidade, *lato sensu*, proteger os direitos de crianças disponíveis para adoção internacional, como forma de lhes evitar a negligência, a discriminação, a exploração, a violência, a crueldade e a opressão. Num sentido estrito, a Autoridade Central Estadual tem a finalidade de orientar, executar e fiscalizar a aplicação do disposto nos arts. de 39 a 52 da Lei 8.069, de 13.7.1990.

Além de perseguir os superiores interesses da criança, a Autoridade Central Estadual procura manter intercâmbio com outros órgãos e instituições internacionais de apoio à adoção, estabelecendo com eles um sistema de controle e acompanhamento dos casos apresentados e divulgando suas atividades. Com isso, a Autoridade Central Estadual busca diminuir o tráfico internacional de crianças, impedindo que os estrangeiros adotem e saiam do país irregularmente e descumprindo os mandamentos legais.

Josiane Rose Petry Veronese, confirma: "A CEJA consiste, desse modo, num órgão judicante[32] que tem por objeto reduzir as

---

32. Já se manifestou opinião contrária sobre a natureza jurídica e as atribuições da CEJA ou Autoridade Central, no sentido de que ela, embora integrada na estrutura legal do Poder Judiciário, não é órgão judicante ou com competência jurisdicional.

possibilidades de tráfico irregular de crianças e adolescentes, isso porque cadastra os pretendentes da adoção internacional de estrangeiros residentes ou domiciliados fora do país, onde, também, são submetidos os documentos desses interessados. Cabe à CEJA a elaboração de um estudo prévio dos candidatos, analisar com rigor as leis do país dos pretendentes, verificando se estão habilitados de acordo com as mesmas e dentro das exigências da nossa legislação. Somente na hipótese de o parecer da Autoridade Central Estadual ser favorável é que será fornecido um laudo de habilitação, que deverá ser juntado à petição inicial".[33]

Todavia, é necessário reafirmar alguns pontos essenciais sobre a atuação da Autoridade Central Estadual: (i) as Autoridades Centrais dos Estados, embora vinculadas ao Poder Judiciário, como já mencionado, não exercem função jurisdicional, de modo que o laudo permissivo sobre as condições do pretendente à adoção é meramente avaliativo, opinativo e de natureza administrativa, não interferindo nas atividades do juiz da infância e da juventude, encarregado de conduzir o processo judicial de adoção; (ii) o laudo de habilitação, emitido pela Autoridade Central Estadual, deverá ter sempre prazo de validade limitado (dois anos), cujo termo final requisita nova habilitação; (iii) embora o Estatuto da Criança e do Adolescente nada disponha sobre a obrigatoriedade da atuação dos organismos credenciados ou agências de adoção, sua presença nas adoções internacionais é obrigatória, em face da Convenção de Haia, de 1993, e do Decreto 3.174/1999.

Espelhada na proposta da Convenção de Haia sobre a adoção internacional, intensificou-se a necessidade de instituir as Autoridades Centrais, pelos países signatários. No Brasil, como já salientado, essa tarefa compete à Autoridade Central Estadual.

O texto convencional foi encaminhado ao Congresso Nacional, nos termos do inciso I do art. 49 da CF, por meio da Mensagem 865/1993 do Poder Executivo:

"6. A inovação jurídica que a presente Convenção apresenta, em um primeiro momento, diz respeito ao estabelecimento de uma sistemática de cooperação internacional entre *Autoridades Centrais* (Capítulo III, arts. 6 a 13) que funcionaria como uma espécie de 'pólo controlador da lisura do processo de adoção' (para utilizar expressão de uma especialista brasileira na matéria, da UFRS).

---

33. Josiane Rose Petry Veronese, "Adoção internacional: um assunto complexo", in CD-ROM *Acervo Operacional dos Direitos da Criança e do Adolescente* (disponível em *www.ccl.ufsc.br/~9612212/crianca/adocao.txt*, acesso em 25.9.2003).

"7. O conceito de centralização proposto na nova Convenção não é estranho à legislação brasileira, uma vez que o próprio texto do Estatuto da Criança e do Adolescente, em seu art. 52, prevê a criação de 'Comissão Estadual Judiciária de Adoção' (CEJAs), às quais compete 'manter registro centralizado de interessados estrangeiros em adoção' (parágrafo único).

"8. Caberá a cada país-signatário da Convenção 'designar uma Autoridade Central' (art. 6), o que significa não ser necessária sua criação conforme assinala o Dr. M. C. Parra Araguran em seu relatório ao Anteprojeto da Convenção em tela. Segundo ainda o Relator, há países em que 'já existe um organismo administrativo desempenhando o papel de Autoridade Central na adoção internacional; em outros países, um departamento ou divisão de um Ministério pode ser designado para tal finalidade' (pp. 94-95 do referido Relatório)."

Tal sugestão coincide com o disposto na mencionada Convenção, que trata, no Capítulo III, das Autoridades Centrais e órgãos credenciados. O art. 6º é mais específico:

"1. Cada Estado Contratante designará uma Autoridade Central encarregada de dar cumprimento às obrigações impostas pela presente Convenção.

"2. Um Estado federal, um Estado no qual vigoram diversos sistemas jurídicos ou um Estado com unidades territoriais autônomas poderá designar mais de uma Autoridade Central e especificar a extensão territorial ou pessoal de suas funções. O Estado que fizer uso dessa faculdade designará a Autoridade Central à qual poderá ser dirigida toda comunicação para sua transmissão à Autoridade Central competente dentro desse Estado."

Com a prática de centralizar informações sobre os interessados estrangeiros em adoção, a Autoridade Central Estadual surge como uma esperança para os adotantes, que terão um órgão idôneo e seguro para administrar seus interesses frente à adoção desejada.

6
Os Organismos Credenciados
– As Agências de Adoção Internacional

Relevante tarefa a ser desempenhada pela Autoridade Central, no âmbito federal, é o registro e cadastramento das instituições ou agências internacionais, que preparam os interessados para adotarem crianças em outros países. É a Autoridade Central Federal que irá credenciar e/ou autorizar, ou não, as agências intermediadoras da adoção internacional.[1]

Todos os serviços profissionais relativos à adoção podem ser delegados a *organismos credenciados* ou *autorizados*,[2] que devem ser instâncias sem fins lucrativos, ter dado provas da sua aptidão e dispor de pessoal qualificado. Seus nomes e endereços devem ser comunicados ao *Bureau* Permanente da Conferência de Haia, que poderá transmiti-los a qualquer pessoa ou organização que os solicite.

Conforme dispõem os arts. 10 a 13 da Convenção de Haia, somente poderão obter e conservar o credenciamento as entidades que demonstrarem sua aptidão para cumprir, corretamente, as tarefas que lhes possam ser confiadas (art. 10). Um organismo credenciado

---

1. Cf., nos Anexos, o Decreto 5.491/2005. *Obs.:* As Portarias 26 e 27 foram revogadas pela Portaria 120, de 19.7.2005, da Secretaria Especial dos Direitos Humanos.

2. Esses organismos englobam as associações, fundações, sociedades e demais pessoas jurídicas de direito privado existentes no Direito Comparado.

deverá: (i) perseguir unicamente fins não-lucrativos, nas condições e dentro dos limites fixados pelas autoridades competentes do Estado que o tiver credenciado; (ii) ser dirigido e administrado por pessoas qualificadas por sua integridade moral e por sua formação ou experiência para atuar na área de adoção internacional; (iii) estar submetido à supervisão das autoridades competentes do referido Estado no que tange à sua composição, funcionamento e situação financeira (art. 11). Um organismo credenciado em um Estado Contratante somente poderá atuar em outro Estado Contratante se tiver sido autorizado pelas autoridades competentes de ambos os Estados (art. 12). A designação das Autoridades Centrais, e, quando for o caso, o âmbito de suas funções, assim como os nomes e endereços dos organismos credenciados devem ser comunicados por cada Estado Contratante ao *Bureau* Permanente da Conferência da Haia de Direito Internacional Privado (art. 13).

A princípio, quaisquer pessoas jurídicas de direito privado estrangeiras sem finalidades econômicas e cujos fins sejam lícitos, segundo a lei brasileira, poderão ser autorizadas a funcionar no Brasil. Uma situação, todavia, merece especial atenção: a das entidades de fomento à adoção internacional de crianças.

A Autoridade Central Federal deverá ser informada sobre se a entidade de fomento à adoção internacional está legalmente habilitada para desenvolver o trabalho de preparação e ajuda aos interessados em adoção em seu país de origem. Geralmente essas agências devem estar autorizadas pelo Ministério da Justiça[3] ou por órgão governamental indicado pelo seu país de origem.[4]

As entidades de fomento à adoção internacional de crianças e adolescentes devem adotar medidas para garantir que as adoções internacionais sejam feitas no interesse superior das crianças e adolescentes e com respeito aos seus direitos fundamentais, assim como para prevenir o seqüestro, a venda ou o tráfico de menores.

---

3. O Ministério da Justiça apenas fornece a autorização para funcionamento, no Brasil, de organizações estrangeiras sem fins econômicos. As organizações que têm finalidade lucrativa devem requerer a autorização para funcionamento no Brasil junto ao Ministério do Desenvolvimento, Indústria e Comércio Exterior, conforme as normas estabelecidas pela Instrução Normativa 81, de 5.1.1999, do Departamento Nacional do Registro do Comércio – DNRC. Cf. art. 11 da LICC – Decreto-lei 4.657, de 4.9.1942, que dispõe: "As organizações destinadas a fins de interesse coletivo, como as sociedades e as fundações, obedecem à lei do Estado em que se constituírem".

4. Cf. nos Anexos a relação de organismos credenciados pela Autoridade Central Federal.

Para que seja assegurado o reconhecimento, nos Estados, das adoções realizadas segundo a Convenção, a autorização para que a entidade atue na área de adoção internacional no Estado Brasileiro exige que seu país de origem tenha ratificado a Convenção Relativa à Proteção das Crianças e à Cooperação em Matéria de Adoção Internacional e designado a Autoridade Central, encarregada de dar cumprimento às obrigações impostas pela citada.

No caso de países não-ratificantes ou que não designaram sua Autoridade Central, o encaminhamento da habilitação de pretendentes à adoção só poderá ser feito por via diplomática, e não por intermédio de entidades que atuam na área de adoção internacional.[5]

Preenchendo todos os requisitos legais e estando apta a funcionar em seu país, a Autoridade Central Federal verificará se a agência tem autorização para funcionar em território nacional.[6] As agências podem operar em consórcio com alguma entidade nacional ou estabelecer, aqui, uma filial.

Para aprovação dos atos constitutivos das organizações estrangeiras não-ligadas à adoção internacional, necessário se faz o uso de requerimento subscrito pelo presidente, representante legal ou procurador da entidade, dirigido ao Exmo. Sr. Presidente da República Federativa do Brasil, no qual, após a devida qualificação, o representante legal da entidade solicita autorização para seu funcionamento no território brasileiro.[7]

Os pedidos de autorização, acompanhados da documentação da entidade que comprove sua regular existência e seu regular funcionamento, devem ser protocolados na Seção de Protocolo da Secretaria de Administração-Geral do Ministério da Justiça.

Todavia, o procedimento para a autorização de agências de fomento à adoção internacional apresenta algumas peculiaridades, que merecem consideração específica.

5. Cf. nos Anexos a Oitava Cláusula da Resolução 08/2004 do Conselho das Autoridades Centrais Brasileiras.
6. Cf. nos Anexos a Portaria 815/1999-DG/DPF, de 28.7.1999, que "institui e aprova o modelo do Certificado de Cadastramento de entidades nacionais e estrangeiras, que atuam em adoções internacionais de crianças e adolescentes brasileiros, assim como os respectivos formulários de requerimento, fixa critérios e estabelece procedimentos para aplicação das normas relativas ao FUNAPOL e dá outras providências".
7. Cf. nos Anexos a Cartilha-Autorização para funcionamento de organizações estrangeiras sem fins lucrativos, publicada pelo Ministério da Justiça em setembro/2004.

O procedimento divide-se, basicamente, em três fases: (i) cadastramento junto à Polícia Federal; (ii) credenciamento junto à Autoridade Central Federal (atualmente representada pela Secretaria Especial de Direitos Humanos da Presidência da República); (iii) autorização de funcionamento junto ao Ministério da Justiça.

O requerimento de autorização, acompanhado da documentação exigida, pode ser protocolado no Ministério da Justiça, como descrito acima, ou diretamente junto a qualquer unidade da Polícia Federal existente no território nacional. No primeiro caso, após a atuação, o processo será encaminhado à Divisão de Polícia Marítima, Aeroportuária e de Fronteira da Polícia Federal – DPMAF, para averiguações e cadastramento.

Após o cadastramento pela Polícia Federal, o processo é remetido à Coordenação de Justiça, Títulos e Qualificação do Ministério da Justiça, que, após se manifestar acerca do mérito do pedido de autorização, o encaminhará à Autoridade Central Federal, para fins de credenciamento. Após o credenciamento, o processo retorna ao Ministério da Justiça, para a análise final do pedido, com o deferimento ou não da autorização pleiteada.[8]

No momento do pedido de inscrição perante a Autoridade Central Federal, a agência deverá juntar os seguintes documentos, com o requerimento inicial: (i) atos constitutivos e/ou estatutos sociais, com as alterações realizadas; (ii) ata de eleição da diretoria atual; (iii) dados referentes ao Conselho de Administração e seus contabilistas; (iv) relação nominal com filiação, identidade e endereço dos representantes legais da entidade; (v) comprovante de quitação dos débitos fiscais a que estiver sujeita no Brasil e no exterior; (vi) texto da legislação do país de origem que disciplina a adoção; (vii) declaração sobre projetos e/ou atividades da agência referentes à preparação de pessoas interessadas em adoção de nacionais e/ou descrição das atividades planejadas para o Brasil; (viii) informação sobre a Autoridade, organização, instituição ou pessoa particular no Brasil com quem a organização pretende colaborar; (ix) nome(s) e endereço(s) da(s) entidade(s) brasileira(s), governamental(ais) ou privada(s), com a qual a entidade estrangeira mantém acordo ou convênio relacionado com a adoção internacional, indicando o nome e o

---

8. A atuação do Ministério Público faz-se necessária, sobretudo quando da solicitação de autorização de fundações, já que o art. 66 do CC atribui ao Ministério Público o papel de velar por elas. Desta forma, pode mostrar-se necessária, no curso da tramitação, a oitiva do representante do Ministério Público competente para autorizar seu funcionamento e a realização de suas atividades nos Estados federados e/ou no Distrito Federal.

endereço do responsável pela entidade; (x) relatório das atividades da entidade requerente, desde a fundação; (xi) comprovante do recolhimento da taxa no valor correspondente a duzentas UFIRs, por meio da GAR/FUNAPOL; (xii) comprovante da situação legal, no Brasil, do signatário do requerimento, quando se tratar de estrangeiro, cujo visto deve será compatível com a função.[9]

As agências ou instituições internacionais poderão ser representadas por procurador, desde que juntem o instrumento procuratório hábil.

Certamente, as agências de adoção de origem estrangeira deverão, no momento do credenciamento, apresentar todos os documentos no original, com o visto consular e com a tradução feita por tradutor juramentado.

No processamento das informações sobre as agências, a Autoridade Central Federal designará um técnico, para proceder à análise social, apresentando seu parecer. Depois da realização do estudo prévio feito pelo técnico social, os autos serão encaminhados ao representante da Autoridade Central, para sua manifestação a respeito.

Em virtude da força mandamental do texto da Convenção de Haia, as agências devem ser credenciadas por órgão governamental de seu país de origem. Nesse caso, as agências devem seguir a legislação sobre adoção de seu país e firmar compromisso de respeitar as normas dos demais países com os quais mantêm convênio.

As agências de adoção não poderão incentivar seus associados ou pretendentes à adoção a promover a *adoção privada*, ou seja, permitir que os pretendentes se dirijam diretamente ao país de origem da criança com o fim de fazer a adoção, para evitar o confronto diplomático firmado pela Convenção de Haia e outras complicações futuras com relação à documentação e problemas de envio ilegal de crianças para o exterior.[10]

É possível que as agências desenvolvam outro tipo de trabalho com os interessados em adoção, como reuniões, palestras, encontros, no sentido de incentivar e preparar os futuros pais adotivos para a importante tarefa da adoção. Além de preparar e orientar o interessado no procedimento da adoção, após a realização das adoções as agências continuam seu trabalho, dando assistência aos pais adotivos, reunindo-os em movimentos e associações de pais adotivos, onde trocam

---

9. Cf. nos Anexos a Portaria 26/2005-SEDH/MJ, de 24.2.2005.

10. Cf. nos Anexos a Nona Cláusula da Resolução n. 08/2004 do Conselho das Autoridades Centrais Brasileiras.

experiências e resolvem suas dificuldades referentes à condução da paternidade.

A Autoridade Central Federal, na apreciação do credenciamento das agências de adoção, deverá pesquisar sobre a real ligação entre o interessado na adoção e a própria agência. Essa preocupação legitima-se na medida em que as agências podem cobrar elevados *honorários* de seus filiados, como forma de *contribuição* para as despesas da adoção. É bem verdade que existem agências que operam gratuitamente para o interessado, recebendo, contudo, subvenções governamentais. Outras fixam um valor que é cobrado do interessado para as despesas com o processamento dos documentos nos Consulados, para a divulgação de seu trabalho, para a manutenção de reuniões periódicas com os interessados, com a preparação de cursos etc.

Todavia, os arts. 4º e 9º do Decreto 5.491/2005 estabelecem que, para ser credenciada, a organização estrangeira que atua em adoção internacional no Estado Brasileiro deverá perseguir unicamente fins não-lucrativos, nas condições e dentro dos limites fixados pela Autoridade Central Administrativa Federal. Firmam, ainda, que a cobrança de valores que sejam considerados abusivos pela Autoridade Central Administrativa Federal e que não sejam devidamente comprovados poderá acarretar o descredenciamento da organização.

De qualquer modo, é salutar que a autoridade administrativa investigue a origem dos recursos das agências, tendo em vista que "as ações judiciais da competência da Justiça da Infância e da Juventude são isentas de custas e emolumentos, ressalvada a hipótese de litigância de má-fé", como dispõe o § 2º do art. 141 do ECA. Em outras palavras, em todas as suas fases (administrativa e judicial) a adoção é gratuita no Brasil.

As agências ou organismos que medeiam a necessidade do interessado e a Autoridade Central Administrativa são uma realidade irreversível. A cada dia que passa a adoção transnacional recebe seu devido reconhecimento no combate às falcatruas e irregularidades. Um dos objetivos da Convenção de Haia é justamente impedir as adoções privadas, obrigando os interessados na adoção a procurarem as agências credenciadas e fiscalizadas pelos Estados.

As agências contribuem para eliminar o tráfico de crianças. Com o advento da Convenção de Haia, a Autoridade Central Federal não admitirá, em qualquer hipótese, a adoção privada (aquela feita diretamente pelo interessado), sem o auxílio das agências, vistas como grandes aliados para a solução dos problemas de crianças que não têm família.

7

A Adoção Internacional em Países Não-Ratificantes da Convenção de Haia

A vigência internacional da Convenção de Haia suscita nova indagação: seria possível a adoção internacional entre Estados que não assinaram ou ratificaram a referida Convenção? Em outras palavras, interessados em adotar uma criança residentes em Estados não-ratificantes da Convenção devem submeter-se às suas recomendações?

Em primeiro lugar, deve-se recordar que a Convenção de Haia, ao ser ratificada pelo Brasil, encontrou em solo pátrio legislação permissiva em relação à adoção de nacionais por estrangeiros. Em face disso, inúmeros candidatos vindos de outros países aqui estavam cadastrados, à espera da formalização do procedimento administrativo e judicial da adoção.

Como a Convenção de Haia reconheceu a ordem jurídica local[1] como sinalizadora da legalidade da adoção – e aqui se tem a Lei 8.069/1990 –, não se podia, naquele momento, simplesmente

---

1. Convenção de Haia, art. 28: "A Convenção não afetará nenhuma lei do Estado de origem que requeira que a adoção de uma criança residente habitualmente nesse Estado ocorra nesse Estado, ou que proíba a colocação da criança no Estado de acolhida ou seu deslocamento ao Estado de acolhida antes da adoção".

determinar a devolução dos documentos dos interessados e frustrar anseios familiares tanto de crianças quanto dos candidatos.

Entretanto, ao relembrar a história das adoções no Brasil, principalmente em período anterior à Constituição Federal de 1988, constata-se que os maiores problemas no processamento da adoção se originavam de irregularidades provocadas pela falta de fiscalização, pela intermediação inescrupulosa de alguns advogados – enfim, de adoções feitas por particulares sem assistência de organismo público ou credenciado.[2]

Além desses problemas, soma-se o fato de que havia grande possibilidade de existir tráfico internacional de crianças sob o rótulo de adoção.

A Convenção de Haia firmou-se como poderoso instrumento para impedir essas práticas fraudulentas. Dentre seus objetivos coleta-se a afirmação de que as adoções devem ser feitas no interesse superior da criança, instaurando um sistema de cooperação entre os Estados Contratantes, que assegure o respeito às garantias constitucionais e, como conseqüência, previna o seqüestro, a venda ou o tráfico de crianças.

A adoção realizada segundo as recomendações da Convenção proporciona àqueles que dela participaram a garantia da legalidade, a certeza de que não houve fraude e a tranqüilidade familiar de que o adotado não será retirado da nova família, sob a acusação de se ter praticado uma adoção irregular.

Embora a Convenção ofereça as garantias necessárias à realização de uma adoção dentro da legalidade, não há no Brasil previsão legal que impeça que adoções por estrangeiros sejam realizadas fora do contexto das recomendações internacionais multilaterais.

Ao contrário, a Resolução 03/2001 do Conselho das Autoridades Centrais Brasileiras inscreve sua possibilidade, advertindo, na Cláusula Terceira: "A admissão de pedidos de adoção formulados por requerentes domiciliados em países que não tenham assinado ou ratificado a Convenção de Haia será aceita quando respeitar o interesse superior da criança, em conformidade com a Constituição Federal e Lei n. 8.069/1990 – Estatuto da Criança e do Adolescente. Neste

---

2. Em maio/2000 o Estado Brasileiro, por meio do corpo diplomático, declarou, perante o depositário da Convenção, suas restrições às adoções privadas, nos termos do n. 4 do art. 22 da Convenção de Haia, segundo o qual as funções da Autoridade Central somente poderão ser exercidas por autoridades públicas ou organismos credenciados.

caso, os adotantes deverão cumprir os procedimentos de habilitação perante a Autoridade Central Estadual, obedecendo à prioridade dada aos adotantes de países ratificantes".[3]

A Cláusula Quarta complementa: "Aos adotantes originários de países não-ratificantes seja recomendada a adoção de medidas que garantam às crianças adotadas no Brasil a mesma proteção legal que aqui recebem".

Ou seja, os estrangeiros originários de países não-ratificantes da Convenção podem aqui adotar, desde que: (i) se inscrevam perante a Autoridade Central Estadual e se submetam ao procedimento pré-processual para sua habilitação; (ii) os Estados de acolhida garantam que a adoção será feita respeitando o superior interesse da criança e terá os mesmos efeitos, direitos, garantias e proteção legal dados às crianças no Brasil; (iii) se submetam à ordem de chamada dos interessados estrangeiros, com preferência daqueles oriundos de países ratificantes da Convenção.

Desta forma, os interessados estrangeiros que desejem adotar criança brasileira e que preencham os requisitos enumerados nos arts. 29 e ss. do ECA poderão inscrever-se na Autoridade Central Estadual e requerer sua habilitação. Todavia, a Autoridade Central Estadual seguirá o procedimento recomendado pelo Conselho das Autoridades Centrais Brasileiras no sentido de que os interessados estrangeiros originários de Estados ratificantes da Convenção tenham prioridade na adoção.

Como bem salientou Luiz Carlos de Barros Figueirêdo, "a cláusula de barreira impondo a preferência para os pretendentes oriundos de países que ratificaram a Convenção por si só resolve tal questão, pois ninguém tem interesse em ser candidato de 3ª classe, tendo acesso a adotar apenas as crianças que nenhum candidato domiciliado no Brasil ou em país ratificante teve interesse em adotar".[4]

O citado autor entende que a Emenda Constitucional 45, de 8.12.2004, que recepciona o texto convencional com *status* de norma constitucional, em virtude de dispor sobre direitos humanos fundamentais,[5] colocaria um fim à discussão, tendo em vista que, fora da Convenção, as regras utilizadas pelos estrangeiros de Esta-

---

[3]. Cf. também a Resolução 08/2004 do Conselho das Autoridades Centrais Brasileiras.

[4]. Luiz Carlos de Barros Fugueirêdo, *Adoção Internacional – Doutrina & Prática*, p. 140.

[5]. CF, art. 5º, § 3º.

dos não-ratificantes seriam aquelas previstas tão-somente na Lei 8.069/1990.

A alegação do eminente autor não precisa ser radical. Como dito acima, a Convenção de Haia, o Estatuto da Criança e do Adolescente e a Constituição Federal mantêm diálogo expressivo, de forma que um completa o outro, quando a proposição maior é a garantia de permanência da criança em sua família biológica ou, na impossibilidade, em uma família substituta.

Daí que a emenda constitucional citada, com as características já mencionadas, não altera a possibilidade de estrangeiros de países não-ratificantes se habilitarem perante a Autoridade Central Estadual, após autorizados pela Autoridade Central Federal. Ao contrário, ao conceder importância de norma constitucional ao texto convencional, outra não foi a preocupação do legislador pátrio se não a de ver garantido, pela via pétrea, o direito da criança de ter uma família.

Realizar o direito à garantia constitucional à convivência familiar e comunitária da criança e do adolescente supera qualquer recomendação convencional ou legal, tendo em vista ser aquele direito relacionado dentre os fundamentais.

Não havendo, aqui, óbice legal para a adoção por estrangeiros de países não-ratificantes da Convenção, nada impede que os integrantes da Autoridade Central Estadual optem por exigir as mesmas garantias daqueles interessados cujos países ratificaram a Convenção e se obrigaram a cumprir todas as etapas, com o fim de impedir qualquer prejuízo aos direitos infanto-juvenis.

Acrescente-se o fato de que o Brasil é signatário da *Convenção de Viena sobre Direito dos Tratados*, de 23.5.1969, que permite a celebração de acordos bilaterais com efeitos *inter partes*, não alcançando terceiros. Por esse mecanismo jurídico, de âmbito internacional, as partes signatárias podem acordar a possibilidade da realização de adoções fora do contexto da Convenção.[6]

Vê-se, pois, que a legislação pátria permite o acordo bilateral entre dois países (ou de um deles) não-ratificantes da Convenção de Haia referente à adoção. Todavia, é mister esclarecer que para o país ratificante – no caso, o Brasil – a Autoridade Central Estadual exigirá o mesmo procedimento administrativo, ou seja, a preparação pessoal e documental do interessado, realizada por agente público ou

---

6. O Brasil não mantém tratado ou acordo bilateral com outro Estado sobre a adoção internacional.

credenciado no país de acolhida, a garantia da completude de direitos de cidadania para o adotando, a constituição do vínculo de filiação com as garantias previstas na legislação pátria, a proibição de qualquer forma de discriminação – enfim, todos as formalidades constantes nas regras procedimentais e teleológicas previstas na Convenção.

Todavia, para os candidatos oriundos de países não-ratificantes da Convenção de Haia a Autoridade Central Federal tem exigido que os pedidos de adoção sejam apresentados pela via diplomática.[7] Tal medida foi adotada tendo em vista que o Brasil proibiu as adoções privadas, por meio de declaração junto ao depositário da Convenção e em face da inexistência de organismos credenciados naqueles países.

Reprisa-se que, embora permitidas, as adoções efetivadas por interessados residentes em países não-ratificantes da Convenção de Haia não são beneficiadas pela singeleza ou facilidade de procedimentos. Ao contrário, é sabido que a Autoridade Central dos Estados federados se tem esmerado nas exigências aos candidatos, para impedir qualquer desvio de sua finalidade. Se assim não fosse, o Conselho das Autoridades Centrais não teria firmado, na Cláusula Quarta da Resolução 03/2001, que "aos adotantes originários de países não-ratificantes seja recomendada a adoção de medidas que garantam às crianças adotadas no Brasil a mesma proteção legal que aqui recebem".

É certo que se deve prevenir qualquer irregularidade na adoção por estrangeiros. Porém, não se deve impedi-la a ponto de inviabilizá-la, pois seu beneficiário – a criança – é titular do direito subjetivo-constitucional de ter uma família.

---

7. Cf. Oitava Cláusula da Resolução n. 08/2004 do Conselho das Autoridades Centrais Brasileiras.

8

Requisitos para a Adoção Internacional

8.1 A regra da subsidiariedade. 8.2 Requisitos procedimentais previstos na Convenção de Haia e no Estatuto da Criança e do Adolescente.

8.1 A regra da subsidiariedade

Com o advento da Convenção de Haia e a disposição processual por ela firmada, alguns requisitos foram considerados necessários para a concretização da adoção transnacional.

Primariamente, como *conditio sine qua non* da adoção, o "Preâmbulo" da Convenção instituiu a regra da *subsidiariedade*, segundo a qual estabelece que a adoção internacional tem caráter excepcional, privilegiando-se a manutenção da criança em sua família biológica e a conservação dos vínculos familiares. Por essa regra, a decisão de transferir a criança, por meio da adoção internacional, somente deverá ser tomada se não for possível ou recomendável uma solução nacional.[1]

---

1. STJ, 4ª Turma, REsp 27.901-MG, 1992/0025046-7, rel. Min. Barros Monteiro, j. 4.3.1997, *DJU* 12.5.1997, p. 18.804: "Adoção de menor por casal estrangeiro – Excepcionalidade – Art. 31 da Lei n. 8.069, de 13.7.1990 – Matéria probatória – Fundamento suficiente da decisão recorrida não impugnado. Colocação de menor em família estrangeira constitui medida excepcional, que somente se justifica depois de exauridas as tentativas

A Convenção de Haia estabelece, no art. 4º, "b", que "as adoções abrangidas por esta Convenção só poderão ocorrer quando as autoridades competentes do Estado de origem: (...) tiverem verificado, depois de haverem examinado adequadamente as possibilidades de colocação da criança em seu Estado de origem, que uma adoção internacional atende ao interesse superior da criança".

Em solo pátrio, o ECA firmou, no art. 31, que "a colocação em família substituta estrangeira constitui medida excepcional, somente admissível na modalidade de adoção".

Nesse sentido, pode-se afirmar – com Cláudia Lima Marques – que a regra da "subsidiariedade significa, em matéria de adoção internacional, 'tempo e ordem', isto é: que as Autoridades Centrais, os juízes de Estados estrangeiros de residência dos pais adotivos e os interessados (por exemplo, pais adotivos ou intermediários das agências) somente poderão ser ativos quando e se as Autoridades Centrais e os juízes do país de residência da criança estabeleceram com clareza que uma solução nacional para aquela criança não é mais possível ou desejável, sempre tendo em vista seu bem-estar concreto e o respeito ao direito de manutenção do vínculo familiar de origem".[2]

Em outras palavras, a autora sugere que a regra da subsidiariedade obriga a Autoridade Central brasileira a verificar se a criança é adotável internacionalmente. Não basta que os interessados na adoção tenham recebido da Autoridade Central Estadual a habilitação para adotar no Brasil. É preciso que a autoridade competente se certifique de que não há interessados nacionais para aquela criança. Nesse sentido, em 29.4.2008, o CNJ editou a Resolução n. 54 instituindo o Cadastro Nacional de Adoção, que tem por finalidade consolidar dados de todas as comarcas das unidades da Federação referentes a crianças e adolescentes disponíveis para adoção, após o trânsito em julgado dos respectivos processos, assim como dos pretendentes a

---

para manter a criança na própria família ou colocá-la em família adotiva no próprio país – Acórdão recorrido que, perfilhando tal orientação, não atentou contra o disposto no art. 31 do ECA – Assertiva formulada pelos recorrentes de que foram esgotados todos os meios necessários para colocar o menor em lar substituto nacional – Matéria de prova, insuscetível de reexame no âmbito do apelo especial (Súmula n. 07-STJ) – Fundamento expendido pela decisão recorrida, por si só suficiente, que não foi objeto de impugnação pelos recorrentes – Recurso especial não conhecido – Por unanimidade, não conhecer do recurso".

2. Cláudia Lima Marques, "A Convenção de Haia, de 1993, e o regime da adoção internacional no Brasil, após a aprovação do novo Código Civil brasileiro, em 2002", in CD-ROM *Acervo Operacional dos Direitos da Criança e do Adolescente*, 2003.

adoção domiciliados no Brasil e devidamente habilitados. Com isso, estabelece-se um limite à atuação dos pais adotivos estrangeiros e dos organismos credenciados, uma vez que estes devem dirigir-se à sua Autoridade Central, no seu país de residência, e lá iniciar a habilitação para a adoção.

Além da condição subsidiária da adoção transnacional, os arts. 4º e 5º da Convenção estabelecem várias pré-condições para as adoções transnacionais, sem as quais é impossível a admissão da adoção de acordo com suas disposições. Destacam-se: (i) a adotabilidade da criança; (ii) que a adoção atenda e garanta o superior interesse da criança; (iii) que foram tomados os consentimentos necessários de forma consciente, livre, por escrito e sem qualquer forma de coação ou pagamento; (iv) que o consentimento da mãe tenha sido manifestado somente após o nascimento da criança; (v) que os pais foram informados sobre os efeitos da adoção, em especial em relação à ruptura dos vínculos de filiação e dos vínculos jurídicos entre a criança e sua família de origem; (vi) que a criança deve manifestar seu consentimento, quando for exigido, de forma livre, sem coação ou qualquer forma de pagamento, e ser orientada e informada das conseqüências de seu consentimento à adoção; (vii) os interessados deverão estar previamente habilitados à adoção no Estado de acolhida, devidamente orientados e informados sobre a adoção; (viii) que a criança foi ou será autorizada a entrar e a residir permanentemente no Estado de acolhida.

Por sua vez, o Estatuto da Criança e do Adolescente estabelece, como pré-condições para a adoção: (i) que os interessados estrangeiros revelem, por qualquer maneira, que são compatíveis com a natureza da adoção; (ii) que a criança não deixe o país acompanhada do interessado estrangeiro a não ser após a efetivação da adoção, por meio de sentença judicial transitada em julgado;[3] (iii) que, ao receber a criança em adoção, seja obrigatório assegurar-lhe todos os direitos que lhe são garantidos pela ordem jurídica nacional, e em especial aqueles decorrentes do poder familiar; (iv) que o procedimento da adoção

---

3. ECA, art. 239:
"Art. 239. Promover ou auxiliar a efetivação de ato destinado ao envio de criança ou adolescente para o exterior com inobservância das formalidades legais ou com o fito de obter lucro:
"Pena – reclusão de 4 (quatro) a 6 (seis) anos e multa.
"Parágrafo único. Se há emprego de violência, grave ameaça ou fraude:
"Pena – reclusão de 6 (seis) a 8 (oito) anos, além da pena correspondente à violência." *(Acrescentado pela Lei 10.764, de 12.11.2003)*

é gratuito; (v) que o candidato deverá apresentar os documentos necessários à habilitação perante a Autoridade Central Estadual e/ou providenciar para que os documentos da Autoridade Central do país dos interessados estrangeiros sejam entregues à Autoridade Central do país da criança.

Colocadas as pré-condições de admissibilidade da adoção internacional, previstas na Convenção de Haia e no Estatuto da Criança e do Adolescente, com destaque para a regra da subsidiariedade – como a pré-condição mais importante –, faz-se necessário, agora, apresentar os requisitos procedimentais e processuais para a adoção exigidos pela Convenção de Haia e pelo Estatuto da Criança e do Adolescente.

8.2 Requisitos procedimentais previstos na Convenção de Haia e no Estatuto da Criança e do Adolescente

O primeiro passo para a efetivação de uma adoção internacional, segundo a Convenção de Haia, será dado pelo candidato perante a Autoridade Central do país de acolhida. O interessado com residência habitual em um Estado Contratante que deseja adotar uma criança cuja residência habitual seja em outro Estado Contratante deverá dirigir-se à Autoridade Central do Estado de sua residência habitual e providenciar sua habilitação.[4]

Se a Autoridade Central do Estado do interessado considerar que ele está habilitado para adotar, emitirá um relatório que contenha informações sobre a identidade, a capacidade jurídica e a adequação do solicitante da adoção, sua situação pessoal, familiar e médica, seu meio social, os motivos que o animam, sua aptidão para assumir uma adoção internacional, assim como sobre as crianças que ele está em condições de tomar a seu cargo.[5]

Em seguida, de posse dessas informações, a Autoridade Central do Estado de acolhida transmitirá o relatório à Autoridade Central do Estado de origem da criança.[6]

---

4. Convenção de Haia, art. 14.
5. Convenção de Haia, art. 15.
6. Sobre a Autoridade Central Administrativa, no âmbito estadual, que sucedeu as atribuições da Comissão Estadual Judiciária de Adoção, por força do art. 6º, n. 2, da Convenção de Haia e do Decreto 3.087/1999, tecemos considerações sobre seu conceito, natureza jurídica, composição, funcionamento e atribuições no Capítulo 5, acima. Os

Recebendo o citado relatório, a Autoridade Central do Estado de origem deverá, por sua parte, transmitir à Autoridade Central do país de acolhida as informações sobre a criança e sua situação jurídica, tais como: (i) a identidade da criança, sua adotabilidade, seu meio social, sua evolução pessoal e familiar, seu histórico médico pessoal e familiar, as necessidades particulares da criança; (ii) a educação da criança, sua origem étnica, religiosa e cultural; (iii) prova do consentimento dos pais e/ou responsáveis; (iii) as razões que justificaram aquela adoção, sem revelar a identidade da mãe e do pai; (iv) que a adoção atende ao interesse superior da criança.[7]

Toda decisão de confiar uma criança aos futuros pais adotivos somente poderá ser tomada pela Autoridade Central Estadual, quando fará análise dos documentos enviados pela Autoridade Central do país de acolhida. A Autoridade Central Estadual ainda verificará se houve a correta concordância dos futuros pais adotivos, se a Autoridade Central do país de acolhida aprovou a solicitação do interessado e se a criança está ou será autorizada a entrar e a residir permanentemente no Estado de acolhida.[8]

Verificados os documentos, com especial atenção para a situação jurídica do candidato e para os relatórios sociais, a Autoridade Central Estadual emitirá o laudo de habilitação, que permitirá que o candidato estrangeiro efetive a adoção em uma das Varas da Infância e da Juventude do país de origem.

A partir desse momento, o interessado poderá figurar no cadastro de interessados estrangeiros à adoção, como recomenda o parágrafo único do art. 52 do ECA. Não havendo interessados nacionais para aquela criança, o candidato estrangeiro será convidado a proceder ao pedido judicial da adoção.[9]

---

organismos credenciados podem levar os documentos diretamente à Autoridade Central Estadual.

7. Convenção de Haia, art. 16.
8. Convenção de Haia, art. 17.
9. STJ, 3ª Turma, REsp 159.075-SP, 1997/0091140-3, rel. Min. Ari Pargendler, j. 19.4.2001, *DJU* 4.6.2001, p. 168, *JBCC* 192/150, *Lex-STJ* 145/188, *RJADCOAS* 22/24:

"Civil – Adoção por casal estrangeiro. O juiz da Vara da Infância e da Juventude deve consultar o cadastro centralizado de pretendentes, antes de deferi-la a casal estrangeiro – Hipótese em que, a despeito de omissão a esse respeito, a situação de fato já não pode ser alterada pelo decurso do tempo – Recurso especial não conhecido.

"ACÓRDÃO – vistos, relatados e discutidos estes autos: Acordam os Ministros da 3ª Turma do Superior Tribunal de Justiça, na conformidade dos votos e das notas taquigráficas a seguir, por unanimidade, não conhecer do recurso especial. Os Srs. Mins.

A Décima-Quinta Cláusula da Resolução 08/2004 do Conselho das Autoridades Centrais Brasileiras permite que seja aceito o pedido de habilitação com multiplicidade; ou seja, os estrangeiros considerados habilitados por uma das Autoridades Centrais Estaduais poderão requerer sua habilitação nas demais Autoridades Centrais dos outros Estados federados, mediante cópias autenticadas. Entretanto, a cláusula anterior orienta que o intercâmbio das habilitações (entre as Autoridades Centrais dos Estados) ficará sujeito à discricionariedade das Autoridades Centrais receptoras do pedido.

As Autoridades Centrais de ambos os países deverão sinalizar que estão de acordo com o prosseguimento daquela adoção e serão informadas sobre o procedimento de adoção, sobre as medidas adotadas para levá-la a efeito, assim como sobre o desenvolvimento do período probatório, se este for requerido.[10]

Carlos Alberto Menezes Direito e Nancy Andrighi votaram com o Sr. Ministro Relator. Ausente, justificadamente, o Sr. Min. Antônio de Pádua Ribeiro."

10. Convenção de Haia, art. 20.

9
O Processo Judicial de Adoção

O laudo de habilitação emitido pela Autoridade Central Estadual não confere ao adotante a adoção imediata. É necessário, primeiro, instaurar o processo judicial de adoção perante a Vara da Infância e da Juventude, conforme disciplina o art. 146 do ECA.[1]

Apto a requerer a adoção em juízo, o candidato estrangeiro deverá protocolar petição que conterá, além dos requisitos previstos no art. 282 do CPC, os especiais exigidos pelo art. 165 do ECA, a saber: (i) qualificação completa do requerente e de seu eventual cônjuge ou companheiro, com expressa anuência deste; (ii) indicação de eventual parentesco do requerente e de seu cônjuge ou companheiro com a criança ou adolescente, especificando se tem ou não parente vivo; (iii) qualificação completa da criança ou adolescente e de seus pais, se conhecidos; (iv) indicação do cartório onde foi inscrito o nascimento, anexando, se possível, uma cópia da respectiva certidão; (v) declaração sobre a existência de bens, direitos ou rendimentos relativos à criança ou ao adolescente; (vi) o pedido de adoção da criança indicada, com os fundamentos jurídicos; (vii) o pedido de procedência da ação; (viii) data e assinatura.

---

1. Sobre o processo judicial de adoção por estrangeiros, cf. nosso *Adoção – Adoção Internacional*, 2ª ed., pp. 160 e ss.

Com o requerimento inicial, o candidato deverá juntar o laudo de habilitação, expedido pela Autoridade Central Estadual, seus documentos de identidade e os da criança cuja adoção é solicitada.

Se os pais forem conhecidos, mas não destituídos do poder familiar,[2] deverá também o candidato juntar sua declaração de anuência à adoção, prestada perante a autoridade judiciária e o promotor de justiça, nos termos do art. 166 do ECA.

Normalmente, no momento da propositura da ação os pais biológicos da criança já deverão estar destituídos do poder familiar, por meio de procedimento contraditório, conforme preceituam os arts. 24 e 169 do ECA. Se por algum motivo isso não ocorreu, os pais da criança deverão ser citados, de acordo com a lei processual em vigor. Persistindo a ausência, o juiz nomeará curador especial para promover a defesa de seus interesses. Nesse caso, o consentimento dos pais para a adoção será dispensado, como permitem o § 1º do art. 1.621 do CC e § 1º do art. 45 do ECA.[3]

Além desses documentos, o próprio Juizado da Infância e da Juventude se encarregará de juntar o laudo social e a comprovação do estágio de convivência, como dispõe o art. 167 do ECA.[4]

2. A destituição do poder familiar constitui, na verdade, sanção aplicada aos pais biológicos pelo fato de terem desprezado o dever de criar, assistir e educar seus filhos, conforme determina a lei. Tal dever é de todos os pais, que devem zelar pela formação moral e intelectual de seus filhos, sob pena de incorrer nos crimes de abandono material e abandono intelectual, previstos nos arts. 244 e 246 do CP brasileiro.

3. O art. 1.624 do CC ressuscita uma terminologia abjeta ao se referir à criança em situação de risco pessoal e social como "infante exposto". O dispositivo determina que "não há necessidade do consentimento do representante legal do menor, se provado que se trata de *infante exposto*, ou de menor cujos pais sejam desconhecidos, estejam desaparecidos, ou tenham sido destituídos do poder familiar, sem nomeação de tutor; ou de órfão não reclamado por qualquer parente, por mais de 1 (um) ano" (grifamos). Até agora a lei contemplava o órfão, o destituído do poder familiar, aqueles cujos pais estavam ausentes ou desaparecidos ou fossem desconhecidos. A nova lei criou mais uma categoria de criança em situação de risco pessoal e social: o *infante exposto*. Quem é, então, o *infante exposto*? Será aquele que está abandonado em alguma instituição, abrigo ou orfanato e que está "exposto" a alguma situação de risco? Pela redação do citado artigo, o *infante exposto* é uma nova categoria – que, sinceramente, não precisava ser criada.

4. (i) TJSP, Câmara Especial, AI 66.833-0, Sorocaba, rel. Des. Álvaro Lazzarini, j. 2.11.1999, v.u.: "Agravo de instrumento – Adoção por casal de holandeses de 3 irmãos, com 2, 4 e 7 anos de idade – Deferimento de efeito suspensivo ao recurso de apelação – Possibilidade de dano irreparável aos adotados e adotantes – Situação que recomenda prorrogação do estágio de convivência. Todos os fatos apontados como empecilhos à pretensão dos adotantes são indicadores no máximo de necessidade de prorrogação do estágio de convivência. A adoção internacional, medida excepcional que se pretende,

O processo é gratuito; não há custas ou emolumentos a serem recolhidos, em face da disposição legal contida no § 2º do art. 141 do ECA.

A criança e o adolescente, sempre que possível, deverão manifestar-se sobre a adoção requerida (ECA, art. 28, § 1º). Todavia, o art. 1.621 do CC determina que o adolescente deve consentir na adoção. O art. 1.621 do CC e o § 1º do art. 28 do ECA determinam que, se o adolescente contar com mais de 12 anos, seu consentimento será obrigatório.

Em relação ao consentimento dos pais, o § 2º do art. 1.621 do CC trouxe uma inovação: permitiu sua revogação até a publicação da sentença constitutiva de adoção. Embora se tenha preocupado com um problema real no processo de adoção, o Código Civil ficou aquém do devido: deveria ter permitido a revogação do consentimento dos pais biológicos da criança até o trânsito em julgado da sentença de adoção, ocasião em que a mesma se tornaria, realmente, definitiva.

Ao receber a petição inicial, o juiz decidirá sobre o estágio de convivência da criança com a família adotante. Como define o § 2º do art. 46 do ECA, o estágio de convivência será cumprido no território nacional num prazo de, no mínimo, 15 dias para crianças de até 2 anos de idade e de, no mínimo, 30 dias quando se tratar de adotando acima de 2 anos de idade.[5]

Esse estágio será supervisionado pela equipe interprofissional da Vara da Infância e da Juventude, que apresentará relatório ao final do prazo estipulado pelo juiz.

O Ministério Público é integrante obrigatório do processo de adoção. Nos processos e procedimentos em que não for parte, atuará, obrigatoriamente, o Ministério Público na defesa dos direitos e interesses previstos na legislação pátria, podendo falar nos autos,[6] juntar

---

por ausência de pretendentes brasileiros, tem como primeiro obstáculo a própria língua de adotantes e adotados, fato a dificultar, mas não tornar impossível, a comunicação – Recurso provido".

(ii) "Adoção – Adotantes estrangeiros – Complementação do estudo social – Dispensa pela Comissão Estadual Judiciária de Adoção Internacional – Admissibilidade – Ato que se insere no juízo de conveniência da Comissão – Concessão da habilitação para adoção, ademais, que não excluirá a avaliação do conteúdo do estudo por parte do juiz competente – Segurança denegada" (*JTJ* 146/256).

5. ECA, arts. 151 e 167.

6. ECA, art. 205: "As manifestações processuais do representante do Ministério Público deverão ser fundamentadas".

documentos, requerer diligências e utilizar os recursos previstos na lei processual.[7]

A falta de intervenção do Ministério Público acarretará a nulidade do feito, que será declarada de ofício pelo juiz ou a requerimento de qualquer interessado.[8]

O rito do processo de adoção é especial, previsto nos arts. 165 e ss. do ECA. Contudo, há momentos em que o rito será o ordinário, nos moldes dos arts. 282 e ss. do CPC, em face de problemas surgidos no decorrer da adoção, tais como o arrependimento do consentimento dos pais biológicos, o aparecimento dos pais biológicos que se julgava estarem em lugar desconhecido ou que haviam falecido, quando a destituição do poder familiar constituir pressuposto lógico da medida de colocação em família substituta, nos termos do art. 169 do ECA, etc. Nesses casos, no curso do processo, o juiz deverá converter o rito especial em ordinário, para possibilitar a amplitude da defesa.

A ação judicial de adoção tem seu termo final com a sentença constitutiva. Com a prolação da sentença, termina a atividade jurisdicional Por meio da sentença, novo vínculo de filiação surge para adotando e adotante. A sentença judicial será inscrita no Registro Civil, mediante mandado, do qual não se fornecerá certidão. Esse mandado conterá as informações da nova filiação, cancelando o registro original do adotado, sendo, depois, arquivado.[9]

Após o trânsito em julgado da sentença, inicia-se nova maratona administrativa, com o fim de possibilitar a saída da criança do país e sua entrada no país de acolhida. Esta é a recomendação do § 4º do art. 51 do ECA e do art. 19 da Convenção de Haia.

As Autoridades Centrais dos dois países deverão tomar providências para que o deslocamento da criança se realize com toda segurança, em condições adequadas.

Uma das providências determinadas pelo art. 23 da Convenção de Haia refere-se à expedição, pela Autoridade Central Estadual, do *Certificado de Conformidade da Adoção com a Convenção*. Esse documento pretende sinalizar a regularidade e a legalidade da ado-

---

7. ECA, art. 202.

8. ECA, art. 204. Cf. TJSP, Câmara Especial, Ap. 14.034-0/2, rel. Des. Sabino Neto, j. 13.2.1992, v.u: "Nulidade – Processo de adoção – Sentença proferida sem prévia manifestação do Ministério Público – Ocorrência. Indispensável a precedente manifestação do Ministério Público sobre o pedido (ECA, art. 168), cuja falta acarreta a nulidade do feito (art. 204)".

9. ECA, art. 47 e §§.

ção, cujos efeitos deverão ser respeitados e acolhidos pelos demais Estados Contratantes.

Em face da ordem jurídica pátria, a jurisdição exaure-se com a prolação da sentença pelo juiz natural, cujo trânsito em julgado sela a coisa julgada, tornando irrevogável a adoção[10] e consagrando a segurança jurídica da decisão, pela sua estabilidade.

Entretanto, a expedição do referido documento suscita certa dúvida quanto à sua eficácia, em face da ausência de procedimento semelhante nas leis processuais brasileiras e pelo *status* recursal que assume a citada providência, pois, na prática, a Autoridade Central Estadual "confere" todos os atos processuais, em busca de sua regularidade. Nota-se que o Certificado é expedido por autoridade com atribuições meramente administrativas, e sua conotação, nesse momento processual, corresponde à revisão das atividades do juiz natural.

Tratando-se de reapreciação da atividade jurisdicional de primeiro grau, o ECA firmou o sistema recursal dos procedimentos afetos à Justiça da Infância e da Juventude no art. 198, adotando aquele proposto pelo Código de Processo Civil, com adaptações próprias.[11]

A confirmação da regularidade dos atos judiciais, promovida pela Autoridade Central Estadual, foi também objeto da repulsa de Luiz Carlos de Barros Figueirêdo. O citado autor lembra que, "se a palavra final sobre a regularidade dos atos praticados, agora, é dada pela Autoridade Central do país de origem (no caso do Brasil, através daquela do Estado federado onde a criança foi considerada tecnicamente em condições de ser adotada, para a qual inexistiam pretendentes domiciliados no Brasil), ao mesmo tempo em que compete repassar à Autoridade Central do país de acolhida os informes sobre o adotando, retirando, assim, duas atribuições que eram realizadas pelo juízo natural da adoção, mesmo que totalmente escudadas em informes deste último, parece-me que, por vias transversas, ao emitir (ou não) o Certificado de que a adoção realizada se encontra em conformidade com a Convenção de Haia, assumiu um caráter revisor das atividades do juiz, pois, em tese, tanto pode certificar ou não".[12]

A atividade desempenhada pela Autoridade Central Estadual, com significado de revisão ou recurso da decisão do juiz de primeira

---

10. ECA, art. 48.
11. Recurso de apelação com efeitos suspensivo e devolutivo.
12. Luiz Carlos de Barros Figueirêdo, *Adoção Internacional – Doutrina & Prática*, p. 122.

instância, pode criar um impasse – como assinalado por Samuel Alves de Melo Jr. –, uma vez que, se aquela Autoridade "entender que os requisitos não estão preenchidos, não poderá mudar a decisão, mas também não estará obrigada a transmitir o relatório ao país de acolhimento, enquanto não atendidas as exigências legais".[13]

Se a emissão do Certificado resolve apenas a regularidade e legalidade do procedimento administrativo prévio e anterior à sentença judicial, não existe problema algum, pois a Autoridade Central estaria certificando apenas *sua* atividade de natureza administrativa. Se, no entanto, a certificação abrange a decisão judicial, aquela manifestação contraria a lei.

A solução do impasse não é complicada. Entende-se que, na prática, o problema possa ser resolvido com a inclusão, no corpo da sentença, de palavras sacramentais que denotem a conformidade daquela adoção com as orientações da Convenção de Haia, em face da ratificação, pelo Brasil, do texto convencional, evitando, assim, que outro órgão, sem jurisdição, possa reavaliar as sentenças judiciais.

Entretanto, mesmo pairando dúvidas sobre a constitucionalidade da expedição do Certificado, o Conselho das Autoridades Centrais Brasileiras recomendou, na Décima-Primeira Cláusula da Resolução 03/2001, que, "com a sentença, extingue-se a jurisdição do juiz natural. As CEJAs e CEJAIs emitirão o Certificado de Conformidade relativo ao procedimento prévio administrativo previsto pelo art. 52 do ECA e arts. 17, 18, 19 e 23 da Convenção de Haia, encaminhando o alvará para a expedição de passaporte".

Como já mencionado, a sentença de adoção, após transitar em julgado, deve ser reconhecida de pleno direito pelo país de acolhida e/ou pelos demais Estados Contratantes da Convenção de Haia.[14]

Na sentença constitutiva da adoção o juiz determinará, dentre outras providências, a expedição de passaporte da criança e a regularização consular, para permitir seu ingresso no país dos adotantes. Transitada em julgado a sentença, vários efeitos jurídicos surgirão de imediato, como se verá abaixo.

---

13. Samuel Alves de Melo Jr., "Visão geral da Convenção de Haia e pontos mais importantes – A Convenção e o Estatuto da Criança e do Adolescente", in Luiz Carlos de Barros Figueirêdo (org.), *Infância e Cidadania*, n. 4, p. 89. *Exemplos de situações*: juiz decretou a adoção sem o estágio de convivência ou não respeitou o procedimento contraditório.

14. Convenção de Haia, art. 23. As exceções estão previstas nos arts. 24 e 39, § 2º, da Convenção de Haia.

10
Efeitos da Adoção

10.1 O vínculo de filiação. 10.2 Relação de parentesco com os parentes do adotante. 10.3 Irrevogabilidade da adoção. 10.4 Do exercício do poder familiar. 10.5 A obrigação alimentar. 10.6 Direitos sucessórios. 10.7 Nacionalidade e cidadania.

A sentença de adoção proferida por juiz nacional a interessado estrangeiro é completa e acabada, tendo a autoridade judiciária esgotado sua jurisdição após o trânsito em julgado.

De modo que a sentença terminativa e constitutiva de mérito que concede a adoção para adotante estrangeiro concentra todas as características de validade, como se fosse proferida para um adotante nacional.

No solo pátrio a adoção deferida é perfeita, exaurindo a jurisdição e provocando os efeitos próprios da constituição do vínculo da filiação.

O adotante estrangeiro, ao ser informado de que a sentença transitou em julgado, torna-se, pela vontade da lei, o detentor do poder familiar em relação ao adotado, com todas as obrigações dele decorrentes.

Tal é o efeito que a sentença provoca na mudança de filiação, que a lei não distinguirá mais se o vínculo se originou pela via biológica ou se foi constituído pela adoção: a filiação, agora, é uma só, sem rótulos ou classificações.

A importância desse fato deve estar sempre presente, tendo em vista que nem sempre nos países de origem do adotante a sentença prolatada em nosso país recebe, de imediato, a guarida desejada, ou produz os efeitos que aqui são verificados.

Se a adoção não produzir os efeitos plenos da constituição do vínculo de filiação no país de acolhida, a adoção não pode ser concretizada.

Não se pode admitir que em solo pátrio a criança tenha todas as garantias, sobretudo as constitucionais, e no país do adotante não se verifiquem aqueles direitos. Se a adoção aqui decretada não puder ser confirmada no país do adotante, ou se produzir efeitos que resultem em prejuízo para o adotado, é melhor que não se defira a adoção, pois a adoção pressupõe a satisfação dos superiores interesses do adotando.

Essa constatação, sem dúvida, faz parte da preocupação dos países de acolhimento, que determinam certas providências para a validação das sentenças estrangeiras, mormente as que constituem a adoção.

10.1 O vínculo de filiação

O principal efeito da sentença que confere a adoção é justamente o rompimento do vínculo de parentesco do adotando com sua família natural e, ao mesmo tempo, a constituição de novo vínculo de filiação, agora com os pais adotivos, conforme permite o art. 47 do ECA.

Pela adoção opera-se a modificação da filiação, a constituição de nova família para o adotado e uma nova relação de parentesco, que somente poderiam ser concretizadas por meio de sentença judicial.

Esse efeito ocorre no exato momento em que a sentença judicial transita em julgado.[1] Ou seja, a partir do momento em que não é mais possível a utilização de recurso para a modificação da sentença, opera-se o efeito da extinção do vínculo, com o surgimento das novas obrigações referentes ao poder familiar.[2]

---

1. "'A coisa julgada é formal quando não mais se pode discutir no processo o que se decidiu. A coisa julgada material é a que impede discutir-se, noutro processo, o que se decidiu' (Pontes de Miranda, in *RTJ* 123/569)". Cf. CC, art. 1.628.

2. CPC, art. 467.

Em razão disso, nem mesmo a morte dos adotantes permite restabelecer o poder familiar dos pais naturais,[3] tampouco restaura o vínculo de parentesco anterior, rompido pela sentença judicial. Tanto é que, ocorrendo a morte ou destituição do poder familiar do pai adotivo, o natural somente poderá pleitear a formação do vínculo de filiação por meio de nova adoção.

O art. 41 do ECA confirma que "a adoção atribui a condição de filho ao adotado, com os mesmos direitos e deveres, inclusive sucessórios, desligando-o de qualquer vínculo com pais e parentes, salvo os impedimentos matrimoniais".

Se a lei atribui a condição de *filho* ao adotado, equiparando-o em tudo ao filho natural, nenhuma discriminação ou dúvida pode haver em relação à legitimidade da filiação originada pela adoção. Esta foi a orientação do § 6º do art. 227 da CF, copiada pelo art. 20 do ECA, estatuindo que "os filhos, havidos ou não da relação do casamento, ou por adoção, terão os mesmos direitos e qualificações, proibidas quaisquer designações discriminatórias relativas à filiação".

Outra não foi a intenção da Convenção de Haia, que fez consignar em seu texto que a adoção será reconhecida no país de acolhida (i) quando houver o estabelecimento do vínculo de filiação entre a criança e seus pais adotivos; (ii) da responsabilidade paterna dos pais adotivos a respeito da criança (deveres decorrente do poder familiar); (iii) da ruptura do vínculo de filiação preexistente entre a criança e sua mãe e seu pai, se a adoção produzir este efeito no Estado Contratante em que ocorreu; (iv) se a adoção tiver por efeito a ruptura do vínculo preexistente de filiação, a criança gozará, no Estado de acolhida e em qualquer outro Estado Contratante no qual se reconheça a adoção, de direitos equivalentes aos que resultem de uma adoção que produza tal efeito em cada um desses Estados".[4]

Tratando-se de adoção, que produz efeitos *plenos* – ou seja, que não são restritos –, a filiação dela originada imita aquela filiação gerada de forma natural. Esse efeito permite que o adotado seja, de fato, considerado um filho – sem adjetivos discriminantes –, titular de todos os direitos, como se fosse nascido da mãe adotiva. Desse modo, a adoção estará imitando a Natureza.[5]

---

3. ECA, art. 49.
4. Convenção de Haia, art. 26.
5. O adágio segundo o qual "a adoção imita a Natureza" justifica que as relações criadas entre o adotado e seus pais adotivos devem ser as mais semelhantes possíveis às de uma família unida por laços biológicos.

10.2 Relação de parentesco com os parentes do adotante

O adotado deixa de pertencer à família natural no exato momento em que a sentença se torna definitiva e a adoção irrevogável. Os laços de sangue mantidos com a família de origem são rompidos pela decisão judicial que constituiu a adoção.

A adoção desliga o adotado de qualquer vínculo com os pais naturais e parentes consangüíneos, que subsiste apenas para os impedimentos matrimoniais.[6] "As relações de parentesco se estabelecem não só entre o adotante e o adotado, como também entre aquele e os descendentes deste e entre o adotado e todos os parentes do adotante."[7]

Todavia, o Estatuto e o Código Civil estabelecem uma exceção na manutenção dos vínculos familiares para o adotado: se, por acaso, um dos cônjuges ou companheiros adota o filho do outro, mantêm-se os vínculos de filiação entre o adotado e o cônjuge ou companheiro do adotante e os respectivos parentes.[8] Neste caso ocorre dupla relação de parentesco: a antiga, através do pai (ou mãe) natural, e a nova, através do adotante.

A exceção acima mencionada, em relação a um dos pais naturais, serve para reforçar a idéia da paternidade biológica. Compreende-se que, em tais casos, a relação entre ambos os pais (natural e adotivo) não suscita problemas, porque a relação filial se estabelece dentro de um relacionamento familiar e também por existir um mútuo acordo entre ambos.

Com a adoção não haverá a transferência do vínculo de filiação e tampouco do poder familiar, mas uma nova filiação irá surgir: o adotado passa a ser filho dos adotantes. Em conseqüência disso, os familiares do adotante tornam-se, também, os do adotado. A adoção integra totalmente o adotado na família do adotante.

A partir da Constituição Federal de 1988 houve significativa e radical mudança em relação à filiação. O § 6º do art. 227 consolidou a completude dos direitos de filiação, e, conseqüentemente, a restauração completa da cidadania infanto-juvenil, no que diz respeito ao alcance dos efeitos gerados pela adoção referentes à filiação.

Pela ordem constitucional, o vínculo de parentesco do adotado com a família do adotante tem as mesmas amplitude e abrangência

---

6. ECA, art. 41; CC, art. 1.626.
7. CC, art. 1.628.
8. ECA, art. 41, § 1º; CC, art. 1.626, parágrafo único.

do vínculo biológico. A integração do adotado na nova família que o acolhe em adoção é total, garantindo-lhe os mesmos direitos e qualificações como se fosse gerado biologicamente pelos pais adotivos.

Quando o Estatuto trata dos direitos sucessórios do filho adotivo determina que na sucessão não existe qualquer diferença entre o adotado, seus descendentes, o adotante, seus ascendentes, descendentes e colaterais até o quarto grau, observada a ordem de vocação hereditária, conforme dispõe o § 2º do art. 41 do ECA.

O mandamento constitucional é a garantia legal que impede discriminações referentes à filiação do adotado com os demais parentes do adotante. Entretanto, não basta somente a certeza da proteção legal. O adotado deve ser respeitado pela família do adotante, que, agora, é a sua família.

10.3 Irrevogabilidade da adoção

A irrevogabilidade da adoção é um dos efeitos mais importantes, que sedimenta as relações paterno-filiais entre adotante e adotado. Por meio da irrevogabilidade, adotante e adotado terão a certeza da segurança jurídica que deflui do ato de adotar.

A partir da impossibilidade processual de recorrer da sentença que constituiu a adoção – ou seja, após a constatação de seu trânsito em julgado –, o vínculo da adoção torna-se irrevogável, como determina o art. 48 do ECA.

Convém precisar o alcance dessa afirmação, que pode ser interpretada erroneamente, dando lugar a que os interessados formem uma idéia equivocada de seu significado.

A primeira observação que se faz a respeito da irrevogabilidade da adoção é básica: é necessário buscar o fundamento da irrevogabilidade na equiparação que a lei estabelece entre os efeitos da filiação biológica e da adotiva. Se aquela é irrenunciável, a adotiva tem a mesma característica. A defesa da estabilidade dos laços familiares impõe-se sobre os interesses particulares dos envolvidos.

Aqui, mais uma vez, percebe-se a validade do dito popular segundo o qual "a adoção imita a Natureza", considerando que as relações constituídas entre adotante e adotado devem corresponder às de uma família unida pelos laços de sangue.

Ao considerar irrevogável a adoção, não se presume que ela seja inextinguível ou que, uma vez constituída, permaneça inalterável para sempre.

Como vimos, o vínculo da adoção se constitui através de sentença judicial constitutiva. Através dela, o juiz responde ao pedido feito pelo autor, resolvendo a questão apresentada para análise. É importante verificar corretamente a nomenclatura e a classificação da sentença constitutiva da adoção em razão da aferição da coisa julgada. Ao julgar a ação de adoção, a decisão resolve o problema entre as partes, atingindo o mérito e assegurado seus efeitos.

Sendo considerada de mérito a sentença que define a adoção, sua modificação opera-se pelo recurso de apelação,[9] se ainda não transitou em julgado, ou através da ação rescisória,[10] dentro do lapso temporal de dois anos após a incidência do trânsito em julgado,[11] nas hipóteses previstas no art. 485 do CPC. Após esse período não há mais a possibilidade de rescindir a sentença de adoção, embora possa estar eivada de nulidade absoluta.

Dispõe o art. 495 do CPC que "o direito de propor a ação rescisória se extingue em 2 (dois) anos, contados do trânsito em julgado da decisão".

Já se tornou pacífico o entendimento de que "o prazo para a propositura da ação rescisória é de decadência e não se suspende, nem se interrompe, mesmo havendo menor interessado".[12] E que "o direito de propor ação rescisória nasce com o trânsito em julgado da sentença ou acórdão rescindendos".[13]

Lembra Ernane Fidélis dos Santos: "A sentença de mérito põe fim ao litígio. Pode ser ela jurisdicional e não-jurisdicional. Ambas encerram o processo, mas, enquanto a primeira é comando estatal que se expede na regulamentação do caso concreto, solucionando o litígio, a lide entre as partes, a sentença não-jurisdicional, ou sentença de jurisdição voluntária, simplesmente confirma a validade formal de ato de disponibilidade material das partes, encerrando o processo. Mesmo sendo ato judicial que simplesmente confirma a validade de outro ato processual, com ou sem reparos, a sentença homologatória é jurisdicional quando o juiz, de modo definitivo e determinado, decide a controvérsia que pode ser apenas eventual. Embora discordância, às vezes, não haja, sem acordo formalizado, há jurisdicionalidade

---

9. CPC, art. 513.
10. CPC, art. 485.
11. CPC, art. 495.
12. Cf. *RTFR* 116/3; *RT* 471/148 e 509/123; *JTA* 31/209; *Boletim da AASP* 1.000/24.
13. Cf. *RT* 636/167.

na decisão. As sentenças homologatórias não-jurisdicionais são as que a lei chama de sentenças meramente homologatórias (art. 486). As sentenças jurisdicionais são rescindíveis por ação rescisória (art. 485), quando transitam em julgado, tanto as comuns como as homologatórias. As meramente homologatórias se rescindem como os atos jurídicos em geral, nos termos da lei civil (art. 486), inclusive sem o exíguo prazo da ação rescisória (art. 495), exatamente porque não é a sentença que se rescinde, mas o ato jurídico do qual aquele se limitou a confirmar a validade formal e de seus requisitos fundamentais".[14]

José Carlos Barbosa Moreira adverte que a "sentença *rescindível* não se confunde com sentença *nula* nem, *a fortiori*, com sentença *inexistente*. Os vícios da sentença podem gerar conseqüências diversas, em gradação que depende da respectiva gravidade. A sentença desprovida de elemento essencial, como o dispositivo, ou proferida em 'processo' a que falte pressuposto de existência, como seria o instaurado perante órgão não investido de jurisdição, é sentença *inexistente*, e será declarada tal por qualquer juiz, sempre que alguém a invoque, sem necessidade (e até sem possibilidade) de providência tendente a desconstituí-la: não se desconstitui o que não existe. Mas a sentença pode existir e ser *nula*, *v.g.*, se julgou *ultra petita*. Em regra, após o trânsito em julgado (que, aqui, de modo algum se preexclui), a nulidade converte-se em simples *rescindibilidade*. O defeito, argüível *em recurso* como motivo de nulidade, caso subsista, não impede que a decisão, uma vez preclusas as vias recursais, surta efeitos até que seja *desconstituída*, mediante *rescisão*".[15]

Além da ação rescisória como instrumento jurídico de desconstituição da sentença de adoção protegida pela coisa julgada, há, atualmente, entendimento no sentido de que em "situações teratológicas, onde se vislumbre nulidade essencial na demanda singular, se admite a superação da coisa julgada, em genuflexa obediência à garantia constitucional da filiação".[16] Esse entendimento resulta em tornar relativa a coisa julgada tida como absoluta e imodificável.

A noção da irrevogabilidade definida e proposta pelo Estatuto da Criança e do Adolescente[17] orienta no sentido de que os efeitos

---

14. Ernane Fidélis dos Santos, *Manual de Direito Processual Civil*, 2ª ed., vol. 1, p. 207.

15. José Carlos Barbosa Moreira, *Comentários ao Código de Processo Civil*, 4ª ed., vol. V, p. 130.

16. TJRS, AI 70000218313, rel. Des. José Carlos Teixeira Giorgis, j. 10.11.1999.

17. O Código Civil não dispõe sobre a irrevogabilidade da adoção.

produzidos pela adoção não podem ser desfeitos ou anulados pela vontade dos interessados, como se fosse um simples contrato.

O adotante, insatisfeito com seu filho adotivo – e este com aquele –, não pode renunciar unilateralmente à adoção já constituída pela sentença definitiva. Tampouco pode fazê-lo se o adotado praticar aqueles atos que autorizam a deserdação[18] ou incorrer nos motivos que o excluem da sucessão.[19]

Os motivos que levam o filho adotivo a ser excluído da sucessão hereditária ou que o impedem de ser chamado a suceder não podem ser invocados para a desconstituição da adoção. Ou seja, o pai adotivo pode deserdar o filho adotivo, como deserda o biológico, mas não pode renunciar a ele.

Impondo a lei a irrevogabilidade da adoção, outro caminho não há senão fazer coro com Omar Gama Ben Kauss quando afirma que "a irrevogabilidade é a solução lógica, e ilógica seria a revogação depois de toda a transformação operada".[20]

De igual modo, a adoção não pode ser desconstituída por mútuo acordo entre adotante e adotado. Tampouco o adotante pode restaurar a filiação do adotado com seus pais biológicos que pretendem seu filho de volta.[21]

Uma vez constituída a adoção por sentença judicial definitiva, existirá ela autonomamente, independentemente da vontade ou mudança de opinião dos interessados, por mais justificados que sejam seus motivos.

10.4 Do exercício do poder familiar

Ao consolidar a adoção, aos pais – não mais *pais adotivos* – incumbe o dever de assistir, criar e educar os filhos menores.[22] Em complemento, o art. 21 do ECA determina que o poder familiar será exercido, em igualdade de condições, pelo pai e pela mãe, na forma do que dispuser a legislação civil.

---

18. CC, arts. 1.961-1.965.

19. CC, arts. 1.814-1.818.

20. Omar Gama Bem Kauss, *A Adoção no Código Civil e no Estatuto da Criança e do Adolescente (Lei 8.069/1990)*, 2ª ed., p. 59.

21. ECA, art. 49.

22. CF, art. 229.

As responsabilidades parentais representam o conjunto dos poderes e deveres destinados a assegurar o bem-estar moral e material do filho, designadamente tomando conta da pessoa do filho, mantendo relações pessoais com ele, assegurando sua educação, seu sustento, sua representação legal e a administração dos seus bens.

O objetivo é convidar as legislações nacionais a considerarem os menores não somente como *sujeitos* protegidos pelo Direito, mas como titulares de direitos juridicamente reconhecidos. Assim, a tônica é colocada no desenvolvimento da personalidade da criança e no seu bem-estar material e moral, numa situação jurídica de plena igualdade entre os pais. Os progenitores exercem poderes para desempenhar deveres no interesse do filho, e não em virtude de uma autoridade que lhes seria conferida no seu próprio interesse.

Rui Epifânio e António Farinha definem o *poder familiar* e lembram que "o poder paternal é preenchido por um complexo de poderes-deveres, poderes funcionais atribuídos legalmente aos progenitores para a prossecução dos interesses pessoais e patrimoniais de que o filho menor não emancipado é titular. Do caráter funcional do poder paternal deriva que o exercício dos poderes que o integram, não tendo a ver com a realização de interesses próprios dos progenitores, encontra-se vinculado à salvaguarda, promoção e realização do interesse do menor".[23]

O atual Código Civil não trouxe qualquer inovação sobre o tema, repetindo o art. 379 do Código revogado. De certa forma, o texto constitucional exarado no art. 229 é mais amplo que o citado no art. 1.634 do CC, que dispõe: "Compete aos pais, quanto à pessoa dos filhos menores: I – dirigir-lhes a criação e educação; II – tê-los em sua companhia e guarda; III – conceder-lhes ou negar-lhes consentimento para casarem; IV – nomear-lhes tutor por testamento ou documento autêntico, se o outro dos pais lhe não sobreviver, ou o sobrevivo não puder exercer o poder familiar; V – representá-los, até aos 16 (dezesseis) anos, nos atos da vida civil, e assisti-los, após essa idade, nos atos em que forem partes, suprindo-lhes o consentimento; VI – reclamá-los de quem ilegalmente os detenha; VII – exigir que lhes prestem obediência, respeito e os serviços próprios de sua idade e condição".

Como o efeito da sentença de adoção começa a vigorar aqui no Brasil, aos pais adotivos cabe observar as obrigações decorrentes do

---

23. Rui M. L. Epifânio e António H. L. Farinha, *Organização Tutelar de Menores – Contributo para uma Visão Interdisciplinar do Direito de Menores e de Família*, 2ª ed., p. 301.

poder familiar em relação aos filhos menores de 18 anos,[24] sob pena de estarem incursos na prática dos crimes previstos nos arts. 244 a 247 do CP.

Investidos judicialmente na condição de titulares do poder familiar, os pais adotivos estão, automaticamente, obrigados ao cumprimento dos deveres paternais, independentemente de sua vontade.

Em suma, o exercício do poder familiar pelos pais adotivos tem seu fundamento legal na sentença constitutiva da adoção, que gera aos filhos adotivos os mesmos direitos e deveres dos filhos biológicos. Não há, pois, diferença em ser pai biológico ou adotivo, ou entre filho nascido na constância do casamento ou por adoção.

10.5 A obrigação alimentar

Na adoção a obrigação de prestar alimentos decorre da constituição do vínculo paterno-filial gerado pela sentença.

No Direito pátrio não existe mais a distinção entre filhos adotivos ou biológicos. A partir do momento em que as diretrizes constitucionais previstas no § 6º do art. 227 e no art. 229 entraram em vigor, essa distinção ficou à margem da história jurídica de nosso país.

Através do art. 41 do ECA a normativa constitucional foi regulamentada, ampliando os efeitos do vínculo de parentesco do adotado, seus descendentes, o adotante, seus ascendentes, descendentes e colaterais até o quarto grau, observada a vocação hereditária.

Determinou, ainda, que essa relação sucessória fosse recíproca, ou seja, do adotante para com o adotado e vice-versa – o que não deixa de completar a orientação gravada no art. 1.696 do CC, que dispõe: "O direito à prestação de alimentos é recíproco entre pais e filhos, e extensivo a todos os ascendentes, recaindo a obrigação nos mais próximos em grau, uns em falta de outros".

Em conseqüência disso, o adotado pode pleitear alimentos do pai adotivo e dos membros de sua família adotiva, se assim o necessitar, como permite o art. 1.694 do CC; de igual forma, o pai adotivo pode socorrer-se do filho adotivo quando necessitar de meios para sua subsistência. Não há mais distinção: os alimentos são devidos

---

24. Código Civil português, art. 1.877º: "Os filhos estão sujeitos ao poder paternal até a maioridade ou emancipação".

reciprocamente entre adotante e adotado, no mesmo grau de obrigatoriedade, como se fossem pai e filho biológicos.

O Código Civil não define "alimentos". Mas é certo que "por alimentos entende-se tudo o que é indispensável ao sustento, habitação e vestuário; os alimentos compreendem também a instrução e educação do alimentado no caso de este ser menor" – como prevê o art. 2.003º do CC português.

Quando se fala em "alimentos" não se deve entender somente a comida. Como define a lei lusitana, o conceito de "sustento" é mais amplo, englobando a satisfação de outras necessidades vitais, como a saúde, educação, segurança, transporte etc. Com acerto a jurisprudência nacional tem decidido, com unanimidade, que os alimentos são devidos até o término da faculdade ou quando o alimentando atinge 24 anos, idade que se supõe ter terminado os estudos superiores.

Com abrangência maior, a obrigação alimentar visa a tutelar o direito à vida e à integridade física do alimentando, sendo certo que o direito alimentar é um direito estruturalmente obrigacional e funcionalmente familiar.

Aliás, outra não é a posição de Yussef Said Cahali quando ensina que "o ser humano, por natureza, é carente desde a sua concepção; como tal, segue o seu fadário até o momento que lhe foi reservado como derradeiro; nessa dilação temporal – mais ou menos prolongada – a sua dependência dos alimentos é uma constante, posta como condição de vida. Daí a expressividade da palavra 'alimentos' no seu significado vulgar: tudo aquilo que é necessário à conservação do ser humano com vida; ou, no dizer de Pontes de Miranda, 'o que serve à subsistência animal'. Em linguagem técnica, bastaria acrescentar a esse conceito a idéia de *obrigação* que é imposta a alguém, em função de uma causa jurídica prevista em lei, de prestá-los a quem deles necessite. Adotada no Direito para designar o *conteúdo* de uma pretensão ou de uma obrigação, a palavra 'alimentos' vem a significar tudo o que é necessário para satisfazer aos reclamos da vida, são as prestações com as quais podem ser satisfeitas as necessidades vitais de quem não pode provê-las por si; mais amplamente, é a contribuição periódica assegurada a alguém, por um título de direito, para exigi-la de outrem, como necessária à sua manutenção".[25]

A obrigação alimentar solidificou seu significado no plano jurídico abrangendo acepção plúrima. É por isso que o direito a alimentos

---

25. Yussef Said Cahali, *Dos Alimentos*, 2ª ed., p. 13.

pode deixar de ser exercido, mas é irrenunciável,[26] pelo fato de ser um direito personalíssimo e predominar o interesse público.

O sustento da pessoa não é um simples direito individual sujeito à livre disposição de seu titular, mas um interesse maior, de natureza pública, que pode, inclusive, opor-se à vontade do próprio alimentando. A obrigação de prestar alimentos é universal, porque decorre da própria sobrevivência.

É, pois, efeito da adoção a prestação recíproca de alimentos entre adotante e adotado. A relação alimentícia é obrigacional e se estende à família do adotante, seguindo o chamamento de compor a obrigação nos mais próximos em grau, uns na falta dos outros.

Os valores devidos a título de alimentos "devem ser fixados na proporção das necessidades do reclamante e dos recursos da pessoa obrigada".[27] Neste valor estão incluídas todas as despesas financeiras decorrentes da obrigação constitucional dos pais de assistir, criar e educar os filhos menores.[28] Ou, como ensinou o Código Civil português, acima mencionado, "é tudo o que é indispensável para o sustento da criança e do adolescente".

Apesar de o termo "alimentos" se referir a manutenção biológica, vestuário, atendimento médico, segurança, transporte, lazer etc. do adotado, outro sentido, de maior profundidade, pode circundar e completar seu significado: de nada adianta o adotante suprir toda essa satisfação biológica ao seu filho adotivo se não lhe proporciona o alimento do respeito, da solidariedade, da compreensão, da presença, do afago, do carinho, da honestidade, da retidão, do companheirismo, do amor. Esses são os alimentos que realmente sustentam e dão vida às pessoas.

10.6 Direitos sucessórios

Com a decretação da adoção o adotado integra a família do adotante como filho, com todos os direitos e deveres. Em vista disto, o § 2º do art. 41 do ECA dispõe que "é recíproco o direito sucessório entre o adotado, seus descendentes, o adotante, seus ascendentes,

---

26. CC, art. 1.707. Aceitam a tese da irrenunciabilidade do direito aos alimentos o art. 374 do CC da Argentina, o § 1.614 do BGB alemão, o art. 321 do CC do México e o art. 2.008º do CC de Portugal.

27. CC, art. 1.694, § 1º.

28. CF, art. 229.

descendentes e colaterais até o quarto grau, observada a ordem da vocação hereditária".

Em relação à aquisição do direito do adotado de suceder o adotante não existe mais dúvida: (i) "os filhos, havidos ou não da relação do casamento, ou por adoção, terão os mesmos direitos (...)";[29] (ii) a adoção atribui a condição de filho ao adotado, com os mesmos direitos e deveres, inclusive sucessórios, (...)";[30] (iii) "o vínculo da adoção constitui-se por sentença judicial, (...)";[31] (iv) "a adoção é irrevogável";[32] (v) "a sucessão legítima defere-se na ordem seguinte: I – aos descendentes, (...); II – aos ascendentes, (...)".[33]

Com a evolução constitucional, que concedeu a todos os filhos os mesmos direitos e deveres, desprezando a origem da filiação, a discussão do tema ficou mais simples, vez que toda restrição ao filho adotivo foi suprimida. Agora, o filho adotivo está legitimado a receber o mesmo quinhão dos demais filhos, sem qualquer discriminação.

Observa-se, no entanto, que, ocorrendo a hipótese prevista no § 1º do art. 41 do ECA, onde um dos cônjuges ou companheiro adota o filho do outro, persistindo os vínculos de filiação entre o adotado e o cônjuge ou companheiro do adotante e seus respectivos parentes, o adotado será chamado à vocação hereditária de ambas as partes, quando um ou outro falecer. É o caso, por exemplo, de uma mulher, que tem um filho, e casa ou vive em união estável com um homem, e este resolve adotar o filho de sua companheira. O adotado mantém os vínculos de filiação e parentesco com sua mãe biológica e, ao mesmo tempo, está vinculado ao adotante e seus parentes, pela adoção.

O vínculo de filiação oriundo da adoção – que é constituído por sentença judicial – produz o efeito de integrar de modo pleno o adotado na família do adotante, outorgando-lhe o status jurídico de *filho*, com todos os direitos e deveres, inclusive o sucessório.

10.7 Nacionalidade e cidadania

O superior interesse da criança adotada será a principal exigência que regerá as adoções transnacionais. Qualquer país que não observe

29. CF, art. 227 § 6º; ECA, art. 20.
30. ECA, art. 41.
31. ECA, art. 47.
32. ECA, art. 48.
33. CC, art. 1.829, I e II.

esse princípio estará dando um valor relativo à adoção; estará discriminando o adotado e lhe outorgando uma condição de subcidadania e de abandono social, que poderá ser mais cruel que a situação vivida pela criança antes da adoção.

Embora não seja exatamente um efeito produzido pela sentença constitutiva de adoção, a aquisição da nacionalidade e cidadania pelo adotado é um fator muito importante que reflete em sua vida particular e na de sua família adotiva.

Ao ser concedida a adoção, o adotado não passa a ser, automaticamente, da mesma nacionalidade do adotante; tampouco adquire a cidadania do país dos adotantes. Essa "aquisição" acontece, plenamente ou não, a partir do momento em que o adotante retorna para sua terra natal e providencia o requerimento especial ao serviço de imigração, por meio da Autoridade Central do país de acolhida, na própria Justiça especializada ou no órgão oficial designado na legislação para dar eficácia à sentença brasileira.

É fato, porém, que os conceitos de "nacionalidade" e "cidadania" podem ser confundidos. Algumas considerações sobre esses direitos são necessárias, para adequá-los ao contexto da adoção internacional.

Pimenta Bueno definia "direitos políticos" como prerrogativas, atributos, faculdades ou poder de intervenção dos cidadãos ativos no governo de seu país, intervenção direta ou indireta, mais ou menos ampla, segundo a intensidade do gozo desses direitos. São o *jus civitatis*, os direitos cívicos, que se referem ao Poder Público, que autorizam o cidadão ativo a participar na formação ou exercício da autoridade nacional, a exercer o direito de voto, de ocupar cargos públicos e a manifestar suas opiniões sobre o governo do Estado.[34]

Como bem lembrou José Afonso da Silva:

"Pimenta Bueno, de acordo com o art. 90 da Constituição do Império, falava em *cidadão ativo* para diferenciar do cidadão, em geral, que, então, se confundia com o nacional (arts. 6º e 7º). Cidadão ativo era o titular dos direitos políticos, que a referida Constituição também concebia em sentido estrito (art. 91). As Constituições subseqüentes misturaram ainda mais os conceitos. A de 1937 começou a distinção que as de 1967/1969 completaram, abrindo capítulos separados para a *nacionalidade* (arts. 140 e 141) e para os *direitos políticos* (arts. 142 a 148), deixando de fora os *partidos políticos* (art. 149).

---

34. Pimenta Bueno, *Direito Público Brasileiro e Análise da Constituição do Império*, p. 458.

"Hoje, é desnecessária a terminologia empregada por Pimenta Bueno, para distinguir o nacional do cidadão, pois não mais se confundem nacionalidade e cidadania. Aquela é vínculo ao território estatal por nascimento ou naturalização; esta é um *status* ligado ao regime político. *Cidadania*, já vimos, qualifica os participantes da vida do Estado, é atributo das pessoas integradas na sociedade estatal, atributo político decorrente do direito de participar no governo e direito de ser ouvido pela representação política. *Cidadão*, no Direito Brasileiro, é o indivíduo que seja titular dos direitos políticos de votar e ser votado e suas conseqüências. *Nacionalidade* é conceito mais amplo que cidadania, e é pressuposto desta, uma vez que só o titular da nacionalidade brasileira pode ser cidadão."[35]

Em seguida, o citado autor relata como se adquire a cidadania: "Os direitos de cidadania adquirem-se mediante *alistamento eleitoral* na forma da lei. O alistamento se faz mediante a qualificação e inscrição da pessoa como eleitor perante a Justiça Eleitoral".[36]

A nacionalidade é vínculo jurídico que liga um indivíduo a certo e determinado Estado, que tem competência exclusiva para fixar seus parâmetros de aquisição, por meio de sua legislação.

Ensina Alexandre de Moraes que, doutrinariamente, há dois tipos de nacionalidade: a primária ou originária e a secundária ou adquirida. A *primária* é aquela que resulta do nascimento, a partir do qual, através de critérios sangüíneos, territoriais ou mistos, será estabelecida. A *secundária* é aquela que se adquire por vontade própria, após o nascimento, e em regra pela naturalização.[37]

Pode ocorrer, todavia, a perda da nacionalidade nos casos de naturalização voluntária, de reconhecimento de nacionalidade originária pela lei estrangeira ou por imposição de naturalização pela norma estrangeira ao brasileiro em Estado estrangeiro, como condição de permanência em seu território ou para o exercício de direitos civis.

Celso Ribeiro Bastos recorda que "o nacional não deve ser confundido com o cidadão. A condição de nacional é um pressuposto para a de cidadão. Em outras palavras, todo cidadão é um nacional, mas o inverso não é verdadeiro: nem todo nacional é cidadão. O que confere esta última qualificação é o gozo dos direitos políticos. Cidadão, pois,

---

35. José Afonso da Silva, *Curso de Direito Constitucional Positivo*, 29ª ed., pp. 345-346.
36. Idem, p. 346.
37. Alexandre de Moraes, *Direito Constitucional*, 16ª ed., pp. 214 e ss.

é todo nacional na fruição dos seus direitos cívicos. Se por qualquer motivo não os tenha ainda adquirido (por exemplo, em razão da idade) ou, já os tendo um dia possuído, veio a perdê-los, o nacional não é cidadão, na acepção técnico-jurídica do termo".[38]

Embora prefira utilizar a palavra "povo" para designar aquela coletividade humana, ao invés de "nação", Marcello Caetano propõe seu conceito: "é uma comunidade de base cultural. Pertencem à mesma Nação todos quantos nascem num certo ambiente cultural feito de tradições e costumes, geralmente expresso numa língua comum, atualizado num idêntico conceito de vida e dinamizado pelas mesmas aspirações de futuro e os mesmos ideais coletivos".[39]

Outro posicionamento é firmado por Paulo Afonso Garrido de Paula: "Pertencer a uma *Nação* significa, antes de qualquer definição jurídica, a possibilidade de interação com aqueles igualmente ligados pela mesma origem, história, tradições e lembranças, cultura, interesses e aspirações. Os nacionais estão ligados pela origem, porquanto têm a mesma procedência: são filhos de quem já tinha aquela qualidade (*jus sanguinis*), ou porque nasceram em um mesmo território (*jus soli*). Estão ligados pela história, uma vez que fazem parte de um povo, de cujo processo de evolução participaram inclusive seus ancestrais, constituindo uma Nação. Ligam-se pela tradição na medida em que adquiriram conhecimentos de fatos ou lendas marcantes de um mesmo povo, através da transmissão feita de geração em geração, trazendo à memória semelhantes visões de um passado comum. Ligam-se pela cultura porquanto lhes são familiares os padrões de comportamento, as crenças, as instituições e os valores materiais e espirituais que caracterizam uma sociedade. Acabam os nacionais ligados pelas mesmas aspirações, porquanto suas pretensões originam-se das críticas ao mesmo pretérito, comum a todo povo de uma mesma Nação. No nosso caso, ligam-se ainda pelo fato de terem a mesma língua e o mesmo território".[40]

No que se refere, portanto, à adoção internacional, a aquisição dos direitos de cidadania e nacionalidade depende, exclusivamente, dos mandamentos constitucionais e jurídicos do país de acolhimento, dentro do contexto da organização política daquele Estado. "A manutenção ou modificação da nacionalidade do adotado é efeito que

---

38. Celso Ribeiro Bastos, *Curso de Direito Constitucional*, 13ª ed., p. 237.
39. Marcello Caetano, *Direito Constitucional*, 2ª ed., vol. I, p. 159.
40. Paulo Afonso Garrido de Paula, *Temas de Direito do Menor*, p. 205.

depende do direito público, considerando que a concessão da nacionalidade integra o poder discricionário dos Estados."[41]

A grande preocupação dos povos em conferir nacionalidade à criança resultou na inscrição do Terceiro Princípio da Declaração Universal dos Direitos da Criança, que dispõe: "Desde o nascimento, toda criança terá o direito a um nome e a uma nacionalidade".

A nacionalidade e a cidadania, como expressão de direitos individuais, são asseguradas pela maioria dos países de acolhida, vez que, constituída a filiação, esta equipara-se à legítima para todos os efeitos legais, como se estivesse imitando a própria Natureza – característica intrínseca da adoção.

Antônio Chaves, citando os ensinamentos de Rocco, justifica a possibilidade, pelo menos potencialmente, da modificação da nacionalidade, "sob alegação de que a intimidade dos vínculos, freqüentemente a comunhão do mesmo domicílio, tornaria mais que insuportável a desconformidade das nacionalidades, que poderia até mesmo traduzir-se em contradição: os direitos e deveres políticos do pai, por pertencer a país diferente do filho, não somente poderiam não ser os mesmos, mas ficar em contraste, a ponto de originar colisão entre a assimilação e homogeneidade da vida privada e a disparidade e heterogeneidade da vida política".[42]

De qualquer forma, não se pode dizer que a adoção seja um meio de aquisição da cidadania ou da nacionalidade. Estas somente podem ser conquistadas ou adquiridas mediante as formas estabelecidas pela lei do país dos adotantes, em virtude de serem normas de direito público, integrantes do poder discricionário dos países.

Sempre é bom recordar que a análise da legislação do país dos adotantes – medida salutar e obrigatória – possibilita a identificação daqueles países que colocam obstáculos à aquisição da cidadania e da nacionalidade do adotado. Nestes casos, como já mencionado, a adoção não pode ser concretizada, sob o fundamento de que a criança não terá garantidos integralmente seus direitos.

---

41. Vera Maria Barreira Jutahy, "Adoção internacional: o Direito Comparado e as normas estatutárias", in Tânia da Silva Pereira (coord.), *Estatuto da Criança e do Adolescente – Estudos Sócio-Jurídicos*, p. 197.

42. Antônio Chaves, *Adoção, Adoção Simples e Adoção Plena*, 3ª ed., p. 214.

11

Uma Reflexão sobre o Papel da Sociedade Organizada e o Cumprimento da Convenção Relativa à Proteção das Crianças e à Cooperação em Matéria de Adoção Internacional

O tema sugere as seguintes perguntas: Qual é o papel dos órgãos governamentais e não-governamentais frente ao cumprimento e/ou adequação da Convenção de Haia na realidade brasileira? Que podem esses órgãos fazer para dar cumprimento à Convenção? O que a sociedade brasileira pode fazer para permitir que a Convenção cumpra seu papel?

Ao analisar a extensão da expressão "sociedade organizada" depara-se com a identificação de organismos dos mais variados, sejam eles ligados ao governo ou não. Podem ser enumerados ao infinito, tais como as ONGs, as agências de adoção, os grupos de apoio à adoção, os grupos de pais adotivos, os grupos de preparação de futuros adotantes, as entidades filantrópicas, as igrejas, os clubes de serviços, as associações de bairros, de amigos, os voluntários em geral, os técnicos de apoio à Justiça da Infância e da Juventude, os assistentes sociais, os psicólogos, os advogados e defensores públicos, a Associação de Magistrados e Promotores de Justiça da Infância e da Juventude (ABMP), os magistrados e promotores de justiça da infância – enfim, inúmeros grupos que, de uma forma ou de outra, poderão estar conectados ao tema da adoção internacional e, por conseguinte, estar sujeitos à observância do texto convencional sobre adoção internacional.

Quando se fala em "sociedade organizada", o primeiro pensamento que vem à mente é aquele que atribui essa tarefa e preocupação somente às ONGs, aos clubes de serviço e outras associações e instituições não ligadas diretamente ao governo. Esse é um erro, e muitas vezes tentamos deixar para que o governo resolva a questão. Na verdade, esse é um trabalho de todos os cidadãos.

Após sua promulgação em solo pátrio, a Convenção tornou-se um marco na legislação brasileira, pois reuniu – ao mesmo tempo em que concretizou – a preocupação de todos aqueles que trabalham com a adoção e em torno da própria operacionalização do Estatuto da Criança e do Adolescente.

Considerando que a Convenção de Haia foi inscrita no nosso ordenamento jurídico, seu cumprimento deverá ser efetivo por todos. Tais a abrangência e a extensão da obrigatoriedade de cumprimento da novel ordem jurídica, cujo desconhecimento ninguém pode alegar, nem, tampouco, se posicionar contra ou a favor dos ditames convencionados entre nosso Estado e os demais Estados Contratantes, vez que ela já é uma realidade jurídica.

O cumprimento da Convenção de Haia decorre da lei. Daí se infere que a fiscalização de sua eficácia conduz ao agente Ministério Público – fiscal originário das leis –, sua aplicabilidade ao Poder Judiciário e o controle difuso da atividade política das instituições aos cidadãos em geral.

Fixa-se, assim, a primeira premissa, configurada pela abrangência *erga omnes* da Convenção, com *status* de norma constitucional; a segunda, decorrente da primeira e do próprio sistema legal, consiste na sua *fiscalização e execução*.

Diga-se, de passagem, que os organismos ligados à execução do Estatuto da Criança e do Adolescente, onde se encontra o instituto da adoção, devem ser os primeiros e os mais entusiastas observadores do texto convencional.

Mas as premissas colocadas acima não podem ser solitárias. A par desse primeiro comprometimento geral e abrangente, decorrente da lei e de sua efetiva fiscalização, há a necessidade da reestruturação do atendimento de todas as instituições.

Comumente o atendimento dos *casos* de adoção internacional é envolto em certo mistério, em um esforço desmedido para que "a coisa dê certo" numa rapidez mais expressiva que os outros casos de adoção. Enfim, em tal comportamento precisam incidir novas luzes, sugerindo que um novo olhar deva ser dado ao processamento da adoção internacional.

Neste particular, o Estatuto da Criança e do Adolescente e o texto convencional estão ontologicamente unidos, reforçando a premissa da busca dos superiores interesses da criança e do adolescente, proporcionando diretrizes para as instituições renovarem seu compromisso com a prática da prioridade absoluta.

Em conseqüência disso, surge, por exemplo, a imperiosa necessidade de reestruturação da Autoridade Central dos Estados, cuja finalidade e operacionalização devem, também, adequar-se à nova realidade da adoção proposta pela Convenção.

A Autoridade Central Estadual é um marco jurídico significativo na operacionalização da Convenção de Haia e, agora, das leis internas.

Isso significa que, concretamente, deve-se abrir uma nova perspectiva de interpretação do instituto da adoção, de modo a permitir seu desenvolvimento e execução sem exageros, sem eufemismos, sem favoritismos, baseado na lei e na Convenção, pugnando sempre pela garantia da prioridade absoluta constitucional do respeito aos direitos infanto-juvenis.

A nova dinâmica da adoção apresentada pela Convenção implica uma necessária mudança de política de atendimento, notadamente do Poder Judiciário, propondo um desafio aos juízes, para estabelecer uma premissa científica sobre a adoção transnacional, desprezando os mitos e inverdades sobre o instituto.

Aqui reside a sensacional mudança: estabelecer diretrizes científicas para o estudo e análise da adoção, desprezando o "achismo" e colocando o instituto sob a égide da lei e da Convenção.

Até agora a adoção por estrangeiros sempre foi tratada como assunto proibido, como tabu, como crime (em alguns casos revelou-se como tal!). Talvez tenha sido por isso que alguns Tribunais, alguns Juizados da Infância e algumas Autoridades Centrais Estaduais tenham recrudescido e, até mesmo, impedido o curso de processos, determinando a proibição radical do processamento desses casos em determinadas comarcas.

Os tempos mudaram, e esses organismos, que representam a sociedade organizada em grupos de interesses, devem trilhar uma nova perspectiva de enfrentamento do tema: a científica. O instituto da adoção de crianças e adolescentes é matéria objetiva de direito civil, disciplinada nas Leis 8.069/1990 e 10.406/2002, além da Convenção de Haia (Decreto n. 3.087, de 21 de junho de 1999), devendo ser tratado no plano científico de interpretação, de exegese e de análise psico-sócio-política. Tratar a adoção por estrangeiros como caso de polícia é, em primeiro lugar, não conhecer o Direito e, depois, incorrer no erro do "achismo", que permite diferentes posicionamentos para cada analista, quase sempre decididos na base empírica.

Um novo olhar sobre o instituto da adoção internacional, somado ao enfrentamento do tema com métodos científicos, aliado, ainda, a uma reestruturação das instituições que protagonizam a realização da adoção, pode resultar e permitir uma efetiva participação da sociedade, que, imbuída daquela tarefa, faz realizar o verdadeiro sentido da adoção: dar uma família para a criança, cumprindo seu mister de garantir o direito fundamental subjetivo de crianças e adolescentes de terem uma família.

Não há outro caminho. Não há a possibilidade de realizar essa Convenção se essas políticas de atendimento não forem instaladas e se operadores do Direito não se propuserem a estudar metodicamente o instituto da adoção.

A Convenção intima todos os operadores do Direito, especialmente os juízes, promotores de justiça, advogados e a equipe interprofissional dos Juizados da Infância e da Juventude a fazer uma capacitação científica sobre o tema e sobre sua metodologia de execução, desnudando-se de seus conceitos, preconceitos e práticas ultrapassadas.

Com o *status* de Autoridades Centrais Estaduais atribuído às Comissões Estaduais Judiciárias de Adoção Internacional (Decreto 3.174, de 16.9.1999), outorgou-se ao Poder Judiciário a centralização, em âmbito estadual, das informações sobre a adoção internacional.

A tendência é caminhar no sentido de que essas informações atinjam também as adoções por nacionais, cujo mérito alguns Estados federados já merecem.

Mas não basta somente a delegação de funções. É preciso que os membros das Autoridades Centrais dos Estados estejam afinados com as recomendações da Convenção.

Além do Poder Judiciário, outra instituição que fiscaliza a adoção internacional é o Ministério Público. A fiscalização das leis e, agora, da Convenção é tarefa que deverá freqüentar a agenda do promotor de justiça numa posição de vanguarda e de cientista do Direito, que aponta caminhos e soluções aos demais órgãos da sociedade, defendendo, intransigentemente, o superior interesse da criança e do adolescente. Esse é um desafio e, ao mesmo tempo, uma proposta institucional para um Ministério Público moderno e destemido.

Na mesma linha de raciocínio devem ser incluídos os advogados; são eles também os defensores dos direitos-interesses infanto-juvenis e das famílias. Os advogados sempre foram e manterão a posição de vanguarda na luta por um Estado Social Democrata, que conduz a sociedade à realização de sua finalidade de viver feliz e em harmonia.

A tarefa dos advogados reflete, de modo especial, sobre o cumprimento da Convenção de Haia, na medida em que instiga o indivíduo a não se conformar com a realidade brutal e desleal que vivem nossas crianças e, ao mesmo tempo, promover a garantia dos direitos de crianças e adolescentes em situação de risco pessoal e social.

A sociedade organizada em grupos sociais, diferenciada pelas especialidades decorrentes da própria divisão técnico-científica, organismos governamentais ou não, sociedades filantrópicas, clubes de serviços e associações de toda ordem devem estar sintonizados com o apelo-convocação trazido pela Convenção de Haia. O texto convencional faz um chamamento à responsabilidade de todos, sem exceção, para um alargamento de horizontes em nossas práticas sobre a adoção.

A aceitação do tema com a nova perspectiva científica, que é oferecida pela pesquisa – aproveitando as boas experiências do passado e do diálogo entre as normas internas e internacionais sobre a adoção –, pode facilitar a concretização do texto convencional entre nós, cuja diretriz integra-se perfeitamente ao Estatuto da Criança e do Adolescente.

12

Conclusão

As inovações trazidas pela Convenção de Haia sobre a preparação e reunião das informações de adotantes e adotados, a cargo das Autoridades Centrais Administrativas, em face da ordem jurídica pátria, implicam as seguintes conclusões.

12.1 O direito à convivência familiar e comunitária é um direito fundamental exclusivo da criança e do adolescente, exarado no art. 227 da CF.

12.2 A família é o ambiente natural de desenvolvimento integral da criança e do adolescente. Por isso, a criança é credora do direito fundamental de ter uma família. Se não é possível usufruir esse direito no seio de sua família natural, biológica ou estendida, ela tem o direito de buscar na família substituta estrangeira a completude desse direito.

12.3 Como complemento, a criança tem o direito de ser mantida em sua família natural ou biológica mesmo na carência de recursos financeiros, e somente em casos excepcionais poderá ser colocada em família substituta.

12.4 Sendo excepcional, a adoção por estrangeiros revela a mudança de preocupação do legislador, quando inverte o eixo da necessidade: não se busca, na adoção, a resolução dos problemas conjugais ou de afetividade do casal; ao contrário, a adoção objetiva constituir uma família para uma criança.

12.5 A situação econômica dos adotantes e sobretudo da criança não poderá interferir na decisão de se conceder a adoção a estrangeiros, sob o argumento de que a criança e sua família biológica não têm recursos financeiros suficientes para sua manutenção. Não será a situação financeira da família biológica, a situação econômica dos futuros pais adotivos ou do país de acolhida, que determinará o êxito da adoção ou das relações familiares.

12.6 Para a concretização da adoção internacional exige-se que as pessoas que integram a relação processual sejam domiciliadas em países diferentes. O legislador pátrio elegeu a lei da nacionalidade do adotando como a competente para o processamento judicial da adoção. Essa foi a recomendação dada pela Convenção de Haia, que seleciona como viáveis e válidas as leis do país de origem do adotando.

12.7 Na legislação pátria não há conflitos de normas referentes à adoção internacional. O Código Civil e o Estatuto da Criança e do Adolescente – com a permissão da Constituição Federal – regulam a adoção de acordo com as diretrizes da Convenção de Haia, que consolidou as regras nacionais e o regime de centralização e de subsidiariedade da adoção internacional existente no Brasil.

12.8 Em sua totalidade, as convenções que tratam da adoção internacional deferem caráter excepcional à colocação de criança em família substituta estrangeira, que deve ser utilizada somente nos casos de impossibilidade de manutenção da criança em sua família biológica.

12.9 Pela importância, destacam-se duas Convenções, que modificaram a prática da adoção internacional em solo pátrio, em virtude da exigibilidade de suas normas: (i) a *Convenção sobre os Direitos da Criança*, aprovada pelo Congresso Nacional mediante o Decreto Legislativo 28, de 14.9.1990; essa Convenção tornou-se exigível em solo brasileiro por meio do Decreto 99.710, de 21.11.1990; (ii) a *Convenção Relativa à Proteção das Crianças e à Cooperação em Matéria de Adoção Internacional*, concluída em Haia, em 29.5.1993, aprovada pelo Congresso Nacional pelo Decreto Legislativo 1, de 14.1.1999, tornou-se norma interna pelo Decreto 3.087, de 21.6.1999.

12.10 A Convenção Relativa à Proteção das Crianças e à Cooperação em Matéria de Adoção Internacional estabelece três objetivos da adoção internacional: obriga a respeitar todos os direitos da criança; instaura um sistema de cooperação entre Estados Contratantes; previne abusos nas adoções e assegura o reconhecimento das adoções para os Estados que aceitarem seguir as orientações da Convenção.

12.11 Os desvios de finalidade da adoção foram alvo de preocupação da Convenção de Haia. Suas diretrizes tentam coibir a exploração de crianças (no trabalho escravo/doméstico e sexual), além de prevenir o seqüestro, a venda ou o tráfico de crianças.

12.12 Em consonância com a Convenção de Haia, a Lei 8.069/1990 firma, no § 4º do art. 51, que a criança ou o adolescente não poderão sair do país, em companhia de estrangeiro, antes de consumada a adoção. Em razão disso, o ECA instituiu, no art. 239, o crime de promover ou auxiliar a efetivação de ato destinado ao envio de criança ou adolescente para o exterior com inobservância das formalidades legais ou com o fito de obter lucro. Sua pena é de reclusão de quatro a seis anos e multa.

12.13 Embora a Convenção de Haia permita que a adoção possa se consumar no país de acolhida – em vista da legislação de alguns países –, aqui isso não é possível. Qualquer adoção deverá seguir as regras da lei aplicável ao assunto, como regulam a Lei de Introdução ao Código Civil e os arts. 39 e 147, I, do ECA.

12.14 A Convenção, ao disciplinar a adoção internacional, respeita a norma interna dos Estados Contratantes. Essas normas, que controlam e centralizam as informações sobre adoção internacional, são fixadas pelo país de origem da criança.

12.15 A garantia de adotabilidade da criança é uma das formas de controle exercido pela Autoridade Central Estadual (e Federal). Isso significa que, previamente, deve existir, no âmbito da Autoridade Central Estadual, um cadastro de crianças destinadas à adoção, que será consultado na medida em que chegarem os pedidos de habilitação dos interessados estrangeiros.

12.16 A Autoridade Central Estadual (e Federal) exerce o controle da adoção transnacional por meio da verificação dos requisitos necessários, impostos pela Convenção, para as adoções internacionais. Desse modo, as Autoridades Centrais de ambos os Estados Contratantes tomarão todas as medidas necessárias para que a criança receba a autorização de saída do Estado de origem, assim como aquela de entrada e de residência permanente no Estado de acolhida.

12.17 Entre os Estados-partes a centralização das informações sobre a adoção é gerenciada pela Autoridade Central, no momento em que a Convenção lhe outorga o monopólio de controle da iniciativa de adoção pelos candidatos a adotantes, pela seleção do candidato em seu país de origem, já que o primeiro passo para a efetivação da adoção é feito por intermédio das Autoridades Centrais dos Estados Contratantes.

12.18 A Autoridade Central Estadual, ao centralizar as informações sobre as partes envolvidas na adoção, funciona como agente controlador da lisura do processo de habilitação de adoção.

12.19 A centralização das informações pretende ajudar, internacionalmente, o estabelecimento da confiança entre os servidores dos vários Estados, assegurar a troca de informações, instrumentalizar a tomada conjunta de decisões e, na medida do possível, suprimir os obstáculos para a aplicação da Convenção, facilitando a identificação de casos de corrupção, da indução ao abandono, de oferecimento ou aceitação de benefícios financeiros envolvidos com as adoções, visando, sempre, a combater o tráfico de crianças.

12.20 As Autoridades Centrais dos Estados-partes da Convenção de Haia devem instaurar um diálogo permanente, de modo que o contato com a Autoridade Central do país de origem é de responsabilidade da Autoridade Central do país de acolhida; ou seja, esse sistema de contatos será feito entre autoridades públicas, tendo em vista as constantes pressões e comprometimentos das agências de adoção e dos próprios adotantes.

12.21 A Autoridade Central é responsável pela transferência da criança para o país de acolhida, mantendo, incontinenti, o contato com outras Autoridades Centrais e organismos de outros Estados Contratantes, no mister de compor os meios necessários para a ação conjunta das Autoridades Centrais sobre a colocação daquela criança com aqueles interessados estrangeiros.

12.22 A doutrina da proteção integral dos direitos da criança e do adolescente, firmada no art. 227 da CF, foi acolhida pelo Estatuto da Criança e do Adolescente, cujo significado abrange a tutela de todos os direitos infanto-juvenis, além de um conjunto de instrumentos jurídicos de caráter nacional e internacional colocados à disposição de crianças e adolescentes para a proteção de todos os seus direitos.

12.23 Como fundamento jurídico dos tratados internacionais, a doutrina da proteção integral preconiza que o direito da criança não deve e não pode ser exclusivo de uma *categoria* de *menor*, classificado como *carente*, *abandonado* ou *infrator*, mas deve dirigir-se a *todas* as crianças e a *todos* os adolescentes, sem distinção. As medidas de proteção devem abranger todos os direitos proclamados pelos tratados internacionais e pelas leis internas dos Estados.

12.24 A regra constitucional da completude de direitos exige a afirmação do valor intrínseco da criança como ser humano; a necessidade de especial respeito à sua condição de pessoa em desenvolvimento;

o valor prospectivo da infância e da juventude, como portadoras da continuidade do seu povo e da espécie; e, ainda, o reconhecimento da sua vulnerabilidade – o que torna crianças e adolescentes merecedores de proteção integral por parte da família, da sociedade e do Estado, o qual deverá atuar por meio de políticas específicas para promoção e defesa de seus direitos.

12.25 A regra constitucional da prevalência do atendimento, apoio e proteção à infância e à juventude (prioridade absoluta) determina a necessidade de cuidar, de modo especial, daquelas pessoas, por sua natural fragilidade ou por estarem numa fase em que se completa sua formação com riscos maiores.

12.26 Os §§ 2º e 3º do art. 5º da CF permitem a inserção na ordem jurídica pátria de outros direitos e garantias fundamentais celebrados em tratados internacionais. A Convenção de Haia, ratificada pelo Brasil, dispõe sobre a adoção de crianças e adolescentes. A adoção, como exercício do direito à convivência familiar e comunitária, é um direito fundamental, conforme dispõe o art. 227 da CF. Sendo direito individual da criança, sua imutabilidade se impõe, em face do disposto no art. 60, § 4º, IV, da CF.

12.27 A norma introduzida na ordem jurídica doméstica pela Convenção de Haia dispõe sobre direitos humanos, e, por isso, é recepcionada como equivalente às emendas constitucionais, com força normativa qualificada.

12.28 O texto da Convenção de Haia foi também acolhido pela legislação infraconstitucional, representada principalmente pelo Estatuto da Criança e do Adolescente. A Convenção não oferece resistência ao sistema legislativo pátrio relacionado com a adoção de crianças e adolescentes em situação de risco pessoal e social. Seu texto absorveu integralmente as recomendações genéricas dos Estados Contratantes que queriam ver respeitados alguns pontos fundamentais dos sistemas normativos domésticos.

12.29 A Autoridade Central é o órgão da Administração Pública encarregado de certificar a legalidade de atos administrativos pré-processuais referentes à adoção por estrangeiros. Em relação àqueles que desejam adotar crianças ou adolescentes num Estado estrangeiro, sua atuação imprime autoridade, idoneidade, seriedade e, acima de tudo, a certeza da legalidade nos procedimentos pré-processuais de informações referentes aos interessados. Por esses atributos, a Autoridade Central exerce função pública, uma vez que volta sua atenção para o serviço do Estado, para a realização do bem comum e a satisfação do interesse coletivo.

12.30 A Autoridade Central (Estadual e Federal) compõe a Administração Pública, porque suas funções envolvem situações de estado ou de liberdade das pessoas e, no caso específico da adoção, o surgimento dos vínculos de filiação e de uma nova instituição familiar. Tal mérito é deferido somente ao Estado, como ente encarregado de assegurar as relações sociais.

12.31 As Autoridades Centrais foram instituídas com o fim de garantir que os pactos e convenções internacionais pudessem ser cumpridos com o ideal garantista da certeza jurídica de seus efeitos para todos os envolvidos.

12.32 A Convenção de Haia permite que num Estado federal possa ser designada mais de uma Autoridade Central. A ordem jurídica brasileira já previa, no art. 52 da Lei 8.069/1990, a criação das Comissões Estaduais Judiciárias de Adoção, que, por força do disposto no art. 4º do Decreto 3.174/1999, passaram a desempenhar as atribuições das Autoridades Centrais.

12.33 As Autoridades Centrais no âmbito dos Estados federados detêm a responsabilidade de vigiar todos os aspectos de uma adoção internacional, desde o momento em que é formulado o pedido: aprovar os pais candidatos à adoção, assegurar-se de que a adoção constitui, de fato, a melhor solução para a criança e de que ela poderá ser adotada; assegurar-se de que os pais adotivos e a criança são mutuamente convenientes; velar para que todos os procedimentos sejam respeitados e para que sejam reunidas todas as condições com vistas à transferência material da criança para o país de acolhimento.

12.34 As Autoridades Centrais de ambos os países deverão, entretanto, cooperar nos casos em que uma adoção venha a falhar.

12.35 Embora sejam instituídas na estrutura organizacional do Poder Judiciário dos Estados, as atribuições da Autoridade Central têm natureza administrativa. A função da Autoridade Central Estadual é exclusivamente administrativa, exercendo-a somente no campo pré-processual, cujas deliberações não vinculam o juiz do processo (judicial) de adoção.

12.36 A Autoridade Central Estadual é um órgão auxiliar do juiz na distribuição da prestação jurisdicional. Ela não decide, apenas delibera sobre a aptidão do candidato estrangeiro à adoção, cujo resultado, positivo ou negativo, não obriga a efetivação (ou não) da adoção. O juiz natural da adoção é independente e livre para aceitar (ou não) o pedido de adoção.

12.37 A Autoridade Central Estadual, atuando como órgão consultivo, deverá ser composta por desembargadores, juízes de direito, procuradores e promotores de justiça, psicólogos, sociólogos, pedagogos, assistentes sociais, advogados, médicos e outros profissionais.

12.38 O Ministério Público, a quem incumbe a análise jurídica de fiscalização do cumprimento da lei e de formação processual do pedido de inscrição, deve manifestar-se nos pedidos de habilitação, como *custos legis*.

12.39 As deliberações expedidas pela Autoridade Central, no âmbito estadual ou federal, são dignas de respeito, pelo trabalho importante, sério e idôneo que exercem. Todavia, isso não significa atribuir jurisdicionalidade aos seus atos, visto que sua atividade é – repita-se – predominantemente administrativa, pré-processual, destinada à preparação dos interessados estrangeiros em adotar uma criança brasileira.

12.40 A Autoridade Central Estadual não poderá exercer funções revisoras de decisões judiciais de adoção. Sendo órgão cujas atribuições são de natureza administrativa, não tem competência para apreciar a decisão final de um processo judicial. O sistema jurídico pátrio somente permite a revisão da sentença, em instância recursal, aos Tribunais de Justiça.

12.41 A Autoridade Central atua em âmbito federal e estadual.

12.42 No âmbito federal a Autoridade Central é representada pela Secretaria Especial de Direitos Humanos da Presidência da República, em vista do disposto no Decreto 3.174/1999.

12.43 As atividades da Autoridade Central no âmbito federal são mais de ordem política que procedimental, embora estabeleça a necessidade de alguns procedimentos, principalmente em relação às entidades estrangeiras de fomento à adoção.

12.44 A Autoridade Central Federal exerce, igualmente, atividade certificadora dos procedimentos administrativos das Autoridades Centrais dos Estados e garante a legalidade dos atos praticados *interna corporis*, em face do comprometimento internacional firmado na Convenção de Haia.

12.45 Além disso, aquele órgão avalia os trabalhos desenvolvidos pelos Estados federados e traça políticas e linhas de ação comuns, visando ao adequado cumprimento das responsabilidades assumidas com a ratificação da Convenção.

12.46 A estrutura e o funcionamento da Autoridade Central Estadual não são rígidos. Pode-se afirmar que a administração superior do Poder Judiciário, a quem incumbe a organização do órgão, nomeará os membros de sua instituição e aqueles indicados pelos demais órgãos e profissionais liberais. A quantidade de membros, mandato, funcionamento e modo de votação dos processos serão fixados na Lei de Organização Judiciária de cada Estado e no Regimento Interno.

12.47 Nos Estados procurou-se uma alternativa de adaptação da determinação da Convenção, preferindo-se deferir às Comissões Estaduais Judiciárias de Adoção (Internacional) – CEJA ou CEJAI – as funções de Autoridade Central.

12.48 A Autoridade Central Estadual desenvolverá suas atividades no âmbito de cada Estado federado e dentro do contexto da organização judiciária estadual. Entretanto, deverá reportar-se à Autoridade Central Federal quando as adoções internacionais forem concluídas com êxito (ou não) e dentro da legalidade desejada pela Convenção de Haia bem como pelo Estatuto, para que ela represente o Estado Brasileiro perante o Estado de origem do adotante.

12.49 A Autoridade Central Estadual é um órgão de existência obrigatória, vinculado ao Poder Judiciário Estadual e por ele administrado, composto por agentes do Poder Público e por técnicos, que emitem pareceres de natureza consultiva, opinativa e administrativa nos processos de habilitação para a adoção de interessados estrangeiros e de caráter não-vinculante ao juiz da infância e da juventude.

12.50 São atribuições da Autoridade Central Estadual: (i) organizar, no âmbito do Estado, cadastros centralizados de: (a) pretendentes estrangeiros, domiciliados no Brasil ou no exterior, à adoção de crianças brasileiras; (b) crianças declaradas em situação de risco pessoal ou social, passíveis de adoção, que não encontrem colocação em lar substituto em nosso país; (ii) manter a Autoridade Central Federal plenamente informada dos cadastros de interessados estrangeiros e das adoções transnacionais realizadas em cada Estado; (iii) manter intercâmbio com órgãos e instituições especializadas internacionais, públicas ou privadas, de reconhecida idoneidade, a fim de ajustar sistemas de controle e acompanhamento de estágio de convivência no exterior; (iv) trabalhar em conjunto com entidades nacionais, de reconhecida idoneidade e recomendadas pelo juiz da infância e da juventude da comarca; (v) divulgar trabalhos e projetos de adoção onde sejam esclarecidas suas finalidades, velando para que o instituto seja usado somente em função dos interesses dos adotandos; (vi) realizar trabalho junto aos casais cadastrados visando a favorecer a superação de preconceitos existentes em relação às crianças adotáveis; (vii) propor às autoridades competentes medidas adequadas destinadas a assegurar o perfeito desenvolvimento e o devido processamento das adoções internacionais no Estado, a fim de que todos possam agir em colaboração, visando a prevenir abusos e distorções quanto ao uso do instituto da adoção internacional; (viii) expedir o laudo ou certificado de habilitação, com validade em todo o território estadual, aos pretendentes estrangeiros e nacionais à adoção que tenham sido acolhidos pela Autoridade Central Estadual; (ix) outras funções previstas nos arts. 7º, 8º e 9º da Convenção de Haia.

12.51 Pontos essenciais da atuação da Autoridade Central Estadual: (i) a Autoridade Central Estadual, embora vinculada ao Poder Judiciário, como já mencionado, não exerce função jurisdicional, de modo que o laudo permissivo sobre as condições do pretendente à adoção é meramente avaliativo, opinativo e de natureza administrativa, não interferindo nas atividades do juiz da infância e da juventude, encarregado de conduzir o processo judicial de adoção; (ii) o laudo de habilitação, emitido pela Autoridade Central Estadual, deverá ter prazo de validade limitado, cujo termo final requisita nova habilitação; (iii) embora o Estatuto da Criança e do Adolescente não disponha sobre a obrigatoriedade da atuação dos organismos credenciados ou agências de adoção, sua presença nas adoções internacionais é obrigatória, em face da Convenção de Haia, de 1993.

12.52 No âmbito federal a Autoridade Central é representada pela Secretaria Especial de Direitos Humanos da Presidência da República, conforme dispõe o art. 1º do Decreto 3.174/1999.

12.53 As atribuições da Autoridade Central Federal estão previstas nos arts. 7º a 9º da Convenção de Haia e 2º do Decreto 3.174/1999, a saber: (i) representar os interesses do Estado Brasileiro na preservação dos direitos e das garantias individuais das crianças e dos adolescentes dados em adoção internacional, observada a Convenção de Haia; (ii) receber todas as comunicações oriundas das Autoridades Centrais dos Estados Contratantes e transmiti-las, se for o caso, às Autoridades Centrais dos Estados federados e do Distrito Federal; (iii) cooperar com as Autoridades Centrais dos Estados Contratantes e promover ações de cooperação técnica e colaboração entre as Autoridades Centrais dos Estados federados e do Distrito Federal, a fim de assegurar a proteção das crianças e alcançar os demais objetivos da Convenção; (iv) tomar as medidas adequadas para: (a) fornecer informações sobre a legislação brasileira em matéria de adoção; (b) fornecer dados estatísticos e formulários padronizados; (c) informar-se, mutuamente, sobre as medidas operacionais decorrentes da aplicação da Convenção e, na medida do possível, remover os obstáculos que se apresentarem; (v) promover o credenciamento dos organismos que atuem em adoção internacional no Estado Brasileiro, verificando se também estão credenciados pela Autoridade Central do Estado Contratante de onde são originários, comunicando o credenciamento ao *Bureau* Permanente da Conferência da Haia de Direito Internacional Privado; (vi) gerenciar banco de dados, para análise e decisão, quanto: (a) aos nomes dos pretendentes estrangeiros habilitados; (b) aos nomes dos pretendentes estrangeiros considerados inidôneos pelas Autoridades Centrais dos Estados federados e do Distrito Federal; (c) aos nomes das crianças e dos adolescentes disponíveis para adoção por candidatos estrangeiros; (d) aos casos de adoção internacional deferidos; (e) às estatísticas relativas às informações sobre adotantes e adotados, fornecidas pelas Autoridades Centrais de cada Estado Contratante; (vii) fornecer ao Ministério das Relações Exteriores os dados a respeito das crianças e dos adolescentes adotados contidos no banco de dados mencionado no inciso anterior, para que os envie às repartições consulares brasileiras incumbidas de efetuar a matrícula dos brasileiros residentes no exterior, independentemente do fato da recepção automática da sentença do juiz nacional e da assunção da nacionalidade do Estado de acolhida; (viii) tomar, em conjunto com as Autoridades Centrais dos Estados federados e do Distrito Federal, diretamente ou com a colaboração de outras autoridades públicas, todas as medidas apropriadas para prevenir benefícios materiais induzidos por ocasião de uma adoção e para impedir quaisquer práticas contrárias aos objetivos da convenção mencionada no Decreto 3.174/1999.

12.54 A expressão "organizações estrangeiras" engloba as associações, fundações, sociedades e demais pessoas jurídicas de direito privado existentes no Direito Comparado. A competência do Ministério da Justiça é relativa apenas à autorização para funcionamento, no Brasil, de organizações estrangeiras destinadas a fins de interesse coletivo definidas como aquelas que não têm finalidades lucrativas e que desenvolvam atividades de interesse público.

12.55 O Ministério da Justiça é o órgão competente para autorizar o funcionamento, no Brasil, de organizações estrangeiras de fomento à adoção sem fins econômicos.

12.56 Os organismos estrangeiros somente poderão ser credenciados se: (i) demonstrarem sua aptidão para cumprir corretamente as tarefas que lhes possam ser confiadas, previstas nas legislações internas dos países e nos documentos internacionais; (ii) perseguirem, unicamente, fins não-lucrativos, nas condições e dentro dos limites fixados pelas autoridades competentes do Estado que os tiver credenciado; (iii) dirigidos e administrados por pessoas qualificadas por sua integridade moral e por sua formação ou experiência para atuar na área de adoção internacional; (iv) submetidos à supervisão das autoridades competentes do referido Estado no que tange à sua composição, funcionamento e situação financeira.

12.57 Um organismo credenciado em um Estado Contratante somente poderá atuar em outro Estado Contratante se tiver sido autorizado pelas autoridades competentes de ambos os Estados. Seus nomes e endereços devem ser comunicados pelos dois Estados Contratantes ao *Bureau* Permanente da Conferência da Haia de Direito Internacional Privado.

12.58 O procedimento para a autorização divide-se em três fases: (i) cadastramento junto à Polícia Federal; (ii) credenciamento junto à Autoridade Central Federal (atualmente representada pela Secretaria Especial de Direitos Humanos da Presidência da República); (iii) autorização de funcionamento junto ao Ministério da Justiça.

12.59 As organizações que têm finalidade lucrativa devem requerer a autorização para funcionamento no Brasil junto ao Ministério do Desenvolvimento, Indústria e Comércio Exterior, conforme as normas estabelecidas pela Instrução Normativa 81, de 5.1.1999, do Departamento Nacional do Registro do Comércio – DNRC (cf. art. 11 da LICC – Decreto-lei 4.657, de 4.9.1942).

12.60 As agências contribuem para eliminar o tráfico de crianças. Com o advento da Convenção de Haia, a Autoridade Central Federal não admitirá, em hipótese alguma, a adoção privada (aquela feita diretamente pelo interessado), sem o auxílio das agências, vistas como grandes aliados para a solução dos problemas de crianças que não têm família.

12.61 É possível a adoção internacional entre Estados que não assinaram ou ratificaram a Convenção de Haia.

12.62 Para os candidatos oriundos de países não-ratificantes da Convenção de Haia a Autoridade Central Federal tem exigido que os pedidos de adoção sejam apresentados pela via diplomática. Tal medida foi adotada tendo em vista o Brasil haver proibido as adoções privadas, por meio de declaração junto ao depositário da Convenção.

12.63 Os estrangeiros originários de países não-ratificantes da Convenção podem, aqui, adotar, desde que: (i) se inscrevam perante a Autoridade Central Estadual e se submetam ao procedimento pré-processual para sua habilitação; (ii) os Estados de acolhida garantam que a adoção seja feita respeitando o superior interesse da criança e tenha os mesmos efeitos, direitos e garantias e proteção legal dados às crianças no Brasil; (iii) se submetam à ordem de chamada dos interessados estrangeiros, com preferência para aqueles oriundos de países ratificantes da Convenção.

12.64 São condições *sine qua non* para a adoção internacional: (i) a colocação em família substituta estrangeira constitui medida excepcional, somente admissível na modalidade de adoção; (ii) a adoção internacional tem caráter excepcional, vigorando a regra da *subsidiariedade*, a qual estabelece que a adoção internacional somente será admitida depois de privilegiar a manutenção da criança em sua família biológica e a conservação dos vínculos familiares.

12.65 Pré-condições para a adoção internacional fixadas nos arts. 4º e 5º da Convenção de Haia: (i) a adotabilidade da criança; (ii) que a adoção atenda e garanta o superior interesse da criança; (iii) que foram tomados os consentimentos necessários de forma consciente, livre, por escrito e sem qualquer forma de coação ou pagamento; (iv) que o consentimento da mãe tenha sido manifestado somente após o nascimento da criança; (v) que os pais foram informados sobre os efeitos da adoção, em especial em relação à ruptura dos vínculos de filiação e dos vínculos jurídicos entre a criança e sua família de origem; (vi) que a criança deve manifestar seu consentimento, quando for exigido, de forma livre, sem coação ou qualquer forma de pagamento, e ser orientada e informada das conseqüências de seu consentimento à adoção; (vii) os interessados deverão estar previamente habilitados à adoção no Estado de acolhida, devidamente orientados e informados sobre a adoção; (viii) que a criança foi ou será autorizada a entrar e a residir permanentemente no Estado de acolhida.

12.66 Outras condições essenciais para a adoção internacional firmadas pelo Estatuto da Criança e do Adolescente: (i) que os interessados estrangeiros revelem, por qualquer maneira, que são compatíveis com a natureza da adoção; (ii) que a criança não deixe o país acompanhada do interessado estrangeiro a não ser após a efetivação da adoção, por meio de sentença judicial transitada em julgado; (iii) que, ao receber a criança em adoção, seja obrigatório assegurar-lhe todos os direitos que lhe são garantidos pela ordem jurídica nacional, e em especial aqueles decorrentes do poder familiar; (iv) que o procedimento da adoção é gratuito; (v) que o candidato deverá apresentar os documentos necessários à habilitação perante a Autoridade Central Estadual.

12.67 Após o processamento das informações, a Autoridade Central Estadual expedirá o laudo de habilitação, certificando que o candidato estrangeiro está apto a adotar uma criança nacional.

12.68 Ao requerer a adoção na Vara da Infância e da Juventude, o candidato estrangeiro deverá protocolar petição que conterá, além dos requisitos previstos no art. 282 do CPC, os especiais exigidos pelo art. 165 do ECA, a saber: (i) qualificação completa do requerente e de seu eventual cônjuge ou companheiro, com expressa anuência deste; (ii) indicação de eventual parentesco do requerente e de seu cônjuge ou companheiro com a criança ou adolescente, especificando se tem ou não parente vivo; (iii) qualificação completa da criança ou adolescente e de seus pais, se conhecidos; (iv) indicação do cartório onde foi inscrito o nascimento, anexando, se possível, uma cópia da respectiva certidão; (v) declaração sobre a existência de bens, direitos ou rendimentos relativos à criança ou ao adolescente; (vi) o pedido de adoção da criança indicada, com os fundamentos jurídicos; (vii) o pedido de procedência da ação; (viii) data e assinatura.

12.69 Com o requerimento inicial, o candidato deverá juntar, ainda: (i) o laudo de habilitação, expedido pela Autoridade Central Estadual; (ii) o documento comprobatório da anuência à adoção dada pelos pais biológicos da criança, nos termos do art. 166 do ECA.

12.70 Além desses documentos, o próprio Juizado da Infância e da Juventude se encarregará de juntar o laudo social e a comprovação do estágio de convivência, como dispõe o art. 167 do ECA.

12.71 O art. 23 da Convenção de Haia exige, ao final do processo judicial de adoção, que a Autoridade Central expeça o Certificado de Conformidade da Adoção com a Convenção, com a finalidade de sinalizar a legalidade da adoção, cujos efeitos deverão ser respeitados e acolhidos pelos demais Estados Contratantes.

12.72 A emissão do Certificado, que tem validade de dois anos, apenas atesta a legalidade do procedimento administrativo prévio e anterior à sentença judicial. Se, no entanto, a certificação abrange a decisão judicial, aquela manifestação contraria a lei.

12.73 A sentença proferida por juiz nacional a interessado estrangeiro, referente à adoção, é completa e acabada, tendo a autoridade judiciária esgotado sua jurisdição. Desse modo, a sentença terminativa e constitutiva de mérito que concede a adoção para adotante estrangeiro concentra todas as características de validade como se tivesse sido proferida para um adotante nacional.

12.74 Vários efeitos resultam da sentença judicial de adoção. O principal efeito da sentença que confere a adoção é, justamente, o rompimento do vínculo de parentesco do adotando com sua família natural e, ao mesmo tempo, a constituição de novo vínculo de filiação, agora com os pais adotivos, conforme permite o art. 47 do ECA. Pela adoção operam-se a modificação da filiação, a constituição de nova família para o adotado e uma nova relação de parentesco, que somente poderiam ser concretizadas por meio de sentença judicial.

12.75 A adoção desliga o adotado de qualquer vínculo com os pais naturais e parentes consangüíneos, que subsiste apenas para os impedimentos matrimoniais. As relações de parentesco se estabelecem não só entre o adotante e o adotado, como também entre aquele e os descendentes deste, assim como entre o adotado e todos os parentes do adotante. Todavia, o Estatuto e o Código Civil estabelecem uma exceção na manutenção dos vínculos familiares para o adotado: se, por acaso, um dos cônjuges ou companheiros adota o filho do outro, mantêm-se os vínculos de filiação entre o adotado e o cônjuge ou companheiro do adotante e os respectivos parentes. Neste caso ocorre dupla relação de parentesco: a antiga, por meio do pai (ou mãe) natural; e a nova, através do adotante.

12.76 A irrevogabilidade da adoção é outro efeito importante produzido pela sentença. Ela sedimenta as relações paterno-filiais entre adotante e adotado. Depois de consumada a adoção não mais será possível a alegação de arrependimento das partes, nos termos do art. 48 do ECA. A desconstituição da sentença somente será possível por meio de ação rescisória.

12.77 A sentença judicial, transitada em julgado, produz o efeito de transmitir aos pais as obrigações decorrentes do poder familiar, incumbindo-os do dever de assistir, criar e educar os filhos menores. As responsabilidades parentais consistem no conjunto dos poderes e deveres destinados a assegurar o bem-estar moral e material do filho, designadamente tomando conta da pessoa do filho, mantendo relações pessoais com ele, assegurando sua educação, seu sustento, sua representação legal e a administração dos seus bens.

12.78 Na adoção a obrigação de prestar alimentos decorre da constituição do vínculo paterno-filial gerado pela sentença, sendo recíproco entre pais e filhos e extensivo a todos os ascendentes, recaindo a obrigação nos mais próximos em grau, uns em falta de outros.

12.79 Com a decretação da adoção, o adotado integra a família do adotante como filho, com todos os direitos e deveres, sendo recíproco o direito sucessório entre o adotado, seus descendentes, o adotante, seus ascendentes, descendentes e colaterais, até o quarto grau, observada a ordem da vocação hereditária.

12.80 Embora não seja exatamente um efeito produzido pela sentença constitutiva de adoção, a aquisição da nacionalidade e cidadania pelo adotado é um fator muito importante, que se reflete em sua vida particular e na de sua família adotiva. No que se refere, portanto, à adoção internacional, a aquisição dos direitos de cidadania e nacionalidade depende, exclusivamente, dos mandamentos constitucionais e jurídicos do país de acolhimento, dentro do contexto da organização política daquele Estado.

12.81 A sociedade organizada deverá dar cumprimento aos mandamentos da Convenção de Haia. O papel dos órgãos e profissionais envolvidos com a adoção, destacadamente o Poder Judiciário, o Ministério Público, os advogados, os assistentes sociais, os psicólogos, deve ser o de aceitar o desafio de considerar a adoção internacional sob um novo olhar, procurando enfrentar seus desafios com métodos científicos e reestruturação institucional. Isso poderá resultar e permitir uma efetiva participação da sociedade, que, imbuída da tarefa, fará realizar o verdadeiro sentido da adoção: dar uma família à criança, cumprindo seu mister de garantir o direito fundamental subjetivo de crianças e adolescentes de terem uma família.

12.82 A sociedade organizada em grupos sociais, diferenciada pelas especialidades decorrentes da própria divisão técnico-científica, organismos governamentais ou não, sociedades filantrópicas, clubes de serviços e associações de toda ordem devem estar sintonizados com o apelo-convocação trazido pela Convenção de Haia. O texto convencional faz um chamamento à responsabilidade de todos, sem exceção, para um alargamento de horizontes nas práticas nacionais sobre a adoção.

Referências Bibliográficas

AOKI, Luiz Paulo Santos. In: CURY, Munir (coord.). *Estatuto da Criança e do Adolescente Comentado – Comentários Jurídicos e Sociais*. 9ª ed. São Paulo, Malheiros Editores, 2008.

BARBOSA MOREIRA, José Carlos. *Comentários ao Código de Processo Civil*. 4ª ed., vol. V. Rio de Janeiro, Forense, 1981.

BASTOS, Celso Ribeiro. *Curso de Direito Constitucional*. São Paulo, Saraiva, 1983; 13ª ed. São Paulo, Saraiva, 1990.

BECKER, Maria Josefina. In: CURY, Munir (coord.). *Estatuto da Criança e do Adolescente Comentado – Comentários Jurídicos e Sociais*. 9ª ed. São Paulo, Malheiros Editores, 2008.

BELOFF, Mary, e MENDEZ, Emilio García. *Infancia, Ley e Democracia*. Buenos Aires, Depalma, 1998.

BRAUNER, Maria Cláudia Crespo. "Problemas e perspectivas da adoção internacional em face do Estatuto da Criança e do Adolescente". *Revista de Informação Legislativa*. Brasília, 1994.

BUENO, Pimenta. *Direito Público Brasileiro e Análise da Constituição do Império*. Rio de Janeiro, Nova Editora, 1958.

CAETANO, Marcello. *Direito Constitucional*. 2ª ed., vol. I. Rio de Janeiro, Forense, 1987.

CAHALI, Yussef Said. *Dos Alimentos*. 2ª ed. São Paulo, Ed. RT, 1993.

CANOTILHO, José Joaquim Gomes. *Direito Constitucional*. 4ª ed. Coimbra, Livraria Almedina, 1999.

CANTWELL, Nigel. "Adoção". *Terre des Hommes* 65, 1994.

CHAVES, Antônio. *Adoção, Adoção Simples e Adoção Plena*. 3ª ed. São Paulo, Ed. RT, 1983.

―――――. *Adoção Internacional*. Belo Horizonte, EDUSP/Del Rey, 1994.

COSTA, Antônio Carlos Gomes da. In: CURY, Munir (coord.). *Estatuto da Criança e do Adolescente Comentado – Comentários Jurídicos e Sociais*. 9ª ed. São Paulo, Malheiros Editores, 2008.

COSTA, Tarcísio José Martins. "Adoção internacional: aspectos jurídicos, políticos e sócio-culturais". In: PEREIRA, Rodrigo da Cunha (coord.). *A Família na Travessia do Milênio. Anais do II Congresso Brasileiro de Direito de Família*. Belo Horizonte, IBDFAM/OAB-MG, 2000.

——————. *Adoção Transnacional*. Belo Horizonte, Del Rey, 2000.

CURY, Munir (coord.). *Estatuto da Criança e do Adolescente Comentado – Comentários Jurídicos e Sociais*. 9ª ed. São Paulo, Malheiros Editores, 2008.

—————— (org.). *Infância e Cidadania* 2. São Paulo, Inoradopt, 1998.

ELIAS, Roberto João. *Comentários ao Estatuto da Criança e do Adolescente*. São Paulo, Saraiva, 1994.

EPIFÂNIO, Rui M. L., e FARINHA, António H. L. *Organização Tutelar de Menores – Contributo para uma Visão Interdisciplinar do Direito de Menores e de Família*. 2ª ed. Coimbra, Livraria Almedina, 1992.

FARINHA, António H. L., e EPIFÂNIO, Rui M. L. *Organização Tutelar de Menores – Contributo para uma Visão Interdisciplinar do Direito de Menores e de Família*. 2ª ed. Coimbra, Livraria Almedina, 1992.

FIGUERÊDO, Luiz Carlos de Barros. *Adoção Internacional – Doutrina & Prática*. Curitiba, Juruá, 2002.

——————. "Adoção internacional: convenções internacionais". *Revista da Escola Superior da Magistratura de Santa Catarina – EMESC* 5. Florianópolis, 1998.

——————. *Temas de Direito da Criança e do Adolescente*. Recife, Nossa Livraria, 1997.

FOYER, J., LABRUSSE-RIOU, C., *et alii*. *L'Adoption d'Enfants Étrangers*. Paris, Economica, 1986.

FRAGA, Mirtô. *O Conflito entre Tratado Internacional e Norma de Direito Interno: Estudo Analítico da Situação do Tratado na Ordem Jurídica Brasileira*. Rio de Janeiro, Forense, 1998.

GUIMARÃES, José Lázaro Alfredo. In: *Adoção de Crianças por Estrangeiro Não-Residente no Brasil: Aspectos Civis e Criminais*. Recife, Sine Loco, 1994.

JUTAHY, Vera Maria Barreira. "Adoção internacional: o Direito Comparado e as normas estatutárias". In: PEREIRA, Tânia da Silva (coord.). *Estatuto da Criança e do Adolescente – Estudos Sócio-Jurídicos*. Rio de Janeiro, Renovar, 1992.

KAUSS, Omar Gama Ben. *A Adoção no Código Civil e no Estatuto da Criança e do Adolescente (Lei 8.069/1990)*. 2ª ed. Rio de Janeiro, Lumen Juris, 1993.

KUHN, Thomas S. *A Estrutura das Revoluções Científicas*. São Paulo, Perspectiva, 2000.

LABRUSSE-RIOU, C., FOYER, J., *et alii*. *L'Adoption d'Enfants Étrangers*. Paris, Economica, 1986.

LIBERATI, Wilson Donizeti. *Adoção – Adoção Internacional*. 2ª ed. São Paulo, Malheiros Editores, 2004.

REFERÊNCIAS BIBLIOGRÁFICAS

_____. "Adoção internacional – Convenção de Haia – Reflexos na legislação brasileira". *Livro de Teses do 11º Congresso Nacional do Ministério Público*. Goiânia, 1996.

_____. *Comentários ao Estatuto da Criança e do Adolescente*. 10ª ed. São Paulo, Malheiros Editores, 2008.

LOPES, Maurício Antônio Ribeiro. "Adoção internacional e representação dos casais estrangeiros no Brasil". In: OLIVEIRA LEITE, Eduardo de, e WAMBIER, Teresa Arruda Alvim (orgs.). *Repertório de Doutrina sobre Direito de Família. Aspectos Constitucionais, Civis e Processuais*. Vol. 4. São Paulo, Ed. RT, 1999.

MARMITT, Arnaldo. *Adoção*. Rio de Janeiro, Aide Editora, 1993.

MARQUES, Cláudia Lima. "A Convenção de Haia, de 1993, e o regime da adoção internacional no Brasil após a aprovação do novo Código Civil brasileiro em 2002". In: CD-ROM *Acervo Operacional dos Direitos da Criança e do Adolescente*. ABMP/UNICEF, 2003.

_____. "Notícia sobre a nova Convenção de Haia sobre adoção internacional – Perspectiva de cooperação internacional e proteção dos direitos das crianças". *Revista Igualdade* 11. Ano IV. Abril-junho/1996.

_____. "Novas regras sobre adoção internacional no Direito Brasileiro". *RT* 692. São Paulo, Ed. RT, 1993.

MAZZUOLI, Valério de Oliveira. *Direitos Humanos & Relações Internacionais*. Campinas, Agá Júris, 2000.

_____. *Tratados Internacionais*. São Paulo, Juarez de Oliveira, 2001.

MEIRELLES, Hely Lopes. *Direito Administrativo Brasileiro*. 33ª ed. São Paulo, Malheiros Editores, 2009.

MELO, Celso D. de Albuquerque. "A ratificação dos tratados: efeitos no direito interno e no direito constitucional". In: *Caderno do Programa de Atualização em Direito da Criança*. Texto 3. Rio de Janeiro, ABMP, 1997.

MELO JR., Samuel Alves de. "CEJAs e CEJAIs à luz das convenções internacionais". In: CURY, Munir (org.). *Infância e Cidadania* 2. São Paulo, Inoradopt, 1998.

_____. "Visão geral da Convenção de Haia e pontos mais importantes – A Convenção e o Estatuto da Criança e do Adolescente". In: FIGUEIRÊDO, Luiz Carlos de Barros (org.). *Infância e Cidadania* 4. São Paulo, Inoradopt, 2000.

_____ (org.). *Infância e Cidadania* 1. São Paulo, Inoradopt, 1998.

MENDEZ, Emilio García, e BELOFF, Mary. *Infancia, Ley e Democracia*. Buenos Aires, Depalma, 1998.

MONIZ DE ARAGÃO, E. D. *Comentários ao Código de Processo Civil*. Rio de Janeiro, Forense, 1979.

MORAES, Alexandre de. *Direito Constitucional*. 16ª ed. São Paulo, Atlas, 2000.

NABINGER, Sylvia, e TRILLAT, Brigitte. "Adoption internationale et trafic d'enfants: mythes et réalités". *Revue Internationale de Police Criminelle – Interpol* 428. Lyon/França, janeiro-fevereiro/1991.

OLIVEIRA, Edson Teodoro. *Convenção de Haia – Adoção Internacional e o Estatuto da Criança e do Adolescente*. Campinas, E. V. Editora, 1999.

OLIVEIRA LEITE, Eduardo de, e WAMBIER, Teresa Arruda Alvim (orgs.). *Repertório de Doutrina sobre Direito de Família. Aspectos Constitucionais, Civis e Processuais*. Vol. 4. São Paulo, Ed. RT, 1999.

PAULA, Paulo Afonso Garrido de. *Temas de Direito do Menor*. São Paulo, Ed. RT, 1987.

PEREIRA, Rodrigo da Cunha (coord.). *A Família na Travessia do Milênio*. Anais do II Congresso Brasileiro de Direito de Família. Belo Horizonte, IBDFAM/OAB-MG, 2000.

PEREIRA, Tânia da Silva (coord.). *Estatuto da Criança e do Adolescente – Estudos Sócio-Jurídicos*. Rio de Janeiro, Renovar, 1992.

PONTES JÚNIOR. Felício. *Conselhos de Direitos da Criança e do Adolescente: uma modalidade de exercício do Direito de Participação Política – Fatores determinantes e modo de atuação*. Dissertação apresentada ao Departamento de Ciências Jurídicas da PUC-RJ, para obtenção do título de Mestre em Teoria do Estado e Direito Constitucional, 1992.

PRESTES, Jane Pereira. "Autoridade Central Estadual: intervenção técnica em múltiplos aspectos". In: MELO JR., Samuel Alves de (org.). *Infância e Cidadania* 1. São Paulo, Inoradopt, 1998.

REZEK, J. Francisco. *Direito dos Tratados*. Rio de Janeiro, Forense, 1985.

SANTOS, Ernane Fidélis dos. *Manual de Direito Processual Civil*. 2ª ed., vol. 1. São Paulo, Saraiva, 1988.

SILVA, José Afonso da. *Curso de Direito Constitucional Positivo*. 32ª ed. São Paulo, Malheiros Editores, 2009.

SILVA, José Mônaco da. *A Família Substituta no Estatuto da Criança e do Adolescente*. São Paulo, Saraiva, 1995.

SILVA, Tânia Pereira da. *Direito da Criança e do Adolescente – Uma Proposta Interdisciplinar*. Rio de Janeiro, Renovar, 1997.

SIQUEIRA, Liborni. *Adoção: Doutrina e Jurisprudência*. Rio de Janeiro, Folha Carioca, 1998.

─────── (coord.). *Comentários ao Estatuto da Criança e do Adolescente*. Rio de Janeiro, Forense, 1991.

TRILLAT, Brigitte, e NABINGER, Sylvia. "Adoption internationale et trafic d'enfants: mythes et réalités". *Revue Internationale de Police Criminelle – Interpol* 428. Lyon/França, janeiro-fevereiro/1991.

VERONESE, Josiane Rose Petry. "Adoção internacional: um assunto complexo". In: CD-ROM *Acervo Operacional dos Direitos da Criança e do Adolescente*. ABMP/UNICEF, 2003; Universidade Federal de Santa Catarina. Disponível em www.ccl.ufsc.br/~9612212/crianca/adocao.txt, acesso em 25.9.2003.

─────── . *Temas de Direito da Criança e do Adolescente*. São Paulo, LTr, 1997.

WAMBIER, Teresa Arruda Alvim, e OLIVEIRA LEITE, Eduardo de (orgs.). *Repertório de Doutrina sobre Direito de Família. Aspectos Constitucionais, Civis e Processuais*. Vol. 4. São Paulo, Ed. RT, 1999.

REFERÊNCIAS BIBLIOGRÁFICAS

Informações adicionais sobre o tema

– Jurisprudência sobre o tema:
  http://www.mp.rs.gov.br/infancia/jurisp/idt260.htm
  http://www.mp.sp.gov.br/portal/page/portal/cao_infancia_juventude/jurisprudencia/juris_acordaos/juris_acordao_adocao
  http://www.tj.ce.gov.br/cejai/cejai_legislacao_jurisprudencia.asp
– Lei n. 10.447, de 9 de maio de 2002 – *Institui o Dia Nacional da Adoção*
– Conferência de Haia de Direito Internacional Privado (*www.hcch.net/index_en.php*)
– Convenção Interamericana sobre Tráfico Internacional de Menores (*www.mp.sp.gov.br/portal/page?_pageid=346,796200&_dad=portal&_schema=PORTAL*)
– Estados-membros que ratificaram a Convenção de Haia (*www.hcch.net/index_en.php?act=conventions.status&cid=69*)
– Secretaria Especial dos Direitos Humanos – Presidência da República (*http://www.presidencia.gov.br/estrutura_presidencia/sedh/*)
– Sistema de Informações para a Infância e Adolescência – Infoadote (*www.fisepe.pe.gov.br/sipia/paginas/relacao.htm*)

Anexos

Anexo 1 – Decreto n. 3.087, de 21 de junho de 1999 e Decreto Legislativo n. 1, de 1999. Anexo 2 – Decreto n. 3.174, de 16 de setembro de 1999. Anexo 3 – Decreto n. 5.491, de 18 de julho de 2005. Anexo 4 – Recomendação n. 02/2006/CNJ. Anexo 5 – Resolução n. 54, de 29 de abril de 2008. Anexo 6 – Portaria n. 815/1999-DG/DPF, de 28 de julho de 1999. Anexo 7 – Resoluções do Conselho das Autoridades Centrais Brasileiras. Anexo 8 – Ata da I Reunião Extraordinária das Comissões Temáticas do Conselho das Autoridades Centrais Brasileiras. Anexo 9 – Cartilha do Ministério da Justiça. Modelo de Requerimento de Autorização para Funcionamento de Organizações Estrangeiras sem fins Econômicos no Brasil. Modelo de Requerimento de Credenciamento de Entidades de Fomento à Adoção Internacional de Menores pela Autoridade Central Administrativa Federal. Formulários Exigidos pela Convenção de Haia. Relatório Médico da Criança (Medical Report on the Child). Certificado de Continuidade do Procedimento (Statement of Continuity of the Adoption); Certificado de Conformidade da Adoção Internacional (Certificate of Conformity of Intercountry Adoption). Anexo 10 – Critérios para Credenciamento de Organismos Internacionais que Atuam na Adoção Internacional. Anexo 11 – Roteiro para a Elaboração do Relatório Anual dos Organismos/Entidades que Atuam, em Solo Brasileiro, na Cooperação em Adoção Internacional. Anexo 12 – Endereços de Organismos Estrangeiros Credenciados. Endereços de CEJA/CEJAIS.

Anexo 1

Decreto n. 3.087, de 21 de junho de 1999
Promulga a Convenção Relativa à Proteção das Crianças e à Cooperação em Matéria de Adoção Internacional, concluída na Haia, em 29 de maio de 1993.

Formulários exigidos pela Convenção de Haia

O Presidente da República, no uso da atribuição que lhe confere o art. 84, inciso VIII, da Constituição,
Considerando que a Convenção Relativa à Proteção das Crianças e à Cooperação em Matéria de Adoção Internacional foi concluída em Haia, em 29 de maio de 1993;
Considerando que o Congresso Nacional aprovou o Ato Unilateral em epígrafe por meio do Decreto Legislativo n. 1, de 24 de janeiro de 1999;
Considerando que a Convenção em tela entrou em vigor internacional em 1º de maio de 1995;
Considerando que o Governo Brasileiro depositou o Instrumento de Ratificação da referida Convenção em 10 de março de 1999, passará a mesma a vigorar para o Brasil em 1º de julho de 1999, nos termos do § 2º de seu art. 46, DECRETA:

Art. 1º. A Convenção Relativa à Proteção das Crianças e à Cooperação em Matéria de Adoção Internacional concluída em Haia, em 29 de maio de 1993, apensa por cópia a este Decreto, deverá ser executada e cumprida tão inteiramente como nela se contém.

Art. 2º. Este Decreto entra em vigor na data de sua publicação. (*DOU* 117, 22.6.1999, p. 1)

Decreto Legislativo n. 1, de 1999

Aprova o texto da Convenção Relativa à Proteção das Crianças e à Cooperação em Matéria de Adoção Internacional, concluída em Haia, em 29 de maio de 1993.

Art. 1º. Fica aprovado o texto da Convenção Relativa à Proteção das Crianças e à Cooperação em Matéria de Adoção Internacional, concluída em Haia, em 29 de maio de 1993.

Parágrafo único. São sujeitos à aprovação do Congresso Nacional quaisquer atos que possam resultar em revisão à referida Convenção, bem como quaisquer ajustes complementares que, nos termos do inciso I do art. 49 da Constituição Federal, acarretem encargos ou compromissos gravosos ao patrimônio nacional.

Art. 2º. Este Decreto Legislativo entra em vigor na data de sua publicação.

Art. 3º. Revoga-se o Decreto Legislativo n. 63, de 19 de abril de 1995.

CONVENÇÃO RELATIVA À PROTEÇÃO DAS CRIANÇAS E À COOPERAÇÃO EM MATÉRIA DE ADOÇÃO INTERNACIONAL

Os Estados signatários da presente Convenção,

Reconhecendo que, para o desenvolvimento harmonioso de sua personalidade, a criança deve crescer em meio familiar, em clima de felicidade, de amor e de compreensão;

Recordando que cada país deveria tomar, com caráter prioritário, medidas adequadas para permitir a manutenção da criança em sua família de origem;

Reconhecendo que a adoção internacional pode apresentar a vantagem de dar uma família permanente à criança para quem não se possa encontrar uma família adequada em seu país de origem;

Convencidos da necessidade de prever medidas para garantir que as adoções internacionais sejam feitas no interesse superior da criança e com respeito a seus direitos fundamentais, assim como para prevenir o seqüestro, a venda ou o tráfico de crianças; e

Desejando estabelecer para esse fim disposições comuns que levem em consideração os princípios reconhecidos por instrumentos internacionais, em particular a Convenção das Nações Unidas sobre os Direitos da Criança, de 20 de novembro de 1989, e pela Declaração das Nações Unidas sobre os Princípios Sociais e Jurídicos Aplicáveis à Proteção e ao Bem-estar das Crianças, com Especial Referência às Práticas em Matéria de Adoção e de Colocação Familiar nos Planos Nacional e Internacional (Resolução da Assembléia Geral n. 41/1985, de 3 de dezembro de 1986), ACORDAM nas seguintes disposições:

CAPÍTULO I – Âmbito de Aplicação da Convenção

Artigo 1 – A presente Convenção tem por objetivo:

a) estabelecer garantias para que as adoções internacionais sejam feitas segundo o interesse superior da criança e com respeito aos direitos fundamentais que lhe reconhece o Direito Internacional;

b) instaurar um sistema de cooperação entre os Estados Contratantes que assegure o respeito às mencionadas garantias e, em conseqüência, previna o seqüestro, a venda ou o tráfico de crianças;

c) assegurar o reconhecimento nos Estados Contratantes das adoções realizadas segundo a Convenção.

Artigo 2 – 1. A Convenção será aplicada quando uma criança com residência habitual em um Estado Contratante ("o Estado de origem") tiver sido, for, ou deva ser deslocada para outro Estado Contratante ("o Estado de acolhida"), quer após sua adoção no Estado de origem por cônjuges ou por uma pessoa residente habitualmente no Estado de acolhida, quer para que essa adoção seja realizada, no Estado de acolhida ou no Estado de origem.

2. A Convenção somente abrange as adoções que estabeleçam um vínculo de filiação.

Artigo 3 – A Convenção deixará de ser aplicável se as aprovações previstas no artigo 17, alínea "c", não forem concedidas antes que a criança atinja a idade de dezoito anos.

CAPÍTULO II – Requisitos para as Adoções Internacionais

Artigo 4 – As adoções abrangidas por esta Convenção só poderão ocorrer quando as autoridades competentes do Estado de origem:

a) tiverem determinado que a criança é adotável;

b) tiverem verificado, depois de haver examinado adequadamente as possibilidades de colocação da criança em seu Estado de origem, que uma adoção internacional atende ao interesse superior da criança;

c) tiverem se assegurado de:

1) que as pessoas, instituições e autoridades cujo consentimento se requeira para a adoção hajam sido convenientemente orientadas e devidamente informadas das conseqüências de seu consentimento, em particular em relação à manutenção ou à ruptura, em virtude da adoção, dos vínculos jurídicos entre a criança e sua família de origem;

2) que estas pessoas, instituições e autoridades tenham manifestado seu consentimento livremente, na forma legal prevista, e que este consentimento se tenha manifestado ou constatado por escrito;

3) que os consentimentos não tenham sido obtidos mediante pagamento ou compensação de qualquer espécie nem tenham sido revogados, e

4) que o consentimento da mãe, quando exigido, tenha sido manifestado após o nascimento da criança; e

d) tiverem se assegurado, observada a idade e o grau de maturidade da criança, de:

1) que tenha sido a mesma convenientemente orientada e devidamente informada sobre as conseqüências de seu consentimento à adoção, quando este for exigido;

2) que tenham sido levadas em consideração a vontade e as opiniões da criança;

3) que o consentimento da criança à adoção, quando exigido, tenha sido dado livremente, na forma legal prevista, e que este consentimento tenha sido manifestado ou constatado por escrito;

4) que o consentimento não tenha sido induzido mediante pagamento ou compensação de qualquer espécie.

Artigo 5 – As adoções abrangidas por esta Convenção só poderão ocorrer quando as autoridades competentes do Estado de acolhida:

a) tiverem verificado que os futuros pais adotivos encontram-se habilitados e aptos para adotar;

b) tiverem se assegurado de que os futuros pais adotivos foram convenientemente orientados;

c) tiverem verificado que a criança foi ou será autorizada a entrar e a residir permanentemente no Estado de acolhida.

CAPÍTULO III – Autoridades Centrais e Organismos Credenciados

Artigo 6 – 1. Cada Estado Contratante designará uma Autoridade Central encarregada de dar cumprimento às obrigações impostas pela presente Convenção.

2. Um Estado federal, um Estado no qual vigoram diversos sistemas jurídicos ou um Estado com unidades territoriais autônomas poderá designar mais de uma Autoridade Central e especificar o âmbito territorial ou pessoal de suas funções. O Estado que fizer uso dessa faculdade designará a Autoridade Central à qual poderá ser dirigida toda a comunicação para sua transmissão à Autoridade Central competente dentro desse Estado.

Artigo 7 – 1. As Autoridades Centrais deverão cooperar entre si e promover a colaboração entre as autoridades competentes de seus respectivos Estados a fim de assegurar a proteção das crianças e alcançar os demais objetivos da Convenção.

2. As Autoridades Centrais tomarão, diretamente, todas as medidas adequadas para:

a) fornecer informações sobre a legislação de seus Estados em matéria de adoção e outras informações gerais, tais como estatísticas e formulário padronizados;

b) informar-se mutuamente sobre o funcionamento da Convenção e, na medida do possível, remover os obstáculos para sua aplicação.

Artigo 8 – As Autoridades Centrais tomarão, diretamente ou com a cooperação de autoridades públicas, todas as medidas apropriadas para prevenir benefícios materiais induzidos por ocasião de uma adoção e para impedir qualquer prática contrária aos objetivos da Convenção.

Artigo 9 – As Autoridades Centrais tomarão todas as medidas apropriadas, seja diretamente ou com a cooperação de autoridades públicas ou outros organismos devidamente credenciados em seu Estado, em especial para:

a) reunir, conservar e permutar informações relativas à situação da criança e dos futuros pais adotivos, na medida necessária à realização da adoção;

b) facilitar, acompanhar e acelerar o procedimento de adoção;

c) promover o desenvolvimento de serviços de orientação em matéria de adoção e de acompanhamento das adoções em seus respectivos Estados;

d) permutar relatórios gerais de avaliação sobre as experiências em matéria de adoção internacional;

e) responder, nos limites da lei do seu Estado, às solicitações justificadas de informações a respeito de uma situação particular de adoção formuladas por outras Autoridades Centrais ou por autoridades públicas.

Artigo 10 – Somente poderão obter e conservar o credenciamento os organismos que demonstrarem sua aptidão para cumprir corretamente as tarefas que lhe possam ser confiadas.

Artigo 11 – Um organismo credenciado deverá:

a) perseguir unicamente fins não-lucrativos, nas condições e dentro dos limites fixados pelas autoridades competentes do Estado que o tiver credenciado;

b) ser dirigido e administrado por pessoas qualificadas por sua integridade moral e por sua formação ou experiência para atuar na área de adoção internacional;

c) estar submetido à supervisão das autoridades competentes do referido Estado no que tange à sua composição, funcionamento e situação financeira.

Artigo 12 – Um organismo credenciado em um Estado Contratante somente poderá atuar em outro Estado Contratante se tiver sido autorizado pelas autoridades competentes de ambos os Estados.

Artigo 13 – A designação das Autoridades Centrais e, quando for o caso, o âmbito de suas funções, assim como os nomes e endereços dos organismos credenciados, devem ser comunicados por cada Estado Contratante ao *Bureau* Permanente da Conferência da Haia de Direito Internacional Privado.

CAPÍTULO IV – Requisitos Processuais para a Adoção Internacional

Artigo 14 – As pessoas com residência habitual em um Estado Contratante, que desejam adotar uma criança cuja residência habitual seja em outro Estado Contratante, deverão dirigir-se à Autoridade Central do Estado de sua residência habitual.

Artigo 15 – 1. Se a Autoridade Central do Estado de acolhida considerar que os solicitantes estão habilitados e aptos para adotar, a mesma preparará um relatório que contenha informações sobre a identidade, a capacidade jurídica e adequação dos solicitantes para adotar, sua situação pessoal, familiar e médica, seu meio social, os motivos que os animam, sua aptidão para assumir uma adoção internacional, assim como sobre as crianças de que eles estariam em condições de tomar a seu cargo.

2. A Autoridade Central do Estado de acolhida transmitirá o relatório à Autoridade Central do Estado de origem.

Artigo 16 – 1. Se a Autoridade Central do Estado de origem considerar que a criança é adotável, deverá:

a) preparar um relatório que contenha informações sobre a identidade da criança, sua adotabilidade, seu meio social, sua evolução pessoal e familiar, seu histórico médico pessoal e familiar, assim como quaisquer necessidades particulares da criança;

b) levar em conta as condições de educação da criança, assim como sua origem étnica, religiosa e cultural;

c) assegurar-se de que os consentimentos tenham sido obtidos de acordo com o artigo 4; e

d) verificar, baseando-se especialmente nos relatórios relativos à criança e aos futuros pais adotivos, se a colocação prevista atende ao interesse superior da criança.

2. A Autoridade Central do Estado de origem transmitirá à Autoridade Central do Estado de acolhida seu relatório sobre a criança, a prova dos consentimentos requeridos e as razões que justificam a colocação, cuidando para não revelar a identidade da mãe e do pai, caso a divulgação dessas informações não seja permitida no Estado de origem.

Artigo 17 – Toda decisão de confiar uma criança aos futuros pais adotivos somente poderá ser tomada no Estado de origem se:

a) a Autoridade Central do Estado de origem tiver se assegurado de que os futuros pais adotivos manifestaram sua concordância;

b) a Autoridade Central do Estado de acolhida tiver aprovado tal decisão, quando esta aprovação for requerida pela lei do Estado de acolhida ou pela Autoridade Central do Estado de origem;

c) as Autoridades Centrais de ambos os Estados estiverem de acordo em que se prossiga com a adoção; e

d) tiver sido verificado, de conformidade com o artigo 5, que os futuros pais adotivos estão habilitados e aptos a adotar e que a criança está ou será autorizada a entrar e residir permanentemente no Estado de acolhida.

Artigo 18 – As Autoridades Centrais de ambos os Estados tomarão todas medidas necessárias para que a criança receba a autorização de saída do Estado de origem, assim como aquela de entrada e de residência permanente no Estado de acolhida.

Artigo 19 – 1. O deslocamento da criança para o Estado de acolhida só poderá ocorrer quando tiverem sido satisfeitos os requisitos do artigo 17.

2. As Autoridades Centrais dos dois Estados deverão providenciar para que o deslocamento se realize com toda a segurança, em condições adequadas e, quando possível, em companhia dos pais adotivos ou futuros pais adotivos.

3. Se o deslocamento da criança não se efetivar, os relatórios a que se referem os artigos 15 e 16 serão restituídos às autoridades que os tiverem expedido.

Artigo 20 – As Autoridades Centrais manter-se-ão informadas sobre o procedimento de adoção, sobre as medidas adotadas para levá-la a efeito, assim como sobre o desenvolvimento do período probatório, se este for requerido.

Artigo 21 – 1. Quando a adoção deva ocorrer, após o deslocamento da criança, para o Estado de acolhida e a Autoridade Central desse Estado considerar que a manutenção da criança na família de acolhida já não responde ao seu interesse superior, essa Autoridade Central tomará as medidas necessárias à proteção da criança, especialmente de modo a:

a) retirá-la das pessoas que pretendem adotá-la e assegurar provisoriamente seu cuidado;

b) em consulta com a Autoridade Central do Estado de origem, assegurar, sem demora, uma nova colocação da criança com vistas à sua adoção ou, em sua falta, uma colocação alternativa de caráter duradouro. Somente poderá ocorrer uma adoção se a Autoridade Central do Estado de origem tiver sido devidamente informada sobre os novos pais adotivos;

c) como último recurso, assegurar o retorno da criança ao Estado de origem, se assim o exigir o interesse da mesma.

2. Tendo em vista especialmente a idade e o grau de maturidade da criança, esta deverá ser consultada e, neste caso, deve-se obter seu consentimento em relação às medidas a serem tomadas, em conformidade com o presente artigo.

Artigo 22 – 1. As funções conferidas à Autoridade Central pelo presente Capítulo poderão ser exercidas por autoridades públicas ou por organismos credenciados de conformidade com o Capítulo III, e sempre na forma prevista pela lei de seu Estado.

2. Um Estado Contratante poderá declarar ante o Depositário da Convenção que as funções conferidas à Autoridade Central pelos artigos 15 a 21 poderão também ser exercias nesse Estado, dentro dos limites permitidos pela lei e sob o controle das autoridades competentes desse Estado, por organismos e pessoas que:

a) satisfizerem as condições de integridade moral, de competência profissional, experiência e responsabilidade exigidas pelo mencionado Estado;

b) forem qualificados por seus padrões éticos e sua formação e experiência para atuar na área de adoção internacional.

3. O Estado Contratante que efetuar a declaração prevista no parágrafo 2 informará com regularidade ao *Bureau* Permanente da Conferência da Haia de Direito Internacional Privado os nomes e endereços desses organismos e pessoas.

4. Um Estado Contratante poderá declarar ante o Depositário da Convenção que as adoções de crianças cuja residência habitual estiver situada em seu território somente poderão ocorrer se as funções conferidas às Autoridades Centrais forem exercidas de acordo com o parágrafo 1.

5. Não obstante qualquer declaração efetuada de conformidade com o parágrafo 2, os relatórios previstos nos artigos 15 e 16 serão, em todos os casos, elaborados sob a responsabilidade da Autoridade Central ou de outras autoridades ou organismos, de conformidade com o parágrafo 1.

CAPÍTULO V – Reconhecimento e Efeitos da Adoção

Artigo 23 – 1. Uma adoção certificada em conformidade com a Convenção, pela autoridade competente do Estado onde ocorreu, será reconhecida de pleno direito pelos demais Estados Contratantes. O certificado deverá especificar quando e quem outorgou os assentimentos previstos no artigo 17, alínea "c".

2. Cada Estado Contratante, no momento da assinatura, ratificação, aceitação, aprovação ou adesão, notificará ao Depositário da Convenção a identidade e as funções da autoridade ou das autoridades que, nesse Estado, são competentes para expedir esse certificado, bem como lhe notificará, igualmente, qualquer modificação na designação dessas autoridades.

Artigo 24 – O reconhecimento de uma adoção só poderá ser recusado em um Estado Contratante se a adoção for manifestamente contrária à sua ordem pública, levando em consideração o interesse superior da criança.

Artigo 25 – Qualquer Estado Contratante poderá declarar ao Depositário da Convenção que não se considera obrigado, em virtude desta, a reconhecer as adoções feitas de conformidade com um acordo concluído com base no artigo 39, parágrafo 2.

Artigo 26 – 1. O reconhecimento da adoção implicará o reconhecimento:

a) do vínculo de filiação entre a criança e seus pais adotivos;

b) da responsabilidade paterna dos pais adotivos a respeito da criança;

c) da ruptura do vínculo de filiação preexistente entre a criança e sua mãe e seu pai, se a adoção produzir este efeito no Estado Contratante em que ocorreu.

2. Se a adoção tiver por efeito a ruptura do vínculo preexistente de filiação, a criança gozará, no Estado de acolhida e em qualquer outro Estado Contratante no qual se reconheça a adoção, de direitos equivalentes aos que resultem de uma adoção que produza tal efeito em cada um desses Estados.

3. Os parágrafos precedentes não impedirão a aplicação de quaisquer disposições mais favoráveis à criança, em vigor no Estado Contratante que reconheça a adoção.

Artigo 27 – 1. Se uma adoção realizada no Estado de origem não tiver como efeito a ruptura do vínculo preexistente de filiação, o Estado de acolhida que reconhecer a adoção de conformidade com a Convenção poderá convertê-la em uma adoção que produza tal efeito, se:

a) a lei do Estado de acolhida o permitir; e

b) os consentimentos previstos no artigo 4, alíneas "c" e "d", tiverem sido ou forem outorgados para tal adoção.

2. O artigo 23 aplica-se à decisão sobre a conversão.

CAPÍTULO VI – Disposições Gerais

Artigo 28 – A Convenção não afetará nenhuma lei do Estado de origem que requeira que a adoção de uma criança residente habitualmente nesse Estado ocorra nesse Estado, ou que proíba a colocação da criança no Estado de acolhida ou seu deslocamento ao Estado de acolhida antes da adoção.

Artigo 29 – Não deverá haver nenhum contato entre os futuros pais adotivos e os pais da criança ou qualquer outra pessoa que detenha a sua guarda até que se tenham cumprido as disposições do artigo 4, alíneas "a" a "c", e do artigo 5, alínea "a", salvo os casos em que a adoção for efetuada entre membros de uma mesma família ou em que as condições fixadas pela autoridade competente do Estado de origem forem cumpridas.

Artigo 30 – 1. As autoridades competentes de um Estado Contratante tomarão providências para a conservação das informações de que dispuserem relativamente à origem da criança e, em particular, a respeito da identidade de seus pais, assim como sobre o histórico médico da criança e de sua família.

2. Essas autoridades assegurarão o acesso, com a devida orientação, da criança ou de seu representante legal, a estas informações, na medida em que o permita a lei do referido Estado.

Artigo 31 – Sem prejuízo do estabelecido no artigo 30, os dados pessoais que forem obtidos ou transmitidos de conformidade com a Convenção, em particular aqueles a que se referem os artigos 15 e 16, não poderão ser utilizados para fins distintos daqueles para os quais foram colhidos ou transmitidos.

Artigo 32 – 1. Ninguém poderá obter vantagens materiais indevidas em razão de intervenção em uma adoção internacional.

2. Só poderão ser cobrados e pagos os custos e as despesas, inclusive os honorários profissionais razoáveis, de pessoas que tenham intervindo na adoção.

3. Os dirigentes, administradores e empregados dos organismos intervenientes em uma adoção não poderão receber remuneração desproporcional em relação aos serviços prestados.

Artigo 33 – Qualquer autoridade competente, ao verificar que uma disposição da Convenção foi desrespeitada ou que existe risco manifesto de que venha a sê-lo, informará imediatamente a Autoridade Central de seu Estado, a qual terá a responsabilidade de assegurar que sejam tomadas as medidas adequadas.

Artigo 34 – Se a autoridade competente do Estado destinatário de um documento requerer que se faça deste uma tradução certificada, esta deverá ser fornecida. Salvo dispensa, os custos de tal tradução estarão a cargo dos futuros pais adotivos.

Artigo 35 – As autoridades competentes dos Estados Contratantes atuarão com celeridade nos procedimentos de adoção.

Artigo 36 – Em relação a um Estado que possua, em matéria de adoção, dois ou mais sistemas jurídicos aplicáveis em diferentes unidades territoriais:

a) qualquer referência à residência habitual nesse Estado será entendida como relativa à residência habitual em uma unidade territorial do dito Estado;

b) qualquer referência à lei desse Estado será entendida como relativa à lei vigente na correspondente unidade territorial;

c) qualquer referência às autoridades competentes ou às autoridades públicas desse Estado será entendida como relativa às autoridades autorizadas para atuar na correspondente unidade territorial;

d) qualquer referência aos organismos credenciados do dito Estado será entendida como relativa aos organismos credenciados na correspondente unidade territorial.

Artigo 37 – No tocante a um Estado que possua, em matéria de adoção, dois ou mais sistemas jurídicos aplicáveis a categorias diferentes de pessoas, qualquer referência à lei desse Estado será entendida como ao sistema jurídico indicado pela lei do dito Estado.

Artigo 38 – Um Estado em que distintas unidades territoriais possuam suas próprias regras de Direito em matéria de adoção não estará obrigado a aplicar a Convenção nos casos em que um Estado de sistema jurídico único não estiver obrigado a fazê-lo.

Artigo 39 – 1. A Convenção não afeta os instrumentos internacionais em que os Estados Contratantes sejam partes e que contenham disposições sobre as matérias reguladas pela presente Convenção, salvo declaração em contrário dos Estados vinculados pelos referidos instrumentos internacionais.

2. Qualquer Estado Contratante poderá concluir com um ou mais Estados Contratantes acordos para favorecer a aplicação da Convenção em suas relações recíprocas. Esses acordos somente poderão derrogar as disposições contidas nos artigos 14 a 16 e 18 a 21. Os Estados que concluírem tais acordos transmitirão uma cópia dos mesmos ao Depositário da presente Convenção.

Artigo 40 – Nenhuma reserva à Convenção será admitida.

Artigo 41 – A Convenção será aplicada às solicitações formuladas em conformidade com o artigo 14 e recebidas depois da entrada em vigor da Convenção no Estado de acolhida e no Estado de origem.

Artigo 42 – O Secretário-Geral da Conferência da Haia de Direito Internacional Privado convocará periodicamente uma Comissão Especial para examinar o funcionamento prático da Convenção.

CAPÍTULO VII – Cláusulas Finais

Artigo 43 – 1. A Convenção estará aberta à assinatura dos Estados que eram membros da Conferência da Haia de Direito Internacional Privado quando da Décima-Sétima Sessão, e aos demais Estados participantes da referida Sessão.

2. Ela será ratificada, aceita ou aprovada e os instrumentos de ratificação, aceitação ou aprovação serão depositados no Ministério dos Negócios Estrangeiros do Reino dos Países Baixos, Depositário da Convenção.

Artigo 44 – 1. Qualquer outro Estado poderá aderir à Convenção depois de sua entrada em vigor, conforme o disposto no artigo 46, parágrafo 1.

2. O instrumento de adesão deverá ser depositado junto ao Depositário da Convenção.

3. A adesão somente surtirá efeitos nas relações entre o Estado aderente e os Estados Contratantes que não tiverem formulado objeção à sua adesão nos seis meses seguintes ao recebimento da notificação a que se refere o artigo 48, alínea "b". Tal objeção poderá igualmente ser formulada por qualquer outro Estado no momento da ratificação, aceitação ou aprovação da Convenção, posterior à adesão. As referidas objeções deverão ser notificadas ao Depositário.

Artigo 45 – 1. Quando um Estado compreender duas ou mais unidades territoriais nas quais se apliquem sistemas jurídicos diferentes em relação às questões reguladas pela presente Convenção, poderá declarar, no momento da assinatura, da ratificação, da aceitação, da aprovação ou da adesão, que a presente Convenção será aplicada a todas as suas unidades territoriais ou somente a uma ou várias delas. Essa declaração poderá ser modificada por meio de nova declaração a qualquer tempo.

2. Tais declarações serão notificadas ao Depositário, indicando-se expressamente as unidades territoriais às quais a Convenção será aplicável.

3. Caso um Estado não formule nenhuma declaração na forma do presente artigo, a Convenção será aplicada à totalidade do território do referido Estado.

Artigo 46 – 1. A Convenção entrará em vigor no primeiro dia do mês seguinte à expiração de um período de três meses contados da data do depósito do terceiro instrumento de ratificação, de aceitação ou de aprovação previsto no artigo 43.

2. Posteriormente, a Convenção entrará em vigor:

a) para cada Estado que a ratificar, aceitar ou aprovar posteriormente, ou apresentar adesão à mesma, no primeiro dia do mês seguinte à expiração de um período de três meses depois do depósito de seu instrumento de ratificação, aceitação, aprovação ou adesão;

b) para as unidades territoriais às quais se tenha estendido a aplicação da Convenção conforme o disposto no artigo 45, no primeiro dia do mês seguinte à expiração de um período de três meses depois da notificação prevista no referido artigo.

Artigo 47 – 1. Qualquer Estado-parte na presente Convenção poderá denunciá-la mediante notificação por escrito, dirigida ao Depositário.

2. A denúncia surtirá efeito no primeiro dia do mês subseqüente à expiração de um período de doze meses da data de recebimento da notificação pelo Depositário. Caso a notificação fixe um período maior para que a denúncia surta efeito, esta surtirá efeito ao término do referido período a contar da data do recebimento da notificação.

Artigo 48 – O Depositário notificará aos Estados-membros da Conferência da Haia de Direito Internacional Privado, assim como aos demais Estados participantes da Décima-Sétima Sessão e aos Estados que tiverem aderido à Convenção de conformidade com o disposto no artigo 44:

a) as assinaturas, ratificações, aceitações e aprovações a que se refere o artigo 43;

b) as adesões e as objeções às adesões a que se refere o artigo 44;

c) a data em que a Convenção entrará em vigor de conformidade com as disposições do artigo 46;

d) as declarações e designações a que se referem os artigos 22, 23, 25 e 45;

e) os acordos a que se refere o artigo 39;

f) as denúncias a que se refere o artigo 47.

Em testemunho do quê, os abaixo-assinados, devidamente autorizados, firmaram a presente Convenção.

Feita na Haia, em 29 de maio de 1993, nos idiomas Francês e Inglês, sendo ambos os textos igualmente autênticos, em um único exemplar, o qual será depositado nos arquivos do Governo do Reino dos Países Baixos e do qual uma cópia certificada será enviada, por via diplomática, a cada um dos Estados-membros da Conferência da Haia de Direito Internacional Privado por ocasião da Décima-Sétima Sessão, assim como a cada um dos demais Estados que participaram desta Sessão.

ANEXO 2

Decreto n. 3.174, de 16 de setembro de 1999

Designa as Autoridades Centrais encarregadas de dar cumprimento às obrigações impostas pela Convenção Relativa à Proteção das Crianças e à Cooperação em Matéria de Adoção Internacional, institui o Programa Nacional de Cooperação em Adoção Internacional e cria o Conselho das Autoridades Centrais Administrativas Brasileiras.

Art. 1º. Fica designada como Autoridade Central Federal, a que se refere o artigo 6 da Convenção Relativa à Proteção das Crianças e à Cooperação em Matéria de Adoção Internacional, concluída na Haia, em 29 de maio de 1993, aprovada pelo Decreto Legislativo n. 1, de 14 de janeiro de 1999, e promulgada pelo Decreto n. 3.087, de 21 de junho de 1999, a Secretaria de Estado dos Direitos Humanos do Ministério da Justiça.

Art. 2º. Compete à Autoridade Central Federal:

I – representar os interesses do Estado Brasileiro na preservação dos direitos e das garantias individuais das crianças e dos adolescentes dados em adoção internacional, observada a Convenção a que se refere o artigo anterior;

II – receber todas as comunicações oriundas das Autoridades Centrais dos Estados Contratantes e transmiti-las, se for o caso, às Autoridades Centrais dos Estados federados brasileiros e do Distrito Federal;

III – cooperar com as Autoridades Centrais dos Estados Contratantes e promover ações de cooperação técnica e colaboração entre as Autoridades

Centrais dos Estados federados brasileiros e do Distrito Federal, a fim de assegurar a proteção das crianças e alcançar os demais objetivos da Convenção;

IV – tomar as medidas adequadas para:

a) fornecer informações sobre a legislação brasileira em matéria de adoção;

b) fornecer dados estatísticos e formulários padronizados;

c) informar-se mutuamente sobre as medidas operacionais decorrentes da aplicação da Convenção e, na medida do possível, remover os obstáculos que se apresentarem;

V – promover o credenciamento dos organismos que atuem em adoção internacional no Estado Brasileiro, verificando se também estão credenciados pela Autoridade Central do Estado Contratante de onde são originários, comunicando o credenciamento ao *Bureau* Permanente da Conferência da Haia de Direito Internacional Privado;

VI – gerenciar banco de dados, para análise e decisão quanto:

a) aos nomes dos pretendentes estrangeiros habilitados;

b) aos nomes dos pretendentes estrangeiros considerados inidôneos pelas Autoridades Centrais dos Estados federados e do Distrito Federal;

c) aos nomes das crianças e dos adolescentes disponíveis para adoção por candidatos estrangeiros;

d) aos casos de adoção internacional deferidos;

e) às estatísticas relativas às informações sobre adotantes e adotados, fornecidas pelas Autoridades Centrais de cada Estado Contratante;

VII – fornecer ao Ministério das relações Exteriores os dados a respeito das crianças e dos adolescentes adotados, contidos no banco de dados mencionado no inciso anterior, para que os envie às Repartições Consulares brasileiras incumbidas de efetuar a matrícula dos brasileiros residentes no exterior, independentemente do fato da recepção automática da sentença do juiz nacional e da assunção da nacionalidade do Estado de acolhida;

VIII – tomar, em conjunto com as Autoridades Centrais dos Estados federados e do Distrito Federal, diretamente ou com a colaboração de outras autoridades públicas, todas as medidas apropriadas para prevenir benefícios materiais induzidos por ocasião de uma adoção e para impedir quaisquer práticas contrárias aos objetivos da Convenção mencionada neste Decreto.

Parágrafo único. O credenciamento previsto no inciso V deste artigo deverá ser precedido do cadastramento estabelecido no art. 7º do Decreto n. 2.381, de 12 de novembro de 1997, que regulamenta a Lei Complementar n. 89, de 18 de fevereiro de 1997.

Art. 3º. É instituído, no âmbito do Departamento da Criança e do Adolescente, o Programa Nacional de Cooperação em Adoção Internacional, cujas atribuições e competências serão definidas em Regimento Interno.

Art. 4º. Ficam designadas como Autoridades Centrais no âmbito dos Estados federados e do Distrito Federal as Comissões Estaduais Judiciárias de Adoção, previstas no art. 52 da Lei n. 8.069, de 13 de julho de 1990, ou os órgãos análogos com distinta nomenclatura, aos quais compete exercer as atribuições operacionais e procedimentais que não se incluam naquelas de natureza administrativa a cargo da Autoridade Central Federal, respeitadas as determinações das respectivas leis de organização judiciária e normas locais que a instituíram.

Parágrafo único. As competências das Autoridades Centrais dos Estados federados e do Distrito Federal serão exercidas pela Autoridade Central Federal, quando no respectivo ente federado inexistir Comissão Estadual Judiciária de Adoção ou órgão com atribuições análogas.

Art. 5º. Fica criado o Conselho das Autoridades Centrais Brasileiras, composto pelos seguintes membros:

I – Autoridade Central Federal, que o presidirá;

II – um representante de cada Autoridade Central dos Estados federados e do Distrito Federal;

III – um representante do Ministério das Relações Exteriores; e

IV – um representante do Departamento de Polícia Federal.

Parágrafo único. O Conselho das Autoridades Centrais Brasileiras reunir-se-á semestralmente para avaliar os trabalhos efetuados no período e traçar políticas e linhas de ação comuns, objetivando o cumprimento adequado, pelo Brasil, das responsabilidades assumidas por força da ratificação da Convenção Relativa à Proteção das Crianças e à Cooperação em Matéria de Adoção Internacional.

Art. 6º. Este Decreto entra em vigor na data de sua publicação. (*DOU*, Seção I, 17.9.1999, p. 2)

ANEXO 3

Decreto n. 5.491, de 18 de julho de 2005
Regulamenta a atuação de organismos estrangeiros e nacionais de adoção internacional.

CAPÍTULO I – Do Credenciamento de Organismos Nacionais e Estrangeiros que Atuam em Adoção Internacional

Art. 1º. Fica instituído o credenciamento de todos os organismos nacionais e estrangeiros que atuam em adoção internacional no Estado Brasileiro, no âmbito da Autoridade Central Administrativa Federal.

Parágrafo único. O credenciamento de que trata este artigo é requisito obrigatório para posterior credenciamento junto à Autoridade Central do país de origem da criança, bem como para efetuar quaisquer procedimentos junto às Autoridades Centrais dos Estados Federados e do Distrito Federal, na forma do Decreto n. 3.174, de 16 de setembro de 1999.

Art. 2º. Entende-se como organismos nacionais associações brasileiras sem fins lucrativos, que atuem em outros países exclusivamente na adoção internacional de crianças e adolescentes estrangeiros por brasileiros.

Art. 3º. Entende-se como organismos estrangeiros associações estrangeiras sem fins lucrativos, que atuem em adoção internacional de crianças e adolescentes brasileiros, no Estado Brasileiro.

Art. 4º. Os organismos nacionais e estrangeiros que atuam em adoção internacional deverão:

I – estar devidamente credenciado pela Autoridade Central Administrativa Federal, se organismo nacional;

II – estar devidamente credenciado pela Autoridade Central de seu país de origem e ter solicitado à Coordenação-Geral de Justiça, Classificação, Títulos e Qualificação, da Secretaria Nacional de Justiça do Ministério da Justiça, autorização para funcionamento no Brasil, para fins de reconhecimento da personalidade jurídica às organizações estrangeiras, na forma do Decreto-lei n. 4.657, de 4 de setembro de 1942, se organismo estrangeiro;

III – estar de posse do registro assecuratório, obtido junto ao Departamento de Polícia Federal, nos termos da Portaria n. 815/99-DG/DPF, de 28 de julho de 1999;

IV – perseguir unicamente fins não-lucrativos, nas condições e dentro dos limites fixados pela Autoridade Central Administrativa Federal; e

V – ser dirigido e administrado por pessoas qualificadas por sua integridade moral e por sua formação ou experiência para atuar na área de adoção internacional, cadastradas pelo Departamento de Polícia Federal e aprovadas pela Autoridade Central Administrativa Federal, mediante publicação de portaria do Titular da Secretaria Especial dos Direitos Humanos da Presidência da República.

Art. 5º. O organismo nacional ou estrangeiro credenciado deverá:

I – prestar, a qualquer tempo, todas as informações que lhe forem solicitadas pela Autoridade Central Administrativa Federal;

II – apresentar, a cada ano, contado da data de publicação da portaria de credenciamento, à Autoridade Central Administrativa Federal relatório geral das atividades desenvolvidas, bem como relatório de acompanhamento das adoções internacionais efetuadas no período, cuja cópia será encaminhada ao Departamento de Polícia Federal; e

III – requerer renovação do credenciamento a cada dois anos de funcionamento, no período de trinta dias que antecede o vencimento do prazo, de acordo com a data de publicação da portaria de credenciamento.

§ 1º. A não-prestação de informações solicitadas pela Autoridade Central Administrativa Federal poderá acarretar a suspensão do credenciamento do organismo pelo prazo de até seis meses.

§ 2º. A não-apresentação do relatório anual pelo organismo credenciado poderá acarretar a suspensão de seu credenciamento pelo prazo de até um ano.

Art. 6º. O organismo nacional e o organismo estrangeiro credenciados estarão submetidos à supervisão da Autoridade Central Administrativa Federal e demais órgãos competentes, no que tange à sua composição, funcionamento, situação financeira e cumprimento das obrigações estipuladas no art. 5º deste Decreto.

Art. 7º. A Autoridade Central Administrativa Federal poderá, a qualquer momento que julgue conveniente, solicitar informes sobre a situação das crianças e adolescentes adotados.

Art. 8º. Na hipótese de o representante cadastrado substabelecer os poderes recebidos do organismo nacional ou estrangeiro representado, com ou sem reservas, o substabelecido somente poderá atuar nos procedimentos após efetuar o seu cadastro junto ao Departamento de Polícia Federal, que dará ciência à Autoridade Central Administrativa Federal. *(Redação dada pelo Decreto n. 5.947/2006)*

Art. 9º. A cobrança de valores por parte dos organismos credenciados, que sejam considerados abusivos pela Autoridade Central Administrativa Federal e que não estejam devidamente comprovados, poderá acarretar o descredenciamento do organismo.

Art. 10. É proibida a representação de mais de uma entidade credenciada para atuar na cooperação em adoção internacional por uma mesma pessoa ou seu cônjuge, sócio, parente em linha reta, colateral até quarto grau ou por afinidade.

Art. 11. É proibido o contato direto de representantes de organismos de adoção, nacionais ou estrangeiros, com dirigentes de abrigos, ou crianças em situação de adotabilidade, sem a devida autorização judicial.

Art. 12. A Autoridade Central Administrativa Federal poderá limitar ou suspender a concessão de novos credenciamentos sempre que julgar necessário, mediante ato administrativo fundamentado.

CAPÍTULO II – Dos Organismos Nacionais que Atuam em Adoção Internacional em outros Países

Art. 13. O organismo nacional credenciado deverá comunicar à Autoridade Central Administrativa Federal em quais países estão atuando os seus representantes, assim como qualquer alteração de estatuto ou composição de seus dirigentes e representantes.

Art. 14. O requerimento de credenciamento dos organismos nacionais que atuam na cooperação em adoção internacional deverá ser dirigido ao Titular da Secretaria Especial dos Direitos Humanos.

Art. 15. O credenciamento dos organismos nacionais que atuam em adoção internacional em outros países será expedido em portaria do Titular da Secretaria Especial dos Direitos Humanos, após observado parecer da Coordenação-Geral do Departamento de Polícia Federal.

Art. 16. O Certificado de Cadastramento expedido pela Coordenação-Geral do Departamento de Polícia Federal não autoriza qualquer organismo nacional a atuar em adoção internacional em outros países, sendo necessário o credenciamento junto à Autoridade Central Administrativa Federal.

CAPÍTULO III – Dos Organismos Estrangeiros que Atuam em Adoção Internacional no Estado Brasileiro

Art. 17. O organismo estrangeiro credenciado terá como obrigações:

I – comunicar à Autoridade Central Administrativa Federal em quais Estados da Federação estão atuando os seus representantes, assim como qualquer alteração de estatuto ou composição de seus dirigentes e representantes;

II – tomar as medidas necessárias para garantir que a criança ou adolescente brasileiro saia do país com o passaporte brasileiro devidamente expedido e com visto de adoção emitido pelo consulado do país de acolhida;

III – tomar as medidas necessárias para garantir que os adotantes encaminhem cópia à Autoridade Central Administrativa Federal da certidão de registro de nascimento estrangeira e do certificado de nacionalidade tão logo lhes sejam concedidos;

IV – apresentar relatórios semestrais à Autoridade Central Administrativa Federal de acompanhamento do adotado, até que se conceda a nacionalidade no país de residência dos adotantes; *(redação dada pelo Decreto n. 5.947/2006)*

V – apresentar relatórios semestrais de acompanhamento do adotado às Comissões Estaduais Judiciárias de Adoção Internacional – CEJAIs pelo período mínimo de dois anos, independentemente da concessão da nacionalidade do adotado no país de residência dos adotantes. *(Incluído pelo Decreto n. 5.947/2006)*

Art. 18. O credenciamento dos organismos estrangeiros que atuam na cooperação em adoção internacional será expedido por meio de portaria do Titular da Secretaria Especial dos Direitos Humanos, após observados os pareceres da Coordenação-Geral de Justiça, Classificação, Títulos e Qualificação, da Secretaria Nacional de Justiça do Ministério da Justiça; da Divisão de Assistência Consular, do Ministério das Relações Exteriores e da Coordenação-Geral do Departamento de Polícia Federal.

Art. 19. O Certificado de Cadastramento expedido pela Coordenação-Geral do Departamento de Polícia Federal, por si só, não autoriza qualquer organização estrangeira a atuar em adoção internacional no Estado Brasileiro, sendo necessário o credenciamento junto à Autoridade Central Administrativa Federal.

Art. 20. Somente será permitido o credenciamento de organismos estrangeiros de adoção internacional oriundos de países que ratificaram a Convenção de Haia e estejam devidamente credenciados pela Autoridade Central do país de origem para atuar em adoção internacional no Brasil.

CAPÍTULO IV – Das Disposições Finais

Art. 21. O descumprimento do disposto neste Decreto implicará o descredenciamento do organismo nacional ou estrangeiro que atua em adoção internacional no Estado Brasileiro.

§ 1º. Após o descredenciamento, respeitada a ampla defesa e o contraditório, o organismo nacional ou estrangeiro não poderá voltar a atuar em adoção internacional no Estado Brasileiro pelo prazo de até dez anos, contados a partir da data da publicação da portaria de descredenciamento.

§ 2º. O descredenciamento será comunicado ao Departamento de Polícia Federal pela Autoridade Central Administrativa Federal.

Art. 22. Qualquer irregularidade detectada pelas Autoridades Centrais dos Estados federados e do Distrito Federal deverá ser comunicada à Autoridade Central Administrativa Federal.

Art. 23. Fica a Autoridade Central Administrativa Federal encarregada de comunicar às Autoridades Centrais dos Estados federados e do Distrito Federal e ao *Bureau* Permanente da Conferência de Haia de Direito Internacional Privado os nomes e endereços dos organismos nacionais e estrangeiros credenciados.

Art. 24. Este Decreto entra em vigor na data de sua publicação.

ANEXO 4

Recomendação n. 02/2006 do CNJ

Recomenda aos Tribunais de Justiça a implantação de equipe interprofissional em todas as comarcas do Estado, de acordo com o que prevêem os arts. 150 e 151 do Estatuto da Criança e do Adolescente (Lei n. 8.069/90).

A Presidente do Conselho Nacional de Justiça, no uso de suas atribuições e

Considerando que a Emenda Constitucional n. 45/2004 atribuiu ao Conselho Nacional de Justiça a função de planejamento estratégico do Poder Judiciário Brasileiro;

Considerando que a Constituição Federal impõe ao Estado o dever de assegurar à criança e ao adolescente, com absoluta prioridade, o direito à dignidade e ao respeito, além de colocá-los a salvo de toda forma de negligência, discriminação, exploração, violência, crueldade e opressão (art. 227, *caput*, da Constituição Federal);

Considerando a necessidade de acompanhamento profissional especializado em diversos tipos de ação que envolvem menores previstas no Estatuto da Criança e do Adolescente, a exemplo das que versam sobre perda e suspensão do poder familiar (art. 161, § 1º e 162, § 1º, da Lei n. 8.069/90), guarda, adoção e tutela (art. 167 da Lei n. 8.069/90) e aplicação de medidas sócio-educativas (art. 186, *caput*, da Lei n. 8.069/90);

Considerando que o Estatuto da Criança e do Adolescente (Lei n. 8.069/90) prevê a criação de equipe interprofissional destinada a assessorar a Justiça da Infância e da Juventude em seus arts. 150 e 151:

Art. 150. Cabe ao Poder Judiciário, na elaboração de sua proposta orçamentária, prever recursos para manutenção de equipe interprofissional, destinada a assessorar a Justiça da Infância e da Juventude.

Art. 151. Compete à equipe interprofissional dentre outras atribuições que lhe forem reservadas pela legislação local, fornecer subsídios por escrito, mediante laudos, ou verbalmente, na audiência, e bem assim desenvolver trabalhos de aconselhamento, orientação, encaminhamento, prevenção e outros, tudo sob a imediata subordinação à autoridade judiciária, assegurada a livre manifestação do ponto de vista técnico.

Considerando as respostas aos ofícios enviados aos Presidentes dos Tribunais de Justiça dos Estados e do Distrito Federal e dos Territórios, que revelaram o desatendimento a tais comandos legais na medida em que inexistem equipes interprofissionais na maior parte das comarcas; e

Considerando, por fim, o poder de recomendar providências atribuído ao Conselho Nacional de Justiça pela Emenda Constitucional n. 45/2004, resolve:

RECOMENDAR aos Tribunais de Justiça dos Estados que, em observância à legislação de regência, adotem as providências necessárias à implantação de equipes interprofissionais, próprias ou mediante convênios com instituições universitárias, que possam dar atendimento às comarcas dos Estados nas causas relacionadas a família, crianças e adolescentes, devendo, no prazo de 6 (seis) meses, informar a este Conselho Nacional de Justiça as providências adotadas.

Publique-se e encaminhe-se cópia desta Recomendação a todos os Tribunais de Justiça dos Estados.

Brasília, 25 de abril de 2006 – Ministra ELLEN GRACIE Northfleet (Presidente CNJ).

ANEXO 5

Resolução n. 54, de 29 de abril de 2008
Dispõe sobre a implantação e funcionamento do Cadastro Nacional de Adoção.

O Presidente do Conselho Nacional de Justiça, no uso de suas atribuições conferidas pela Constituição da República, especialmente o disposto no inciso I, §4º, art. 103-B;

Considerando a prioridade das políticas de atendimento à infância e juventude, preconizada pelo art. 227 da Carta Constitucional;

Considerando as normas referentes ao instituto da adoção contidas no Estatuto da Criança e do Adolescente e no Código Civil;

Considerando que a consolidação em Banco de Dados, único e nacional de informações, sobre crianças e adolescentes a serem adotados e de pretendentes à adoção, viabiliza que se esgotem as buscas de habilitados residentes no Brasil, antes de se deferir a sua adoção por família estrangeira, em atenção ao disposto no artigo 31, da Lei 8.069/90; Resolve:

Art. 1º. O Conselho Nacional de Justiça implantará o Banco Nacional de Adoção, que tem por finalidade consolidar dados de todas as comarcas das unidades da federação referentes a crianças e adolescentes disponíveis para adoção, após o trânsito em julgado dos respectivos processos, assim como dos pretendentes a adoção domiciliados no Brasil e devidamente habilitados.

Art. 2º. O Banco Nacional de Adoção ficará hospedado no Conselho Nacional de Justiça, assegurado o acesso aos dados nele contidos exclusivamente pelos órgãos autorizados.

Art. 3º. As Corregedorias dos Tribunais de Justiça funcionarão como administradoras do sistema do respectivo Estado, e terão acesso integral aos cadastrados, com a atribuição de cadastrar e liberar o acesso ao juiz competente de cada uma das comarcas, bem como zelar pela correta alimentação do sistema, que deverá se ultimar no prazo de 180 dias da publicação desta Resolução.

Art. 4º. As Corregedorias Gerais da Justiça e os juízes responsáveis pela alimentação diária do sistema encaminharão os dados por meio eletrônico ao Banco Nacional de Adoção.

Art. 5º. O Conselho Nacional de Justiça prestará o apoio técnico necessário aos Tribunais de Justiça dos Estados e do Distrito Federal para alimentar os dados no Banco Nacional de Adoção.

Parágrafo único. Os Tribunais poderão manter os atuais sistemas de controle de adoções em utilização, ou substituí-los por outros que entendam mais adequados, desde que assegurada a migração dos dados, por meio eletrônico, contidos nas fichas e formulários que integram os anexos desta Resolução.

Art. 6º. O Conselho Nacional de Justiça, as Comissões Estaduais Judiciárias de Adoção-CEJAS/CEJAIS e as Corregedorias Gerais da Justiça devem fomentar campanhas incentivando a adoção de crianças e adolescentes em abrigos e sem perspectivas de reinserção na família natural.

Parágrafo único. O Conselho Nacional de Justiça celebrará convênio com a Secretaria Especial de Direitos Humanos da Presidência da República-SEDH para troca de dados e consultas ao Banco Nacional de Adoção.

Art. 7º. Esta Resolução entrará em vigor na data de sua publicação.

Ministro GILMAR MENDES – Presidente do CNJ

ANEXO 6

Portaria n. 815/1999-DG/DPF, de 28 de julho de 1999

Institui e aprova o modelo do Certificado de Cadastramento de entidades nacionais e estrangeiras que atuam em adoções internacionais de crianças e adolescentes brasileiros e respectivos formulários de requerimento; fixa critérios e estabelece procedimentos para aplicação das normas relativas ao FUNAPOL, e dá outras providências.

O Diretor-Geral do Departamento de Polícia Federal, no uso das atribuições que lhe são conferidas pelo art. 33, incisos VII e XXVIII, do Regimento Interno, aprovado pela Portaria n. 213, de 17 de maio de 1999, do Ministério da Justiça, e

Considerando a obrigatoriedade da expedição de Certificado de Cadastramento de entidades nacionais e estrangeiras que atuam em adoções internacionais de crianças e adolescentes brasileiros, mediante recolhimento da respectiva taxa, instituídos pela Lei Complementar n. 89, de 18 de fevereiro de 1997, regulamentada pelo Decreto n. 2.381, de 12 de novembro de 1997, Instrução Normativa n. 9/97-DG/DPF, de 2 de dezembro de 1997, e a Portaria n. 1136/97-DG/DPF, de 2 de dezembro de 1997;

Considerando que o Brasil se obriga a prevenir e reprimir os ilícitos envolvendo adoção internacional e transferência ilegal de crianças e adolescentes brasileiros para o exterior, por força da Convenção sobre os Direitos da Criança celebrada em Genebra e ratificada pelo Decreto n. 99.710, de 22 de novembro de 1990, e da Convenção Relativa à Proteção das Crianças e à Cooperação em Matéria de Adoção Internacional, concluída em Haia, em

29 de maio de 1993, promulgada pelo Decreto n. 3.087, de 21 de junho de 1999, RESOLVE:

Art. 1º. Fica instituído no âmbito do Departamento de Polícia Federal o cadastramento das entidades nacionais e estrangeiras que atuam em adoção internacional de crianças ou adolescentes brasileiros, como requisito obrigatório para funcionamento no Brasil.

Art. 2º. O Requerimento de Cadastramento das entidades deverá ser dirigido ao Chefe da Divisão de Polícia Marítima, Aeroportuária e de Fronteiras, protocolizado e autuado na Delegacia de Polícia Marítima, Aeroportuária e de Fronteiras (DELEMAF) ou na Delegacia de Polícia Federal (DPF) do domicílio do requerente e instruído com os seguintes documentos:

I – Entidades Nacionais:

a) Requerimento de Cadastramento (formulário do Anexo I);

b) estatuto social devidamente registrado no Cartório de Registro de Pessoas Jurídicas;

c) comprovante do recolhimento da taxa no valor correspondente a duzentas UFIRs, através da GAR/FUNAPOL;

d) nome e qualificação completa do representante da entidade, indicando o cargo que ocupa na entidade;

e) comprovante de inscrição da entidade no Cadastro-Geral do Contribuinte;

f) relação de endereços da entidade no Brasil e no exterior com os respectivos nomes e funções de cada representante;

g) comprovante de quitação dos débitos fiscais a que estiver sujeita;

h) relatório das atividades desenvolvidas no Brasil e no exterior desde a sua fundação;

i) documento de nomeação do representante/responsável, com qualificação completa;

j) relação nominal com filiação, número da identidade e endereço dos representantes legais da entidade, funcionários e funções que exercem;

II – Entidades Estrangeiras:

a) Requerimento de Cadastramento (formulário do Anexo I);

b) estatuto social ou documento equivalente que comprove a constituição e finalidade da entidade como pessoa jurídica, devidamente registrado no órgão competente do país de origem;

c) normas básicas da entidade;

d) certificado ou autorização para funcionar no campo da adoção expedida pelo governo de origem (credenciamento);

e) dados referentes ao Conselho de Administração e seus contabilistas;

f) relação nominal com filiação, identidade e endereço dos representantes legais da entidade;

g) comprovante de quitação dos débitos fiscais a que estiver sujeita no Brasil e no exterior;

h) texto(s) da legislação do país de origem, que disciplina a adoção;

i) descrição das atividades planejadas para o Brasil;

j) documento de nomeação do representante/responsável da instituição no Brasil, com qualificação completa;

k) informação sobre a autoridade, organização, instituição ou pessoa particular no Brasil com quem a organização pretende colaborar;

l) nome(s) e endereço(s) da(s) entidade(s) brasileira, governamental ou privada, com a qual a entidade estrangeira mantém acordo ou convênio relacionado com a adoção internacional, indicando o nome e o endereço do responsável pela entidade;

m) relatório das atividades da entidade requerente desde a fundação;

n) comprovante do recolhimento da taxa no valor correspondente a duzentas UFIRs, através da GAR/FUNAPOL;

o) comprovante da situação legal no Brasil do signatário do requerimento, quando se tratar de estrangeiro, cujo visto deve ser compatível com a função.

§ 1º. Toda a documentação relacionada nos incisos I e II deste artigo deverá ser apresentada em idioma local, devidamente autenticada no Consulado Brasileiro do país de origem, acompanhada de tradução para o idioma Português feita por tradutor público juramentado (art.51, § 3º, do Estatuto da Criança e do Adolescente).

§ 2º. A documentação constante deste artigo deverá ser apresentada em cópia reprográfica autenticada ou acompanhada dos originais, sendo estes últimos restituídos ao requerente após conferência e autenticação pelo órgão recebedor, quando for o caso.

§ 3º. As cópias reprográficas serão anexadas ao formulário de requerimento.

§ 4º. A investigação para instrução do pedido será sempre concluída com uma entrevista pessoal com o representante legal da entidade, no Brasil, além da visita obrigatória às instalações.

Art. 3º. Ao receber os dados referidos no art. 2º a DELEMAF ou DPF, investigará, em caráter reservado, todos os dados fornecidos pela entidade e, constatada a sua regularidade, fará relatório circunstanciado ao chefe da unidade.

Art. 4º. O Certificado de Cadastramento será expedido pela Divisão de Polícia Marítima, Aeroportuária e de Fronteiras (DPMAF), mediante parecer conclusivo do chefe da unidade recebedora, após instruir, cabalmente, o processo, mediante relatório circunstanciado do agente investigante, confirmando, ou não, os dados apresentados pela entidade.

Art. 5º. Fica aprovado o Certificado de Cadastramento de entidades nacionais e estrangeiras que atuam em adoções internacionais de crianças e adolescentes brasileiros, conforme modelo constante do Anexo III desta Portaria, o Formulário de Requerimento de Cadastramento – Anexo I, o Formulário de Requerimento de Alteração de Cadastramento – Anexo II e o Relatório Mensal – Anexo IV.

§ 1º. Os formulários constantes deste artigo serão confeccionados pelo Serviço Gráfico/DPF, mediante solicitação da DPMAF/CCP/DPF.

§ 2º. O Serviço de Passaporte da DPMAF (SEPA/DPMAF) manterá em estoque e distribuirá os referidos formulários de Certificados de Cadastramento, Requerimentos de Cadastro, Alteração de Cadastro e Relatório Mensal.

Art. 6º. Considera-se efetivado o cadastro quando a DPMAF/CCP/DPF registrar o Formulário Requerimento de Cadastramento em sistema próprio e expedir o Certificado de Cadastramento.

Art. 7º. O Certificado de Cadastramento de que trata o artigo anterior terá validade de um ano, tomando por base a data de sua expedição.

Art. 8º. A entidade cadastrada deverá requerer renovação de seu cadastro, nos trinta dias imediatamente anteriores ao vencimento do Certificado, em requerimento próprio, instruído com cópia do Certificado vincendo e comprovante do recolhimento da respectiva taxa.

Parágrafo único. A comunicação de alteração cadastral será procedida através do Formulário de Requerimento de Alteração de Cadastramento (Anexo II), cumprindo as exigências do art. 2º desta Portaria.

Art. 9º. Havendo qualquer alteração no contrato social ou de seus dirigentes, deverá a entidade comunicar à DPMAF no prazo de trinta dias, sob pena de ter seu Certificado de Cadastramento cancelado.

Art. 10. O representante legal da entidade que atua em adoções internacionais, para realizar quaisquer atos junto ao DPF, deverá apresentar documentação comprobatória ou procuração por instrumento público, demonstrando que possui poderes amplos para agir e responder pela instituição.

Art. 11. Obrigatoriamente, deverá a entidade encaminhar mensalmente relatório nominal (Anexo IV) das crianças adotadas no Brasil.

Art. 12. A DPMAF informará à Autoridade Central Administrativa Federal o nome da entidade cadastrada e o número do Certificado de Cadastramento, para fins de Credenciamento.

Art. 13. A DPMAF, com a colaboração da Divisão Consular do Ministério das Relações Exteriores (MRE), procederá à coleta de dados relativos à habilitação para adoção internacional e obtenção de vistos consulares por casais estrangeiros, candidatos à adoção, e promoverá a difusão desses dados às respectivas unidades do DPF, em cuja circunscrição dar-se-á a adoção.

§ 1º. A unidade circunscricional destinatária investigará os atos precedentes ao trâmite judicial do processo de adoção, para confirmar a regularidade e legalidade desses atos, interagindo, em apoio, com a respectiva Comissão Estadual Judiciária de Adoção Internacional.

§ 2º. Concluída a adoção, a DELEMAF ou DPF local expedirá o passaporte em nome do adotado, mediante autorização firmada pelo juiz competente.

§ 3º. Quando constatada na fase investigatória qualquer irregularidade que caracterize crime, o chefe da DELEMAF ou DPF providenciará a imediata instauração do procedimento administrativo policial cabível à espécie.

§ 4º. Na hipótese do parágrafo anterior, a autoridade processante comunicará a instauração do feito ao SEPA/DPMAF, à Corregedoria-Geral da Justiça local e ao juiz que concedeu a adoção, enviando ao primeiro, posteriormente, cópia integral do relatório do inquérito.

Art. 14. Os dados resultantes do acompanhamento das adoções internacionais serão relatados e processados sigilosamente em sistema computacional próprio, pelo SEPA/DPMAF.

Art. 15. A DPMAF comunicará, sigilosamente, à Autoridade Central Administrativa Federal e à Divisão Consular e de Assistência a Brasileiros no Exterior do MRE, todas as adoções efetivadas, inclusive o número do respectivo passaporte expedido em nome do adotado.

Art. 16. Esta Portaria entra em vigor na data de sua publicação, revogadas as disposições em contrário.

ANEXO 7

RESOLUÇÕES DO CONSELHO DAS AUTORIDADES CENTRAIS BRASILEIRAS

Resolução n. 01/2000
(Aprovada durante a I Reunião Ordinária do Conselho das Autoridades Centrais Brasileiras)

O Presidente do Conselho das Autoridades Centrais Brasileiras, no uso de suas atribuições e de acordo com o inciso V, do art. 2º, do Decreto n. 3.174, de 16 de setembro de 1999, e a deliberação do Conselho, em sua 1ª Assembléia Ordinária realizada nos dias 24, 25 e 26 de maio de 2000, RESOLVE:

Art. 1º. Manter nos cadastros de pretendentes estrangeiros à adoção dos Estados, quer exclusivos da Autoridade Central, quer existentes em todas as comarcas, hipóteses em que a Comissão funciona como Banco de Dados, os pretendentes oriundos de países que ainda não ratificaram a Convenção Relativa à Proteção das Crianças e à Cooperação em Matéria de Adoção Internacional, pois, segundo a Convenção de Viena, da qual o Brasil é signatário, os tratados e convenções têm efeitos apenas *inter partes*, não alcançando a terceiros países; segundo o STF, as convenções são hierarquicamente equivalentes a uma lei ordinária; não existe lei vedando adoções internacionais de crianças brasileiras nessas condições, apenas se sugerindo a emissão de regras, em cada uma delas, onde fique claro que, além do princípio da subsidiariedade que assegura preferências aos brasileiros, os pretendentes oriundos de países que ratificaram a Convenção também têm preferência sobre candidatos vindos de países que não ratificaram.

Art. 2º. Priorizar a instalação e implantação, em todo o território do respectivo Estado, do Módulo III, INFOADOTE, do Projeto SIPIA, permitindo uma integração e centralização dos dados de todo o país na Autoridade Central Federal.

Art. 3º. Que sejam feitas gestões junto aos Tribunais de Justiça, tanto por suas Presidências, como pelas Corregedorias-Gerais da Justiça, no sentido de que se encaminhem projetos de lei às Assembléias Legislativas objetivando a inclusão das Comissões Judiciárias de Adoção em suas estruturas administrativas, alternando os respectivos Códigos de Organização Judiciária e Regimento Internos.

Art. 4º. Que dos projetos de lei de que trata a cláusula anterior conste dispositivo no sentido de que fiquem plenamente validados os atos e decisões das Comissões constituídas na forma de provimentos e resoluções dos respectivos Tribunais e seus órgãos.

Art. 5º. Incluir em suas prioridades institucionais a celebração de convênios com as congêneres de outros Estados, ampliando o uso do sistema INFOADOTE e gerando mais alternativas para que as crianças em condições de serem adotadas permaneçam no Brasil, colocando-as em família substituta brasileira.

Art. 6º. Priorizar, também, a uniformização dos documentos instrutórios aos pedidos de habilitação, sempre que possível aceitando pleitos formulados através de *xerox* autenticadas, exigindo a sua apresentação no original, quando necessário, apensas por ocasião do pedido formal de adoção.

Art. 7º. Que a convocação de pretendentes se faça exclusivamente através da Autoridade Central do respectivo Estado do juízo natural da adoção, perante a Autoridade Central do país de acolhimento, sem prejuízo da concomitante comunicação ao representante local do organismo credenciado, em modelo que contemple o máximo de informações sobre o adotando, como exigido no artigo 16, i, "a", da Convenção.

Art. 8º. Esta Resolução entra em vigor na data de sua publicação. (*DOU* 13.7.2000)

Resolução n. 02/2000

Dispõe sobre a aprovação do Regimento Interno e dá outras providências.

O Presidente do Conselho das Autoridades Centrais Brasileiras, no uso de suas atribuições e de acordo com o inciso V, (*sic*) do Decreto n. 3.174, de 16 de setembro de 1999, e a deliberação do Conselho, em sua 1ª Assembléia Ordinária realizada nos dias 24, 25 e 26 de maio de 2000, RESOLVE:

Art. 1º. Aprovar o seu Regimento Interno na forma do Anexo à presente Resolução.

Art. 2º. Esta Resolução entra em vigor na data de sua publicação.

Anexo II
REGIMENTO INTERNO DO CONSELHO DAS AUTORIDADES
CENTRAIS BRASILEIRAS

CAPÍTULO I

Das Finalidades

Art. 1º. O Conselho das Autoridades Centrais Brasileiras, criado pelo art. 5º do Decreto n. 3.174, de 16 de setembro de 1999, é órgão colegiado que tem por finalidade:

I – traçar políticas e linhas de ação comuns, objetivando o cumprimento adequado, pelo Brasil, das responsabilidades assumidas por força da ratificação da Convenção Relativa à Proteção das Crianças e à Cooperação em Matéria de Adoção Internacional, assim como avaliar periodicamente os trabalhos efetuados pelas Autoridades Centrais dos Estados federados e do Distrito Federal;

II – garantir o interesse superior da criança e do adolescente brasileiros quanto à sua adotabilidade internacional, observando a doutrina jurídica de proteção integral consubstanciada no art. 227 e incisos da Constituição Federal, na Convenção das Nações Unidas sobre Direitos da Criança, de 20 de novembro de 1989, na Lei n. 8.069, de 13 de julho de 1990 (Estatuto da Criança e do Adolescente – ECA), e na Convenção Relativa à Proteção das Crianças e à Cooperação em Matéria de Adoção Internacional (Convenção da Haia), em 29 de maio de 1993.

Das Atribuições

Art. 2º. São atribuições do Conselho das Autoridades Centrais Brasileiras:

I – estabelecer as políticas e linhas de ação do Programa Nacional de Cooperação em Adoção Internacional, instituído pelo art. 3º do Decreto n. 3.174, de 16 de setembro de 1999, acompanhando a execução e observando as linhas de ação e diretrizes previstas no ECA;

II – articular-se com as Autoridades Centrais dos Estados federados e do Distrito Federal e entidades de adoção credenciadas para garantir a doutrina jurídica de proteção integral à infância e à adolescência observando os princípios da excepcionalidade da adoção e da primazia do vínculo familiar;

III – manter sistema contínuo de informações das Autoridades Centrais dos Estados federados e do Distrito Federal para o Banco Nacional de Dados para Adoção, administrado pela Autoridade Central Federal;

IV – avaliar as atividades das Autoridades Centrais dos Estados federados e do Distrito Federal em matéria de adoção internacional;

V – assegurar a troca de informações entre as Autoridades Centrais dos Estados federados e do Distrito Federal quanto à jurisprudência em matéria de adoção internacional, estatísticas, formulários e procedimentos relativos ao instituto da adoção;

VI – estimular a formação técnica dos profissionais envolvidos em matéria de adoção, promovendo e apoiando a realização de estudos, pesquisas e atualização, no âmbito nacional e internacional;

VII – acompanhar a aplicação da Convenção da Haia nos Estados federados e no Distrito Federal, visando sempre a prevenir e combater o tráfico, o seqüestro e a venda de crianças e a suprimir os obstáculos para a aplicação dos dispositivos contidos naquela Convenção;

VIII – planejar e apoiar eventos e campanhas educativas que mobilizem e articulem a sociedade em torno da doutrina jurídica de proteção integral, do princípio da primazia do vínculo e do princípio da excepcionalidade da adoção;

IX – receber as comunicações das Autoridades Centrais dos Estados federados e do Distrito Federal e transmiti-las, quando necessário, à Autoridade Central Federal;

X – verificar o credenciamento dos organismos que atuam em adoção internacional em cada Estado federado, observando se estão igualmente credenciadas pela Autoridade Central do Estado Contratante de onde são originários, comunicando à Autoridade Central Federal qualquer situação de irregularidade que vier a ser identificada;

XI – priorizar, em observância ao princípio do interesse superior da criança, as adoções de crianças e adolescentes brasileiros por adotantes de Estados Contratantes que não tenham conferido as funções da Autoridade Central a pessoas ou a organismos, segundo faculta o art. 22.2 da Convenção da Haia;

XII – adotar, em conjunto com a Autoridade Central Federal, diretamente ou com a colaboração de outras autoridades públicas, todas as medidas apropriadas para evitar benefícios materiais induzidos por ocasião de uma adoção e para impedir quaisquer práticas contrárias aos objetivos da Convenção da Haia;

XIII – orientar as Autoridades Centrais dos Estados federados e do Distrito Federal sobre a expedição do Certificado de Adoção previsto no art. 23 da Convenção da Haia;

XIV – manter intercâmbio com as Autoridades Centrais dos Estados federados e do Distrito Federal, promovendo, dentre outras iniciativas, a realização de eventos para a formação e informação na área de adoção internacional, bem como a assinatura e o recebimento de publicações que, no país ou no exterior, destinem-se aos estudos e à divulgação de idéias relativas aos direitos humanos no que concerne à adoção internacional;

XV – eleger o vice-presidente, dentre os representantes das Autoridades Centrais dos Estados federados e do Distrito Federal, para assumir as funções de presidente, em caso de sua ausência ou impedimento.

CAPÍTULO II

Seção I – Composição

Art. 3º. O Conselho das Autoridades Centrais Brasileiras tem a seguinte composição:

I – presidente;

II – um membro de cada Autoridade Central dos Estados Federados e do Distrito Federal;

III – um representante do Ministério das Relações Exteriores;

IV – um representante do Departamento da Polícia Federal;

Seção II – Funcionamento

Art. 4º. O Conselho das Autoridades Centrais Brasileiras reunir-se-á, ordinariamente, uma vez a cada semestre, em sua sede, no Distrito Federal, e, extraordinariamente, por convocação do presidente ou a requerimento dos seus membros, com o mínimo de cinco dias de antecedência.

§ 1º. As reuniões serão realizadas com a presença mínima de metade mais um dos membros integrantes do Conselho.

§ 2º. As reuniões poderão ocorrer fora da sede, por deliberação do Plenário, desde que razões superiores de conveniência técnica ou política assim exijam.

§ 3º. A pauta das reuniões ordinárias será encaminhada aos membros do Conselho pelo secretário executivo do Conselho, com antecedência mínima de quinze dias.

§ 4º. As reuniões terão sua pauta preparada pelo secretário executivo do Conselho, ouvido o colegiado.

§ 5º. Os membros do Conselho deverão encaminhar sugestões para a pauta ao secretário executivo no prazo mínimo de trinta dias.

Art. 5º. O Conselho deliberará na forma de resolução, mediante o voto da maioria dos seus membros.

Parágrafo único. As resoluções aprovadas pelo Conselho serão enviadas para publicação no órgão oficial da União no prazo de cinco dias úteis.

Art. 6º. O Conselho, observada a legislação vigente, estabelecerá normas complementares relativas ao seu funcionamento e à ordem dos trabalhos.

Art. 7º. Para a consecução de suas finalidades, o Conselho deliberará em Plenário sobre:

I – assuntos encaminhados à sua apreciação;

II – normas de suas atribuições e aquelas pertinentes à regulamentação e implementação do Programa Nacional de Cooperação em Adoção Internacional;

III – solicitação, aos órgãos de administração pública e entidades privadas, de informações, estudos ou pareceres sobre matérias de interesse do Conselho.

Art. 8º. Qualquer dos membros do Conselho poderá apresentar matéria à apreciação do Plenário, que será incluída na pauta da reunião seguinte.

Art. 9º. As deliberações do Plenário se processarão por votação aberta, com contagens de votos a favor, votos contra e abstenção, todos mencionados em ata.

Art. 10. As atas resumidas, depois de aprovadas e assinadas por todos os presentes, serão enviadas para publicação no órgão oficial da União no prazo de trinta dias e arquivadas pelo secretário executivo do Conselho.

Seção III – Das Atribuições dos Membros

Art. 11. São atribuições do presidente do Conselho das Autoridades Centrais Brasileiras, na condição de Autoridade Central Federal:

a) representar o Conselho;

b) convocar as reuniões ordinárias semestrais do Conselho e as extraordinárias, quando necessário, presidindo as reuniões do Plenário;

c) designar o secretário executivo;

d) delegar funções específicas ao vice-presidente ou a algum outro membro do Conselho;

e) solicitar à Autoridade Central Federal, quando necessário, apoio técnico especializado de outros órgãos nacionais ou estrangeiros para auxiliar nas atividades do Conselho;

f) convidar especialistas da área para participar das sessões, devendo os seus nomes ser previamente aprovados pelo Conselho;

g) submeter à votação as matérias a serem decididas pelo Conselho, intervindo na ordem dos trabalhos ou suspendendo-os, sempre que necessário;

h) assinar as resoluções do Conselho e as respectivas atas;

i) submeter à apreciação o relatório anual do Conselho;

j) cumprir e fazer cumprir as resoluções emanadas do Conselho;

k) encaminhar à Autoridade Central Federal as determinações para o cumprimento e a operacionalização.

Art. 12. São atribuições dos representantes das Autoridades Centrais dos Estados federados e do Distrito Federal:

a) representar a Autoridade Central do seu respectivo ente federado;

b) promover intercâmbio de experiências entre as Autoridades Centrais componentes do Conselho no âmbito da proteção integral à infância e adolescência;

c) apresentar relatórios de acompanhamento das atividades na área da adoção internacional do seu ente federado;

d) informar os dados de seu ente federado na área de adoção internacional para manter o fluxo do sistema do Banco Nacional de Dados de Adoção.

Art. 13. São atribuições do representante do Ministério das Relações Exteriores:

a) promover o intercâmbio de informações relativas à sua área específica e à de adoção internacional junto ao Conselho das Autoridades Centrais Brasileiras;

b) diligenciar as informações de sua área quando solicitadas pelos membros do Conselho das Autoridades Brasileiras;

c) encaminhar ao Ministério das Relações Exteriores consultas pertinentes suscitadas no Conselho das Autoridades Centrais Brasileiras;

d) participar das ações educativas para prevenir quaisquer práticas contrárias aos objetivos da Convenção Relativa à Proteção das Crianças e à Cooperação em Matéria de Adoção Internacional.

Art. 14. São atribuições do representante do Departamento de Polícia Federal:

a) promover o intercâmbio de informações relativas à sua área específica e à de adoção internacional junto ao Conselho das Autoridades Centrais Brasileiras;

b) diligenciar as informações de sua área quando solicitadas pelos membros do Conselho das Autoridades Brasileiras;

c) encaminhar à Superintendência Regional consultas pertinentes à área de investigação policial em matéria de adoção internacional suscitadas no Conselho das Autoridades Centrais Brasileiras;

d) participar das ações educativas para prevenir quaisquer práticas contrárias aos objetivos da Convenção Relativa à Proteção das Crianças e à Cooperação em Matéria de Adoção internacional.

Art. 15. São atribuições do secretário executivo:

a) secretariar as reuniões semestrais ordinárias e as extraordinárias do Conselho;

b) lavrar as atas das reuniões e redigir as correspondências do presidente do Conselho;

c) implementar medidas de caráter administrativo de apoio ao Conselho.

CAPÍTULO III

Das Disposições Gerais

Art. 16. Para o exercício das atribuições definidas neste Regimento Interno, o Conselho poderá requisitar as necessárias providências junto à Autoridade Central Federal e aos órgãos competentes.

Art. 17. O Departamento da Criança e do Adolescente da Secretaria de Estado dos Direitos Humanos do Ministério da Justiça fornecerá o suporte técnico e administrativo ao secretário executivo do Conselho.

Art. 18. Este Regimento poderá ser alterado por proposta encaminhada ao presidente por qualquer componente do Conselho, mediante o voto da maioria de dois terços dos seus membros.

Art. 19. O presente Regimento Interno entrará em vigor na data de sua publicação, revogadas as disposições ao contrário. (*DOU* 13.7.2000)

Resolução n. 03/2001
(Aprovada durante a III Reunião Ordinária do Conselho das Autoridades Centrais Brasileiras)

O Conselho das Autoridades Centrais Brasileiras, criado pelo art. 5º do Decreto Presidencial n. 3.174, de 16 de setembro de 1.999, reunido em Recife/PE, nos dias 2 e 3 de abril de 2001, em reunião ordinária, em cumprimento de suas atribuições, estabelecidas no parágrafo único do aludido artigo, de avaliar os trabalhos e traçar as políticas e linhas de ação comuns para o adequado cumprimento pelo Brasil das responsabilidades assumidas por força de ratificação da Convenção Relativa à Proteção das Crianças e à Cooperação em Matéria de Adoção Internacional, DELIBEROU apresentar as seguintes recomendações à Autoridade Central Federal e às Autoridades Centrais no âmbito dos Estados federados e do Distrito Federal:

PRIMEIRA CLÁUSULA – Os estrangeiros beneficiados com o visto temporário previsto no art. 13, incisos I e de IV a VII, da Lei n. 6.815/1980, assim como os estrangeiros portadores de vistos diplomático, oficial ou de cortesia, candidatos à adoção, submeter-se-ão ao Pedido de Habilitação perante a CEJAI e processo judicial de adoção, que seguirá o mesmo procedimento destinado às adoções internacionais. *Aprovada à unanimidade*

SEGUNDA CLÁUSULA – A CEJA ou CEJAI pode fazer exigências e solicitar complementação sobre o estudo psicossocial do pretendente estrangeiro à adoção, já realizado no país de acolhida. *Aprovada à unanimidade*

TERCEIRA CLÁUSULA – A admissão de pedidos de adoção formulados por requerentes domiciliados em países que não tenham assinado ou ratificado a Convenção de Haia será aceita quando respeitar o interesse superior da criança, em conformidade com a Constituição Federal e Lei 8.069/1990 – Estatuto da Criança e do Adolescente. Neste caso, os adotantes deverão cumprir os procedimentos de habilitação perante a Autoridade Central Estadual, obedecendo a prioridade dada aos adotantes de países ratificantes. *Aprovada à unanimidade*

QUARTA CLÁUSULA – Aos adotantes originários de países não-ratificantes seja recomendada a adoção de medidas que garantam às crianças adotadas no Brasil a mesma proteção legal que aqui recebem. *Aprovada à unanimidade*

QUINTA CLÁUSULA – Enquanto não se implanta, definitivamente, o sistema INFOADOTE, é preciso criar um procedimento que atenda, primeiramente, à situação da criança, em face de sua iminente adoção. Para tanto, resolve-se que a preferência no chamamento de estrangeiros será daqueles que ratificaram a Convenção de Haia, em detrimento dos demais pretendentes estrangeiros. Assegurar a manutenção dos cadastros existentes nas CEJAs e CEJAIs para estrangeiros interessados na adoção internacional. *Aprovada à unanimidade*

SEXTA CLÁUSULA – Embora parentes do adotado, os adotantes deverão habilitar-se perante a Autoridade Central Estadual. Seu cadastramento perante o Juízo da Infância e da Juventude, no entanto, não é necessário. Diversamente, as adoções unilaterais deverão cumprir toda a liturgia do procedimento estipulado pela CEJAI, inclusive obrigando-se ao pedido formal de habilitação e de cadastramento dos interessados estrangeiros no Juizado da Infância e da Juventude. *Aprovada à unanimidade*

Sétima Cláusula – O Brasil reconhece a união estável como entidade familiar e não proíbe aos companheiros que adotem, em conjunto, crianças e adolescentes (ECA, art. 42). Nessa condição, devem as CEJAIs e os juízes do processo verificar se o país de origem dos pretendentes (considerando que é um Estado ratificante da Convenção) protege, igualmente, a união estável, com todas as conseqüências jurídicas, de modo a resultar numa adoção plena de direitos para atender ao superior interesse da criança. Se positivo, não há impedimento para a realização da adoção internacional aos casais estrangeiros que vivem em união estável. *Aprovada à unanimidade*

Oitava Cláusula – Em se tratando de pedido de habilitação efetuado por pretendentes estrangeiros, não é necessária a intervenção de advogado. Entretanto, se o procedimento for contraditório, aí, sim, será obrigatória sua intervenção. Em relação aos organismos que desejarem trabalhar com a adoção internacional deverão eles estar, previamente, credenciados e autorizados concomitantemente nos países com os quais pretendem desenvolver seu múnus, devendo, para tanto, respeitar, com rigidez, os arts. 10, 11 e 12 da Convenção de Haia. *Aprovada por maioria absoluta*

Nona Cláusula – O candidato estrangeiro ou nacional residente no exterior, mesmo habilitado em seu país de origem, deverá submeter-se ao procedimento de habilitação no Brasil perante as CEJAIs, nos termos do art. 52 do Estatuto da Criança e do Adolescente. *Aprovada à unanimidade*

Décima Cláusula – Com a implantação do sistema INFOADOTE não haverá mais a necessidade de os candidatos cadastrarem-se nos juízos naturais após terem se habilitado perante a CEJAI. Deverá a Autoridade Central Estadual cadastrar todos os candidatos habilitados enviando relação nominal e demais documentos necessários aos juízes competentes. *Aprovada à unanimidade*

Décima-Primeira Cláusula – Com a sentença extingue-se a jurisdição do juiz natural. As CEJAs e CEJAIs emitirão o Certificado de Conformidade relativo ao procedimento prévio administrativo previsto pelo art. 52 do ECA e arts. 17, 18, 19 e 23 da Convenção de Haia, encaminhando o alvará judicial para expedição de passaporte. *Aprovada à unanimidade*

Décima-segunda Cláusula – As CEJAs ou CEJAIs devem ser compostas, obrigatoriamente, por magistrados da ativa. O juiz da infância e da juventude vencido na apreciação do pedido de habilitação deverá ser considerado impedido de presidir o respectivo processo judicial de adoção. *Aprovada à unanimidade*

Décima-terceira Cláusula – Deve-se priorizar a implantação do sistema INFOADOTE, Módulo III do Projeto SIPIA, para viabilizar a integração e centralização das informações e dados de todo o território nacional na Autoridade Central Administrativa Federal. Devem, igualmente, ser priorizados os convênios entre as Autoridades Centrais Estaduais para viabilizar um maior número de alternativas para as crianças em condições de serem adotadas. Deve-se priorizar a uniformização de procedimentos instrutórios dos pedidos de habilitação para adoção internacional formulados através de cópias reprográficas. Os organismos mediadores da adoção internacional exercem sua função de forma supletiva, não tendo intervenção obrigatória nos pedidos de habilitação, mesmo que credenciados por ambos os países, de origem e de acolhida. Os juízos naturais da adoção internacional poderão solicitar todas as informações necessárias sobre crianças às entidades que desenvolvem a política de abrigo, para fins de cadastro. *Aprovada por maioria absoluta*

Recife, 3 de abril de 2001. (*DOU*, Seção I, 23.4.2001)

Resolução n. 04/2001

(Aprovada durante a IV Reunião Ordinária do Conselho das Autoridades Centrais Brasileiras)

O Conselho das Autoridades Centrais Brasileiras, criado pelo art. 5º do Decreto Presidencial n. 3.174, de 16 de setembro de 1999, reunido em Brasília/DF, nos dias 30 e 31 de outubro 2001, em reunião ordinária, em cumprimento de suas atribuições, estabelecidas no parágrafo único do aludido artigo, de avaliar os trabalhos e traçar as políticas e linhas de ação comuns para o adequado cumprimento pelo Brasil das responsabilidades assumidas por força de ratificação da Convenção Relativa à Proteção das Crianças e à Cooperação em Matéria de Adoção Internacional, DELIBEROU apresentar as seguintes recomendações à Autoridade Central Federal e às Autoridades Centrais no âmbito dos Estados federados e do Distrito Federal:

PRIMEIRA CLÁUSULA – Recomendar que a Autoridade Central Federal estabeleça o prazo de sessenta dias para que as entidades internacionais que atuam na cooperação em adoção internacional cumpram as exigências pendentes, sob pena de indeferimento do processo de credenciamento das mesmas.

SEGUNDA CLÁUSULA – Recomendar que o prazo acima estabelecido se iniciará a partir da comunicação oficial da Autoridade Central Administrativa Federal através de Aviso de Recebimento.

TERCEIRA CLÁUSULA – Recomendar que as Autoridades Centrais não recebam pedidos de habilitação de pretendentes estrangeiros através das organizações internacionais que não tenham concluído o credenciamento na Autoridade Central Administrativa Federal.

Brasília, 31 de outubro de 2001.

Resolução n. 06/2001
(Aprovada durante a VI Reunião Ordinária do Conselho das Autoridades Centrais Brasileiras)

O Conselho das Autoridades Centrais Brasileiras, criado pelo art. 5º do Decreto Presidencial n. 3.174, de 16 de setembro de 1999, reunido em Brasília/DF, no dia 16 de junho de 2003, em reunião ordinária, em cumprimento de suas atribuições, estabelecidas no parágrafo único do aludido artigo, de avaliar os trabalhos e traçar as políticas e linhas de ação comuns para o adequado cumprimento pelo Brasil das responsabilidades assumidas por força de ratificação da Convenção Relativa à Proteção das Crianças e à Cooperação em Matéria de Adoção Internacional, DELIBEROU apresentar as seguintes recomendações à Autoridade Central Federal e às Autoridades Centrais no âmbito dos Estados federados e do Distrito Federal:

PRIMEIRA CLÁUSULA – Realização da reunião ordinária: o Conselho das Autoridades Centrais Brasileiras reunir-se-á, ordinariamente, uma vez por ano no primeiro semestre, e, extraordinariamente, por convocação do presidente ou a requerimento dos seus membros. *Aprovada por dois terços dos membros*

SEGUNDA CLÁUSULA – Convidados em reuniões do Conselho: será permitida a participação de convidados para as reuniões do Conselho, podendo se manifestar, mas sem direito a voto, desde que o convite seja informado com antecedência à Secretaria Executiva do Conselho. *Aprovada à unanimidade*

TERCEIRA CLÁUSULA – Comissões Temáticas: serão constituídas duas Comissões Temáticas, que se reunirão ao longo do ano, para tratar dos seguintes temas de interesse: I) Políticas Institucionais e Acompanhamento Legislativo; II) Uniformização de Procedimentos e Informatização. Deliberaram integrar a Comissão I os Estados da Bahia, Goiás, Mato Grosso, Mato Grosso do Sul, Pernambuco, Santa Catarina e São Paulo, e a Comissão II os Estados do Acre, Amapá, Ceará, Espírito Santo, Minas Gerias, Pará, Paraíba, Piauí, Rio Grande do Norte, Rio Grande do Sul, Rio de Janeiro e Sergipe. Os demais Estados deverão apresentar sua escolha em quinze dias à Autoridade Central. *Aprovada à unanimidade*

Brasília, 16 de junho de 2003.

Resolução n. 07/2003
(Aprovada durante a II Reunião Extraordinária das Comissões Temáticas do Conselho das Autoridades Centrais Brasileiras)

O Conselho das Autoridades Centrais Brasileiras, criado pelo art. 5º do Decreto Presidencial n. 3.174, de 16 de setembro de 1999, reunido em

Balneário Camboriú/SC, no dia 26 de novembro de 2003, em reunião extraordinária, em cumprimento de suas atribuições, estabelecidas no parágrafo único do aludido artigo, de avaliar os trabalhos e traçar as políticas e linhas de ação comuns para o adequado cumprimento pelo Brasil das responsabilidades assumidas por força de ratificação da Convenção Relativa à Proteção das Crianças e à Cooperação em Matéria de Adoção Internacional, DELIBEROU apresentar as seguintes recomendações à Autoridade Central Federal e às Autoridades Centrais no âmbito dos Estados federados e do Distrito Federal:

PRIMEIRA CLÁUSULA – Fica estabelecido o SIPIA – Módulo INFOADOTE como banco de dados nacional sobre adoção, a ser coordenado pela Secretaria Especial dos Direitos Humanos, com funcionamento paralelo aos bancos de dados estaduais, que serão responsáveis pela migração das informações a partir do apoio técnico especializado fornecido pela SEDH.
Aprovada à unanimidade
Brasília, 26 de novembro de 2003.

Resolução n. 08/2004
(Aprovada durante a VII Reunião Ordinária do Conselho das Autoridades Centrais Brasileiras)

O Conselho das Autoridades Centrais Brasileiras, criado pelo art. 5º do Decreto Presidencial n. 3.174, de 16 de setembro de 1999, reunido em Brasília/DF, nos dias 3 e 4 de junho de 2004, em reunião ordinária, em cumprimento de suas atribuições, estabelecidas no parágrafo único do aludido artigo, de avaliar os trabalhos e traçar as políticas e linhas de ação comuns para o adequado cumprimento pelo Brasil das responsabilidades assumidas por força de ratificação da Convenção Relativa à Proteção das Crianças e à Cooperação em Matéria de Adoção Internacional, DELIBEROU apresentar as seguintes resoluções e recomendações à Autoridade Central Federal e às Autoridades Centrais no âmbito dos Estados federados e do Distrito Federal:

PRIMEIRA CLÁUSULA – *Composição do Conselho*. O Conselho permanece inalterado quanto ao número de seus membros titulares. *Aprovada à unanimidade*

SEGUNDA CLÁUSULA – *Reuniões do Conselho*. Quando manifestado por algum dos membros do Conselho, poderá ser convidado a participar das reuniões, sem direito a voto, representante do Ministério Público Estadual, que também poderá manifestar seu interesse em participar das reuniões do Conselho através de comunicação às CEJAIs. *Aprovada à unanimidade*

TERCEIRA CLÁUSULA – *Reuniões do Conselho.* Representante do CONANDA poderá ser convidado a participar, sem direito a voto, das reuniões do Conselho, sempre que houver manifestação de interesse, tendo em vista a importância desse órgão como formulador de políticas públicas para a infância. *Aprovada à unanimidade*

QUARTA CLÁUSULA – *Reuniões do Conselho.* Não poderão participar nas reuniões do Conselho das Autoridades Centrais Brasileiras os representantes de entidades privadas de adoção internacional. *Aprovada à unanimidade*

QUINTA CLÁUSULA – *Subcomissão.* Será constituída uma Subcomissão Permanente de membros do Conselho, para acompanhamento do Projeto de Lei Nacional de Adoção, no tema da adoção internacional exclusivamente, formada por representantes dos Estados de Pernambuco, Rio Grande do Sul, Santa Catarina, São Paulo, Rio de Janeiro e da ACAF. *Aprovada à unanimidade*

SEXTA CLÁUSULA – *Pretendente de país não-ratificante.* Será permitida a adoção por pretendente que reside em Estado não-ratificante da Convenção de Haia, desde que garantida a preferência aos requerentes oriundos de países ratificantes, quando houver. *Aprovada por maioria absoluta*

SÉTIMA CLÁUSULA – *Ordem de preferência para pedido de adoção.* Fica estabelecida a ordem de preferência para o processamento do pedido de adoção, a saber: a) adoção nacional, b) adoção internacional de países ratificantes da "Convenção Relativa à Proteção das Crianças e à Cooperação em Adoção Internacional, de Haia"; e c) adoção internacional de países não-ratificantes da referida Convenção. *Aprovada à unanimidade*

OITAVA CLÁUSULA – *Apresentação do pedido de habilitação por estrangeiros provenientes de países não-ratificantes.* Deverá ser observado o seguinte procedimento: o interesse do pretendente estrangeiro deverá ser manifestado junto ao órgão público encarregado da adoção internacional no seu país, que de acordo com sua legislação fornecerá a autorização para adotar. Tal autorização e a documentação correlata deverão ser encaminhadas à ACAF para verificação dos requisitos formais, tais como: capacidade do órgão público do país de origem para autorizar pessoas a adotar internacionalmente, oficialidade da tradução de documentos, encaminhamento de todos os documentos necessários exigidos pela lei brasileira, existência de legislação no país de origem que garanta os direitos dos brasileiros adotados como acima estabelecidos. As CEJAIs comunicarão a ACAF sobre essas adoções realizadas e a ACAF por sua vez notificará o Ministério das Relações Exteriores, que faria um registro consular do menor adotado para fins de futuro acompanhamento da situação dessa criança. *Aprovada à unanimidade*

Nona Cláusula – Adoção de país não-ratificante. Não será admitida a intermediação na adoção internacional por organismo de adoção internacional oriundo de país não-ratificante. *Aprovada à unanimidade*

Décima Cláusula – Adoção por residentes permanentes. No caso de adoção nacional requerida por estrangeiros residentes permanentes no Brasil, os juízes deverão, orientados pelas CEJAIs, esclarecer aos adotantes da necessidade de procederem em seus países aos encaminhamentos legais, para garantir proteção aos adotandos na mesma condição de filhos biológicos. *Aprovada por maioria*

Décima-Primeira Cláusula – Apresentação de pedidos de adoção. A apresentação do pedido de habilitação de adoção internacional somente poderá ocorrer nas CEJAIs. *Aprovada por maioria*

Décima-Segunda Cláusula – Validade do laudo de habilitação. O laudo de habilitação terá validade de dois anos. *Aprovada por maioria absoluta*

Décima-Terceira Cláusula – Relação de adoções. As CEJAIs enviarão à Autoridade Central Administrativa Federal relação anual de adotantes até o mês de abril de cada ano. *Aprovada à unanimidade*

Décima-Quarta Cláusula – Intercâmbio de habilitações. Quando houver intercâmbio de habilitações, sua aceitação ficará sujeita as discricionariedades das CEJAIs receptoras do pedido. *Aprovada à unanimidade*

Décima-Quinta Cláusula – Multiplicidade de pedidos de habilitação. Será aceito o pedido de habilitação com multiplicidade, e serão autorizadas cópias autenticadas pelos CEJAIs. *Aprovada por maioria*

Recomendações – Foram aprovadas as seguintes recomendações:

Recomendação 1 – Recomenda-se que as CEJAIs apóiem a integração aos movimentos dos grupos de apoio à adoção.

Recomendação 2 – Recomenda-se que sejam propostas discussões freqüentes com os órgãos que vêm participando Conselho das Autoridades Centrais, como Polícia Federal, Ministério das Relações Exteriores e, ainda, com aqueles com aqueles que foram aprovados a participar das reuniões do Conselho das Autoridades Centrais (CONANDA e Ministérios Públicos Estaduais).

Recomendação 3 – Recomenda-se que sejam destinados recursos específicos para programas de convivência familiar e comunitária e para prevenção do abandono, violência e trabalho infantil.

Recomendação 4 – Recomenda-se o reordenamento imediato dos abrigos, visando ao cumprimento do art. 92 e parágrafo único do art. 101 do ECA.

RECOMENDAÇÃO 5 – Ênfase da necessidade de criação e implementação dos mecanismos que permitam o acompanhamento permanente das crianças e adolescentes institucionalizados. E:

RECOMENDAÇÃO 6 – Inclusão como disciplina obrigatória dos cursos superiores de Direito, Pedagogia, Serviço Social, Psicologia e Ciências Sociais de matéria relativa à infância e juventude e de direito à convivência familiar e comunitária, e do ECA.

Brasília, 4 de junho de 2004.

Resolução n. 09/2005
(Aprovada durante a VIII Reunião Ordinária do Conselho das Autoridades Centrais Brasileiras)

O Conselho das Autoridades Centrais Brasileiras, criado pelo art. 5º do Decreto Presidencial n. 3.174, de 16 de setembro de 1999, reunido em Brasília/DF, nos dias 27 e 28 de junho de 2005, em reunião ordinária, em cumprimento de suas atribuições, estabelecidas no parágrafo único do aludido artigo, de avaliar os trabalhos e traçar as políticas e linhas de ação comuns para o adequado cumprimento pelo Brasil das responsabilidades assumidas por força de ratificação da Convenção Relativa à Proteção das Crianças e à Cooperação em Matéria de Adoção Internacional, DELIBEROU apresentar as recomendações à Autoridade Central Federal e às Autoridades Centrais no âmbito dos Estados federados e do Distrito Federal:

RECOMENDAÇÕES – Foram aprovadas as seguintes recomendações:

RECOMENDAÇÃO 1 – Recomendar o constante da Resolução n. 3 da ACAF quanto ao compromisso das Autoridades Centrais Brasileiras em aplicar a dispensabilidade da participação de advogado nas adoções internacionais, especialmente em razão do disposto no art. 11 da Convenção de Haia, arts. 166 e 6º do ECA, por tratar-se de procedimento não-contencioso, de natureza administrativa. Em caso de necessidade poderá ser nomeado defensor em favor da parte interessada.

RECOMENDAÇÃO 2 – Recomenda-se que seja expedido ofício às Embaixadas Brasileiras dos países onde há evidências de excesso de cobranças para que se averigúe acerca dos custos máximos toleráveis para procedimentos em adoção internacional relacionados pela ACAF (traduções, salário do representante...).

RECOMENDAÇÃO 3 – Recomenda-se que seja expedido ofício para as escolas da Magistratura sugerindo que se priorize a capacitação dos juízes do interior sobre adoção internacional.

Recomendação 4 – Recomenda-se expedir ofício circular de alerta aos Srs. Corregedores sobre as seguintes hipóteses de burla do sistema: a) registro civil direto de pai estrangeiro que vem ao país como turista e sai com uma criança "adquirida". Que a averiguação de paternidade seja precedida de apresentação de DNA pelo pretendente estrangeiro; b) sejam alertados os juízes de família para a não-concessão de guarda com a finalidade claramente pré-adotiva, inclusive para estrangeiros, facilitando a evasão de crianças com a chancela judicial inadequada; c) a existência de adoções interestaduais com posterior entrega pelo adotante para terceiro casal no estado onde residem.

Recomendação 5 – Recomenda-se orientar a todas as CEJAs/CEJAIs que comuniquem às demais CEJAs/CEJAIs da existência de crianças disponibilizadas para adoção sem pretendentes locais, e que tenham idade de zero a cinco anos, objetivando encontrar casais nacionais, antes de encaminhar para adoção internacional.

Recomendação 6 – Recomenda-se que as CEJAs/CEJAIs enviem ofícios aos juízes e/ou diretamente às instituições de abrigo recomendando que não permitam o acesso de qualquer pessoa que se diga representante de organismo internacional. Caso tal fato venha a ocorrer, deve ser pedido que o dirigente do abrigo comunique a CEJAI.

Recomendação 7 – Recomendam-se propostas para modificação do Projeto de Lei Nacional de Adoção – PEC 1.756, de autoria do deputado João Mattos. 1ª) Art. 12 – "A adoção internacional em hipótese alguma poderá ser feita sem que os adotantes aqui cumpram o estágio de convivência que for determinado, facultado à autoridade judiciária brasileira ouvi-los em audiência". 2ª) Recomendar aos Tribunais de Justiça dos Estados a promoção da criação das Varas Especializadas Regionais da Infância e Juventude, em cumprimento ao previsto pela Lei federal n. 8.069/1990 – Estatuto da Criança e do Adolescente, visando ao aperfeiçoamento da prestação jurisdicional e operacional dos órgãos públicos. 3ª) Para dar cumprimento ao disposto nos artigos 16 e 17 da Convenção de Haia, deverá a CEJAI: a) obter as indicações do pretendente e o documento hábil para adoção, observado o disposto o artigo 17 da Convenção de Haia e a concordância da AC do país de acolhida; b) para obtenção da anuência do país de acolhida, deverá a CEJAI oficiar à AC daquele país nos termos do n. 2 do artigo 16 da Convenção de Haia; c) recebida da AC do país de acolhida manifestação de anuência, considerar-se-á cumprido o disposto no acordo de prosseguimento previsto no artigo 17 da Convenção de Haia; d) atendido o item anterior será expedido pela CEJAI o "Certificado de Continuidade" para o processo de adoção. 4ª) Art. 27 – "É facultada a participação de advogados nos procedimentos afetos a esta Lei". 5ª) Recomendar aos juízes que atentem, em caso da, mesmo dispensável, participação de advogados, na adoção internacional, para a possibilidade de cobrança abusiva de honorários. 6ª) Nos casos de adoção em que for necessária essa participação será cobrado o valor mínimo da Tabela da OAB (para separação consensual).

Resolução n. 10/2006
(Aprovada na IX Reunião Ordinária do Conselho das Autoridades Centrais Brasileiras)

O Conselho das Autoridades Centrais Brasileiras, criado pelo art. 5º do Decreto Presidencial n. 3.174, de 16 de setembro de 1999, reunido em Brasília, DF, nos dias 24, 25 e 26 de maio de 2006, em reunião ordinária, em cumprimento de suas atribuições estabelecidas no parágrafo único do aludido artigo, de avaliar os trabalhos e traçar as políticas e linhas de ação comuns para o adequado cumprimento pelo Brasil das responsabilidades assumidas por força de ratificação da Convenção Relativa à Proteção das Crianças e à Cooperação em Matéria de Adoção Internacional, deliberou apresentar as seguintes resoluções e recomendações à Autoridade Central Federal e às Autoridades Centrais no âmbito dos Estados federados e do Distrito Federal:

PRIMEIRA CLÁUSULA – Fica instituído o Modelo de Relatório Médico da Conferência de Haia para utilização pelas CEJAS/CEJAIS, a ser preenchido na medida do possível de acordo com as informações disponíveis sobre a criança, ou o adolescente. A Autoridade Central Administrativa Federal-ACAF, será responsável por providenciar versão em língua portuguesa e inglesa. *Aprovada à unanimidade*

SEGUNDA CLÁUSULA – Fica instituído o Modelo de Relatório Anual de Estatísticas sobre adoção internacional da Conferência de Haia. A ACAF deverá providenciar o envio do relatório em versão eletrônica para as CEJAS/CEJAIS traduzido para o Português. *Aprovada à unanimidade*

TERCEIRA CLÁUSULA – Fica instituído novo Modelo de Certificado de Continuidade em adoção internacional, em cumprimento ao disposto nos Artigos 16 e 17 da Convenção de Haia de 1993. A ACAF será responsável por providenciar versão em língua portuguesa e inglesa. *Aprovada à unanimidade*

QUARTA CLÁUSULA – Fica instituído o Modelo de Certificado de Conformidade da Conferência de Haia para utilização pelas CEJAIS, e será acrescentado ao documento o nome do Organismo Internacional responsável pela adoção, quando houver, e o número do processo de adoção. A ACAF será responsável por providenciar versão em língua portuguesa e inglesa. *Aprovada à unanimidade*

Recomendações – Foram aprovadas as seguintes recomendações:

Recomendação 1 – "Recomenda-se que seja oficiado ao Ministério das Relações Exteriores para que se negocie com a Conferência de Haia a produção em língua portuguesa de todos os documentos relativos a Convenção de Haia de 1993".

Recomendação 2 – "Recomenda-se encaminhar um ofício ao Conselho Nacional de Justiça para informar àquele órgão a existência do Conselho das Autoridades Centrais Brasileiras e suas respectivas atribuições, anexando cópia do Decreto que instituiu o Conselho e cópia de todas as resoluções já emanadas do Conselho".

Resolução n. 11/2007
(Aprovada na X Reunião Ordinária do Conselho das Autoridades Centrais Brasileiras)

O Conselho das Autoridades Centrais Brasileiras, criado pelo art. 5º do Decreto Presidencial n. 3.174, de 16 de setembro de 1.999, reunido em Brasília, DF, nos dias 29, e 30 de maio de 2007, em reunião ordinária, em cumprimento de suas atribuições estabelecidas no parágrafo único do aludido artigo, de avaliar os trabalhos e traçar as políticas e linhas de ação comuns para o adequado cumprimento pelo Brasil das responsabilidades assumidas por força de ratificação da Convenção Relativa à Proteção das Crianças e à Cooperação em Matéria de Adoção Internacional, deliberou apresentar as seguintes resoluções e recomendações à Autoridade Central Federal e às Autoridades Centrais no âmbito dos Estados federados e do Distrito Federal:

Artigo Primeiro. Fica aprovado o projeto *"Panorama da Adoção Internacional no Brasil no Período de 2003 a 2006"*, de autoria da CEJAI-CE, a ser elaborado por Comissão constituída por representantes dos seguintes Estados: Alagoas, Ceará, Goiás, Minas Gerais, Pará, Paraíba, Paraná, Santa Catarina, São Paulo, e Tocantins, e presidida pelo Senhor Luciano Menezes Pereira, Secretário Executivo da CEJAI-CE. A ACAF deverá submeter o Projeto à apreciação da Secretaria Especial dos Direitos Humanos e verificar a possibilidade de seu patrocínio pela SEDH. *APROVADO À UNANIMIDADE*

Artigo Segundo. Não serão aceitos requerimentos de habilitação para adoção internacional por pretendentes oriundos de países não ratificantes da Convenção de Haia de 1993. No caso dos Estados Unidos, país que aprovou a lei *"Child Citizenship Act of 2000* – Ato de Cidadania da Criança", que concede cidadania norte-americana para crianças adotadas em outros países, ficará a critério da CEJAI decidir acerca da aceitação ou não do pedido de habilitação. *APROVADO À UNANIMIDADE*

Artigo Terceiro. No caso de países ratificantes da Convenção de Haia de 1993 que tenham organismos de adoção internacional devidamente credenciados para atuar no território brasileiro, o envio de pedidos de habilitação somente poderá ser feito por meio desses organismos, não sendo aceito o envio de candidaturas individuais diretamente pelo interessado, ou pela autoridade central estrangeira.*APROVADO À UNANIMIDADE*

Artigo Quarto. No caso de países ratificantes da Convenção de Haia de 1993 que não tenham organismos de adoção internacional devidamente credenciados para atuar no território brasileiro, ficam instituídas as seguintes condições para a aceitação de pedidos de habilitação para adoção internacional:

a) somente será aceito o envio direto de pedidos de habilitação desde que esse seja formulado exclusivamente por autoridade central estrangeira diretamente para a CEJAI ou para a ACAF. A aceitação ou não do pedido de habilitação ficará a critério da CEJAI;

b) a autoridade central estrangeira deverá se comprometer a prestar a devida assistência ao pretendente durante o estágio de convivência, sempre que for necessário;

c) a autoridade central estrangeira deverá se comprometer a enviar relatórios pós-adotivos as CEJAIs por prazo de dois anos, em cumprimento ao estabelecido no Decreto 5.491, de 18 de julho de 2005. *APROVADO À UNANIMIDADE*

Artigo Quinto. Ficam suspensas as adoções internacionais para a Holanda por prazo indeterminado, até que uma posição satisfatória com relação ao caso da criança I.F.B. seja apresentada pela Autoridade Central da Holanda e demais autoridades judiciais ou administrativas competentes desse país, para a CEJAI de Pernambuco e ACAF. No caso de processo de adoção já iniciado em que houve designação de casal para criança, o juízo deverá avaliar a pertinência de sua continuidade. *APROVADO À UNANIMIDADE*

Artigo Sexto. Fica instituída Subcomissão para preparar minuta de decreto que vise estabelecer forma de gerenciamento e repasse dos recursos disponibilizados pelos organismos estrangeiros de adoção internacional. A Subcomissão será constituída pelos representantes dos seguintes Estados: São Paulo, Pernambuco, Rio Grande do Norte, Minas Gerais, Bahia, e ainda, da ACAF. *APROVADO À UNANIMIDADE*

Recomendações – Foram aprovadas as seguintes recomendações:

Recomendação 1 – "Recomenda-se que as CEJAIs que ainda não têm secretarias constituídas nas Corregedorias, providenciem a sua constituição. Essa proposta deverá ser submetida à apreciação do Colégio de Corregedores-Gerais de Justiça em sua próxima reunião".

Recomendação 2 – "Recomenda-se disponibilizar para as CEJAIs, por meio eletrônico, a ata das Reuniões do Conselho. As CEJAIs poderão disponibilizar o documento a membros do Poder Judiciário, quando julgarem conveniente, atentando para a confidencialidade das informações nela contidas".

Recomendação 3 – "Recomenda-se que a adoção internacional seja aceita somente para crianças maiores de cinco anos, a exceção de grupos de irmãos e em casos de crianças portadoras de necessidades especiais, devendo a CEJAI decidir sobre a conveniência da adoção nessa última hipótese".

Anexo 8

Ata da I Reunião Extraordinária
das Comissões Temáticas do
Conselho das Autoridades Centrais Brasileiras

No dia 19 de agosto de 2003 foi realizada a I Reunião Extraordinária das Comissões Temáticas do Conselho das Autoridades Centrais Brasileiras, na cidade de Brasília/DF. Estiveram presentes: o Secretário Especial dos Direitos Humanos, e Presidente do Conselho, Min. Nilmário Miranda, os Conselheiros Titulares, Des. Eliezer Mattos Scherrer (Presidente da Autoridade Central do Estado do Acre), Des. Dôglas Evangelista Ramos (Presidente da Autoridade Central do Estado do Amapá), Desa. Gizela Nunes da Costa (Presidente da Autoridade Central do Estado do Ceará), Des. Antônio Nery da Silva (Presidente da Autoridade Central do Estado de Goiás), Des. Osíris Neves de Mello Filho (Presidente da Autoridade Central do Estado do Piauí), Des. Oswaldo Soares da Cruz (Presidente da Autoridade Central do Estado do Rio Grande do Norte), Des. Thiago Ribas Filho (Presidente da Autoridade Central do Estado do Rio de Janeiro), Juíza de Direito da Vara da Infância e Juventude Cleuci Terezinha Chagas (Representante/Autoridade Central do Estado do Mato Grosso), Juiz de Direito da Vara de Infância e Juventude e Secretário Executivo Luiz Fernando Borges dos Santos (Representante/Autoridade Central do Estado do Mato Grosso do Sul), Juiz Corregedor Rogério Alves Coutinho (Representante da Autoridade Central do Estado de Minas Gerais), Juiz Corregedor José Célio de Lacerda Sá (Representante/Autoridade Central do Estado da Paraíba), Juiz de Direito da Infância e Juventude Fabian Shweitzer (Representante/Autoridade Central do Estado do Paraná), Juiz de

Direito e Secretário Executivo Élio Braz Mendes (Representante/Autoridade Central do Estado de Pernambuco), Juiz de Direito da Infância e Juventude Artur Jenichen Filho (Representante/Autoridade Central do Estado de Santa Catarina), Desa. Corregedora Josefa Paixão de Santana (Representante/Autoridade Central do Estado de Sergipe), Cons. Paulo Tarrisse da Fontoura (Representante do Ministério das Relações Exteriores) e Delegado Rogério Viana Galloro (Representante do Departamento de Polícia Federal). Estavam também presentes o Chefe de Gabinete da Secretaria Especial dos Direitos Humanos, Sr. Júlio Marin, a Sra. Patrícia Lamego, Secretária Executiva do Conselho, o Dr. Carlos Weis, Assessor Jurídico do Secretário Especial dos Direitos Humanos para a Autoridade Central, e convidados a Juíza de Direito da Vara de Infância e Juventude e Secretária Executiva do Estado do Amapá Stella Simone Ramos Pereira, a Secretária Executiva do Estado da Bahia Maria de Lourdes Pinho Medavar, o Juiz de Direito da Vara de Infância e Juventude e Secretário Executivo do Estado do Ceará Luciano Menezes, a Secretária Executiva do Estado do Espírito Santo Maria Inês Valinho de Moraes, a Juíza de Direito da Vara de Infância e Juventude e Secretária Executiva do Estado de Goiás Amélia Netto Martins de Araújo, a Secretária Executiva do Estado do Paraná Jane Pereira, o Juiz de Direito da Vara de Infância e Juventude e Secretário Executivo do Estado do Rio Grande do Norte Gerônimo Rafael Bezerra, o Juiz de Direito da Vara de Infância e Juventude e Secretário Executivo do Estado do Rio Grande do Sul Breno Beutler Jr., a Secretária Executiva do Estado do Rio de Janeiro Arlene Kiefer, a Secretária Executiva do Estado de Santa Catarina Mary Ann Furtado e o Juiz de Direito da Vara de Infância e Juventude e Secretário Executivo do Estado de São Paulo Reinaldo Cintra Torres Carvalho.

O Presidente do Conselho, Min. Nilmário Miranda, deu então início aos trabalhos, dando as boas-vindas aos participantes e explicando os motivos que ocasionaram sua ausência na VI Reunião do Conselho. Em seguida, o Ministro fez exposição de abertura sobre o trabalho desenvolvido pela Secretaria dos Direitos Humanos na presente gestão, em prol dos direitos de crianças e adolescentes. Nesse sentido, mencionou que será promovida a integração das políticas de direitos humanos com as demais políticas públicas e relacionou importantes programas que estão sendo desenvolvidos através de parcerias e que priorizam direitos das crianças e adolescentes, como os de Trabalho Infantil, Exploração Infanto-Juvenil, Paz nas Escolas, entre outros. Destacou a importância dos Conselhos inseridos no âmbito da Secretaria, como o CONANDA, que terão seu papel redefinido de forma a permitir sua mais forte atuação na definição de políticas setoriais e projetos de lei, e colocou que a Secretaria de Direitos Humanos criou convênio com o Banco do Brasil para informatizar todos os Conselhos Tutelares através do SIPIA, estendendo ainda a todos os Municípios da Federação programa para uniformizar os procedimentos nas Unidades de Internação Provisória e Semiliberdade. Mencionou ainda convênios firmados com a CEF, Petrobrás, Ministério do Trabalho, que visam a garantir a oportunidade de emprego aos egressos de medidas sócio-educativas. Em seguida, falou da reorganização da Ouvidoria da Cidadania e Direitos Humanos, que terá equipes para prestar atendimento às denúncias dos cidadãos relativas à violação de direitos civis e políticos; mencionou a unificação do Disque-Denúncia junto à Ouvidoria, com a criação de um número mais acessível, o 0800, apelidado "Disque Direitos Humanos", que contará com equipe especializada para atender a idosos, crianças e adolescentes, portadores de deficiência etc. Também citou pesquisa sobre a rede de abrigos que está sendo desenvolvida pela Secretaria e que fará um mapeamento de todas as crianças abrigadas no país, e informou que existe no Brasil grande número de crianças e adolescentes abrigados, dos quais a maioria se situa fora do perfil para adoção. Em seguida, o Ministro destacou a importância do Projeto de Lei de Adoção que está sendo apresentado na Câmara dos Deputados e que deverá consolidar a política nacional para adoção, e ainda ressaltou a importância da criação de um Cadastro Único de Adoção, que vai permitir disseminação das informações e maior controle dos fluxos de adoção nos Estados. Por último, destacou temas relativos à política institucional do Conselho, entre eles a posição com relação aos países não-ratificantes da Convenção de Haia, e a posição em relação a países em situação de beligerância, como é o caso específico de Israel. Findo o pronunciamento do Presidente do Conselho, os grupos se separaram a fim de constituir as duas Comissões estabelecidas por ocasião da VI Reunião do Conselho e dar início aos trabalhos.

À reunião da Comissão I compareceram representantes das Comissões Estaduais Judiciárias de Adoção (CEJAs) e/ou das Comissões Estaduais Judiciárias de Adoção Internacional (CEJAIs) do Mato Grosso, Paraná, Santa Catarina, São Paulo, Bahia, Minas Gerais, Goiás, Mato Grosso do Sul e Pernambuco, além do Ministério das Relações Exteriores. Também se fez presente o Sr. Chefe de Gabinete da Secretaria Especial dos Direitos Humanos, Sr. Júlio Héctor Marín, e o representante da Autoridade Central Administrativa Federal (ACAF), Dr. Carlos Weis, a quem foi incumbida a tarefa de coordenação dos trabalhos. A pauta compunha-se dos seguintes temas: 1) situação da adoção para países não-ratificantes; 2) situação da adoção para países ratificantes sem entidade credenciada; 3) integração aos movimentos dos Grupos de Apoio à Adoção; 4) proposição de discussões freqüentes com os órgãos que vêm participando do Conselho das Autoridades Centrais, como Polícia Federal e Ministério das Relações Exteriores, e ainda com aqueles que foram aprovados a participar de reuniões do Conselho das Autoridades

Centrais (CONANDA e Ministério Público); 5) estudo do anteprojeto de lei que está sendo elaborado pela Comissão Nacional Pró-Convivência Familiar; 6) estabelecimento de um percentual mínimo dos orçamentos públicos para os Fundos da Infância e Juventude; 7) destinação de recursos específicos para programas de apoio à convivência familiar e comunitária e para a prevenção do abandono, violência e trabalho infantil; 8) reordenamento imediato dos abrigos, visando ao cumprimento do art. 92 e parágrafo único do art. 101 do ECA; 9) estabelecimento de prazos para o processo judicial em primeiro grau de jurisdição e tramitação de recursos nas ações de destituição de pátrio poder; 10) ênfase da necessidade de criação e implementação dos mecanismos que permitam o acompanhamento permanente das crianças e adolescentes institucionalizados; 11) recomendação da inclusão, como disciplina obrigatória dos cursos superiores de Direito, Pedagogia, Serviço Social e Psicologia, de matéria relativa à Infância e Juventude e de Direito à Convivência Familiar e Comunitária; 12) necessidade da autorização do país de origem para a adoção por parte de estrangeiros residentes no Brasil, inclusive diplomatas; 13) unificação dos prazos previstos pela Polícia Federal e pelo Ministério da Justiça para o credenciamento de entidades que atuam em adoção internacional. Iniciando os trabalhos, a coordenação saudou os presentes e enfatizou o caráter não-deliberativo da reunião, devendo as proposições ser encaminhadas ao Conselho das Autoridades Centrais Brasileiras para eventual ratificação e conversão em resolução. Acerca do primeiro item – adoção por pretendentes residentes em Estados não-ratificantes da Convenção de Haia – foi destacado que, se aceita, tal modalidade de adoção internacional deverá situar-se hierarquicamente abaixo da adoção oriunda de países ratificantes da Convenção, e, mesmo assim, havendo a necessidade do estabelecimento de garantias mínimas para os adotados, como a existência de regras concernentes à obtenção da nacionalidade do país de acolhida pelo adotado (em atenção ao princípio da reciprocidade nas relações internacionais), a recepção automática da adoção e a equiparação dos direitos do adotado internacionalmente aos do adotado localmente. Ressaltou-se, então, a questão do Cadastro Nacional de Pessoas em Estado de Adoção e de Pretendentes à Adoção, tema que será tratado adiante. Encerrados os debates, passou-se à discussão das proposições, acolhendo-se aquela que estabelece a ordem de preferência para o processamento de pedidos de adoção, a saber: a) adoção nacional, b) adoção internacional de países ratificantes da Convenção Relativa à Proteção das Crianças e à Cooperação em Matéria de Adoção Internacional; e c) adoção internacional de países não-ratificantes da referida Convenção. Ficou estabelecido que no caso de adoção proveniente de países não-ratificantes deverá ser observado o seguinte procedimento: o interesse do pretendente deve ser manifestado junto ao órgão público encarregado de adoção internacional no país de origem, que, de acordo com sua legislação, fornecerá a autorização para adotar. Tal autorização e a documentação correlata deverão ser encaminhadas à Autoridade Central Administrativa Federal para verificação do preenchimento dos requisitos formais, tais como: capacidade do órgão público do país de origem para autorizar pessoas a adotar internacionalmente, oficialidade da tradução dos documentos, encaminhamento de todos os documentos necessários exigidos pela lei brasileira, existência de legislação no país de origem que garanta os direitos dos brasileiros adotados, como acima estabelecido. A ACAF, certificando a regularidade formal dos documentos, deverá enviar o pedido à CEJA/CEJAI do Estado indicado para a adoção. Se a ACAF entender que estão ausentes os requisitos formais, deverá diligenciar para a correção da lacuna. Ficou estabelecido ainda que não será admitida a intermediação por organismo não-governamental de adoção internacional oriunda de países não-ratificantes. Passando-se ao segundo ponto da pauta, estabeleceu-se que o pedido de adoção originado de país ratificante da Convenção deverá ser encaminhado, pela Autoridade Central do país de origem, à ACAF, que, procedendo ao registro e verificando a ocorrência dos requisitos formais, o encaminhará à CEJA/CEJAI do Estado indicado para a adoção. Com isso, encerraram-se os trabalhos no período matutino. Reiniciada a sessão, passou-se ao terceiro ponto da pauta, relatando as CEJAs/CEJAIs o grau do seu relacionamento com os Grupos de Apoio à Adoção em seus Estados, ficando evidente a disparidade de situações. Todos reconheceram a necessidade de uma maior aproximação, convergindo para sugerir a realização de um Encontro Nacional para estabelecimento de uma política nacional para o setor. A ACAF também reconheceu que ao Governo Federal falta uma maior coordenação para aproximar as políticas referentes à adoção nacional e internacional. O Representante do Paraná lembrou que na VI Reunião do Conselho das Autoridades Centrais havia proposto uma campanha nacional pela adoção, diante do quê o Representante do Ministério das Relações Exteriores salientou a necessidade de se combater a chamada "adoção à brasileira", isto é, aquela que se dá irregularmente, ainda bastante comum. Neste momento pediu a palavra o Sr. Chefe de Gabinete da SEDH, que trouxe aos presentes a triste notícia da morte do Alto Comissário para Direitos Humanos da ONU, Sérgio Vieira de Melo, vitimado por um atentado suicida contra as instalações das Nações Unidas em Bagdá. Diante disso pediu escusa para se retirar. O Representante da ACAF lembrou a todos as qualidades do brasileiro e sua brilhante trajetória, que ora o fazia acumular as funções de Alto Comissário das Nações Unidas para Direitos Humanos com as de encarregado de promover a reconstrução do Iraque e a transição para um novo governo local. Com voto de pesar, proposto pelo Representante de Minas Gerais e acolhido pelos presentes, reiniciaram-se os trabalhos. Tendo em vista o adiantado da hora e a premência em se discutir o Anteprojeto de

Lei que versa sobre a Lei Nacional da Adoção, passou-se diretamente ao quinto ponto da pauta, convencionando-se deixar os demais para outra oportunidade. Com auxílio das Representações de Pernambuco e Santa Catarina, os presentes receberam cópia da versão mais atualizada do Anteprojeto. Desde logo houve diversas manifestações condenando a velocidade de tramitação do Projeto, sendo que diversos Representantes de CEJAs/CEJAIs salientaram que não foram procurados pela Frente Parlamentar de Adoção e que somente na presente reunião estavam tomando conhecimento do projeto de lei. Assim, solicitaram sejam feitos esforços para que o Projeto seja melhor discutido e amadurecido, pois há, na opinião de vários dos presentes, diversos pontos preocupantes. Por deliberação unânime o Representante da ACAF ficou autorizado a levar a preocupação ao Sr. Ministro da Secretaria Especial dos Direitos Humanos. Debruçando-se sobre o Projeto de Lei, convencionaram discutir, primeiramente, pontos relativos à adoção internacional, a começar pela questão do Cadastro Nacional, previsto no art. 70, com o qual o Representante de São Paulo não concorda, por entender que a obrigatoriedade de consulta nacional inviabilizará o trâmite dos pedidos de adoção. De outro lado, o Representante de Pernambuco posicionou-se favoravelmente ao tema, a que se seguiu intenso e prolífico debate, ao final do qual, por unanimidade, sugeriu-se a supressão, no texto original, da expressão "distinguindo entre os domiciliados no Brasil e no exterior", substituída por "na modalidade nacional". Isso para evitar a formação de cadastros de pretendentes à adoção internacional em cada comarca e foro regional. Tais listas devem ficar concentradas nas CEJAs/CEJAIs. No art. 8º, § 1º, o Representante do Paraná destacou a necessidade de comprovação do vínculo entre os pais naturais e os adotivos no caso de adesão expressa dos primeiros, diante do quê os presentes acordaram pela inclusão do vocábulo "vínculo" no texto, que assim resultou: "A adesão expressa dos genitores, ou de um deles, deverá ser devidamente justificada, podendo a Autoridade Judiciária determinar dilação probatória, de ofício, para comprovação do vínculo que for afirmado". O art. 10, § 1º, cuida da adoção internacional para países não-ratificantes da Convenção Relativa à Proteção das Crianças e à Cooperação em Matéria de Adoção Internacional, devendo ser modificado em razão do deliberado no período da manhã. Assim, decidiu-se pela supressão da expressão "que haja acordo de reciprocidade celebrado com o país de origem do adotante e que", incluindo-se no final do parágrafo "e nos tratados internacionais ratificados pelo Brasil". O art. 11, § 1º, comportou atenção ante o risco de uma criança brasileira deixar o país em caráter provisório e esse fato ser utilizado para eventual seqüestro internacional. No entanto, entendendo-se que o risco deve ser suportado ante a prevalência do direito à vida, convencionou-se acrescentar, no final do texto, "cabendo à Autoridade Central Estadual a expedição de Certificado de Conformidade para fins da saída da criança do país e a comunicação do fato à Autoridade Central Administrativa Federal". Outro debate surgiu a respeito do art. 12 do Anteprojeto, que determina a necessária oitiva dos candidatos à adoção internacional pela autoridade judiciária. O tema ficou indefinido, e, dado o adiantado da hora, passou-se diretamente ao art. 17, § 1º, acordando-se retirar do texto a expressões "exclusividade", "em atividade" e "que estejam nos tribunais". A primeira para permitir que pessoas de outros órgãos e mesmo representantes da comunidade integrem as CEJAs/CEJAIs. A segunda para permitir a participação de membros aposentados do Poder Judiciário, muitas vezes com valiosa contribuição a dar no encaminhamento das questões de adoção, e a terceira para permitir que juízes de primeira instância, que geralmente lidam com processo de adoção, também possam integrar a CEJA ou CEJAI. Por fim, debateu-se se às Autoridades Centrais Estaduais deveria competir exclusivamente comunicar-se diretamente com as Autoridades Centrais de outros Estados para fins de trocar informações sobre processos em curso, especialmente quanto à manifestação da concordância sobre uma adoção e o fornecimento dos dados de crianças disponíveis para adoção. O Representante da ACAF salientou sua contrariedade a estes pontos, por se tratar de assuntos ligados à competência da União em cuidar das relações exteriores, assim como para evitar que a Autoridade Central Federal, que é responsável no exterior pelas adoções no Brasil, permaneça desinformada do que vem ocorrendo. O Representante de São Paulo ponderou que, embora atualmente seja inequívoca a determinação do Governo Federal de fortalecer a Autoridade Central Federal, no passado recente isso não ocorreu, o que poderá, eventualmente, voltar a acontecer em governos futuros. Assim, seria temerário atribuir competências à ACAF que, se não bem desempenhadas, podem interromper o curso de processos de adoção internacional. Sugeriu, o que foi aceito por todos, a inclusão da expressão "dando ciência à Autoridade Central Administrativa Federal' ao final do art. 18, *caput*, e 19, alínea "a". Encaminhando a reunião para seu termo, a Coordenação dos Trabalhos da Comissão I agradeceu a colaboração de Pernambuco, e divulgou um *site* criado para debate do Projeto de Lei e o *e-mail* para cadastro, a saber, respectivamente: *www.qrupos.com.br/grupos/comissaonacional* e *comissaonacional@grupos.com.br*. O Representante da ACAF também se comprometeu a criar um grupo de debates sobre adoção internacional e cadastrar os presentes.

    Paralelamente, esteve reunida em separado a Comissão II, que tratou dos temas: 1) Uniformização de Procedimentos; e 2) Informatização. À reunião da Comissão II compareceram Representantes das Comissões Estaduais Judiciárias de Adoção (CEJAs) e/ou das Comissões Estaduais Judiciárias de Adoção Internacional (CEJAIs) dos Estados de Acre, Amapá, Ceará, Espírito Santo, Minas Gerais, Pará, Paraná, Piauí, Paraíba, Rio Grande do Norte, Rio Grande do Sul, Rio de Janeiro e Sergipe. Também se fez presente a Secretária Executiva do Conselho das Autoridades Centrais Patrícia Lamego, que citou os pontos que seriam discutidos, dando início aos trabalhos e passando a palavra aos presentes. Na pauta da reunião os dois pontos incluídos para discussão eram: 1) implantação e disponibilização de um Banco de Dados em cada Estado da Federação com consolidação nacional, abrangendo informações estatísticas qualitativas e quantitativas de todas as crianças e adolescentes em condições de serem adotados, abrigados ou não, e interessados na adoção; 2) instituição como política do Conselho das Autoridades Centrais de formação de uma rede de apoio e incentivo à adoção nacional através da implementação nas CEJAs de Cadastros Estaduais de candidatos à adoção, de crianças em condições de serem adotadas e de crianças abrigadas. Por decisão dos membros da reunião foi decidido mudar a pauta da reunião, sendo o tema da Informatização tratado na parte da manhã e o tema da Uniformização discutido na parte da tarde. Passou-se então a palavra aos presentes, que teve início com considerações do Representante do Piauí, o qual discorreu sobre sua Comissão, colocando que o órgão do *Parquet* funciona como ouvinte apenas; em seguida a Representante de Sergipe disse que naquele Estado quase não ocorrem adoções internacionais; o Assessor Jurídico da CEJA do Rio Grande do Norte colocou que o SIPIA não é viável do ponto de vista de sua implementação e que é necessário reorganizar o sistema, citando que ocorreram apenas nove casos de adoção internacional no Estado nos últimos oito anos e enfatizando o problema do tempo para a destituição do pátrio poder, que ocasiona hiperlotação em abrigos. Na continuidade, o Representante Titular do Rio Grande do Norte colocou sua preocupação com o tempo de validade do laudo de habilitação, que deveria ser definido para todas as CEJAS; o Representante Titular da Paraíba informou que o cadastro em seu Estado é geral e que o órgão do *Parquet* vota; o Representante Titular do Acre discorreu sobre as dificuldades para a adoção internacional em seu Estado, que essa modalidade de adoção está sendo monitorada por deputada do PT, e que, por ser vista como rapto consensual, gera receio, levando à não-concretização de muitos casos. A seguir, o Secretário Executivo da CEJA do Rio Grande do Sul informou que o SIPIA é um sistema que apresenta sérias dificuldades de implementação e uso, tendo em vista que não é um sistema interativo, e que naquele Estado já existe um sistema próprio em funcionamento apresentando ótimos resultados, e que já foi demonstrado a representantes do Ministério da Justiça, sendo esse sistema interativo e baseado na Internet, com fácil acessibilidade. Passou a palavra à Secretária Executiva da CEJA do Distrito Federal, a qual manifestou sua preocupação com a inoperância do SIPIA dentro do projeto INFOADOTE, já que em poucos Estados o sistema opera, e mesmo assim com adaptações, motivo pelo qual solicitou que os Estados em que já existe um sistema viável, como Ceará, Rio Grande do Norte e Rio Grande do Sul, constituam grupo de trabalho para assessorar os demais. Em seguida, o Juiz de Direito da CEJA de Minas Gerais mencionou a falta de cadastro e controle das crianças abrigadas, muitas vezes em abrigos que não são sequer registrados, e colocou que, devido ao grande número de temas a serem discutidos na reunião, se procedesse à discussão do tema da validade dos laudos de habilitação e do controle do envio de processos entre os Estados. A Representante Titular do Ceará informou que em seu Estado já existe um sistema próprio de cadastro recém-implantado, cujo conteúdo estaria sendo distribuído aos membros da Comissão, e que a adoção internacional não ocorre em comarcas do interior do Estado, apenas na CEJAI, que conta com o auxílio de um representante do Ministério Público Federal atuando em todos os casos; a Secretária Executiva do Espírito Santo colocou a completa inexistência de qualquer sistema de cadastro em seu Estado e que há urgente necessidade de informações sobre o SIPIA, acrescentando ainda que encontra dificuldades para comunicar-se com a ACAF, motivo pelo qual pede verificação dos endereços de seu Estado junto à Autoridade Central; e o Representante Titular do Amapá colocou que em seu Estado o sistema de apadrinhamento tem tido alguns resultados e que sua prática será continuada. Continuou a discussão com exposição da Secretária Executiva do Paraná, que discorreu sobre o funcionamento da CEJA em seu Estado, explicando que as adoções internacionais ocorrem em todas as comarcas do Estado, mas que os cadastros de adoção são obrigatoriamente centralizados nas CEJAs, e que existem três cadastros, um para adoção nacional, um segundo para adoção internacional e um terceiro de crianças. Colocou, ainda, que pode ocorrer apadrinhamento em alguns casos e que os procedimentos para adoção internacional no Estado do Paraná ocorrem a partir de uma ordem, a saber: solicitação da listagem de cadastros pelos juízes – primeiro do cadastro de casais nacionais e, não havendo, dos casais internacionais; verificação pelos juízes do melhor casal, com pronunciamento da Assessoria de Apoio à Infância; emissão do Acordo de Continuidade, que contém o nome da criança e do casal e que, uma vez respondido, permite a emissão de segundo laudo pela Comissão; após o segundo laudo, remessa do pedido de habilitação para o juízo onde se fará a adoção; destituição do pátrio poder na 1ª Vara; decisão sobre a adoção na 2ª Vara, que dá prazo de quarenta e oito horas para informação sobre DPP pelo juiz; informação ao Consulado Brasileiro no país de acolhida da criança, bem como ao Consulado do país de acolhimento no Brasil; e expedição do Certificado de Conformidade em sete vias. A palavra é passada ao Representante Titular do Rio de Janeiro, que é Coordenador da CEJAI e dos Juizados Especiais do Estado, o qual explica que a CEJA do Rio de Janeiro é composta por cinco membros, a saber: um desembargador, dois juízes de direito, um defensor público e um advogado representante da OAB. Informa também o Representante Titular do Rio de

Janeiro que o Ministério Público não faz parte do Conselho nem vota, sendo ouvido apenas antes de expedido o laudo de habilitação, e coloca que no Estado existe um cadastro único de crianças e adolescentes, que é mantido pela CEJA, que esse cadastro funciona bem e que foi estabelecido que os núcleos regionais farão cadastros das crianças do Estado. Em seguida a Secretária Executiva do Conselho colocou que existe a necessidade de se pesquisar em cada Estado sobre a situação dos abrigos, incluindo os abrigos credenciados e os não-credenciados. Após as exposições dos presentes, foram levados a discussão e votação dois pontos: 1) ordem das discussões, com o tema da Informatização na parte da manhã e o tema da Uniformização de Procedimentos para discussão na parte da tarde, aprovado à unanimidade; 2) constituição das CEJAs, com as seguintes opções: a) Ministério Público integra a CEJA sem direito a voto; b) Ministério Público integra a CEJA com direito a voto. A opção "a" foi aprovada por oito votos a quatro. Após essas discussões ficou estabelecido que a Autoridade Central estudaria a situação do SIPIA, por ser esse o sistema existente e em fase de desenvolvimento, e que seria apresentado um parecer sobre esse sistema para discussão em outra reunião extraordinária a ser realizada em data futura. Seguiu-se intervalo para o almoço. Após o intervalo de almoço as discussões tiveram continuidade com convite feito pelo Secretário Executivo da CEJA de Santa Catarina, Exmo. Sr. Juiz de Direito Dr. Arthur Jenichen, para Seminário Internacional de Família, Infância e Juventude a ser realizado nos 27 e 28 de novembro próximo, no Balneário Camboriú, em Santa Catarina. Ao convite seguiu-se sugestão para que a reunião extraordinária sobre Informatização fosse realizada no mesmo local, na véspera do Seminário, no dia 26 de novembro. A sugestão foi acolhida à unanimidade. À continuação, o Secretário Executivo da CEJA do Rio Grande do Sul apresentou um sistema de base de dados já implantado no seu Estado e que obteve boa receptividade entre os presentes. O sistema do Rio Grande do Sul foi considerado como viável para implementação em outros Estados, sendo sugerido que o sistema pudesse ser acoplado com o sistema do Ceará, que inclui senha de acesso para seus usuários. Por manifestação dos presentes, a Secretária Executiva do Conselho se comprometeu para em um prazo de quarenta dias apresentar relatório sobre o estado atual do SIPIA, com inclusão de informações a serem discutidas na futura reunião extraordinária de Informatização. A Secretária Executiva do Conselho mencionou ainda sua preocupação com o novo Projeto de Lei de Adoção, que tramita na Câmara dos Deputados, e que é sobremaneira vago em muitos pontos de interesse do Conselho, acrescentando que o autor do Projeto de Lei, deputado João Mattos, declarou estar aberto a todas as sugestões sobre o tema a serem encaminhadas pelos membros do Conselho. Passou-se então a palavra ao Secretário Executivo do Estado do Ceará, que fez demonstração do sistema de cadastro do Estado "Pedido de Habilitação para Adoção Internacional", alimentado pela Presidente da CEJA, com existência de mecanismos de controle para possibilitar a verificação do andamento dos processos de adoção e o estabelecimento de prazos. Novamente passou a palavra ao Secretário Executivo do Estado do Rio Grande do Sul, que sugeriu uma junção dos dos dois sistemas, possibilitando um sistema integrado que atenderia a todas as necessidades dos usuários das CEJAs. Seguiu-se a discussão sobre o segundo tema da pauta – Uniformização dos Procedimentos –, com a discussão sobre o tema da "destituição do poder familiar". Foi colocado que casais estrangeiros têm pouca possibilidade de adotar devido à necessidade de renovação contínua dos laudos de habilitação, acrescida a esse problema a impossibilidade de se disponibilizar os prováveis adotandos. Passou-se a palavra ao Representante Titular da CEJA do Amapá, que relatou a feliz experiência do "Apadrinhamento Afetivo", em que as pessoas são convidadas a levar os abrigados para passarem as festividades natalinas e de Ano Novo, ocorrendo um número significativo daqueles que enveredam pela via judicial, tornando-se pais adotivos das crianças e adolescentes escolhidos. Na continuidade, o Secretário Executivo do Rio Grande do Norte solicitou à ACAF que a legislação estrangeira existente fosse disponibilizada para as CEJAs, de forma a não se onerar ainda mais um processo de habilitação. De forma a assegurar a discussão de pontos importantes até o final da reunião, foi sugerida pelo Representante Titular do Estado do Rio de Janeiro a discussão e votação de pontos concretos de interesse das CEJAs. Passou-se então à discussão e votação dos pontos seguintes. *Primeiro ponto:* duplicidade de apresentação de pedidos de habilitação a mais de uma CEJA simultaneamente. Proposto que as CEJAs comunicarão à Autoridade Central os pedidos de pretendentes estrangeiros à adoção internacional e a ACAF verificará se ocorreu duplicidade. Fixa a competência da habilitação mais antiga. *VOTADO E APROVADO À UNANIMIDADE. Segundo ponto:* estabelece que em caso de duplicidade, a ACAF enviará ofício para as Autoridades Estaduais para informar sobre a duplicidade, e também ofício às entidades credenciadas e Autoridades Centrais estrangeiras comunicando que esse tipo de procedimento não será mais aceito pelas Autoridades Centrais Brasileiras. *VOTADO E APROVADO À UNANIMIDADE. Terceiro ponto:* determina que o laudo de habilitação terá validade de dois anos. *VOTADO E APROVADO À UNANIMIDADE. Quarto ponto:* as CEJAs enviarão à ACAF relação anual de adotantes/adotados até o mês de abril – relação do ano anterior. *VOTADO E APROVADO À UNANIMIDADE. Quinto ponto:* estabelece que as habilitações serão estaduais e quando houver intercâmbio ficam sujeitas à discricionariedade das CEJAs receptoras da habilitação. *VOTADO E APROVADO À UNANIMIDADE. Sexto ponto:* no caso de pedidos de habilitação de países não-ratificantes, a ACAF deverá pedir declaração de garantia da cidadania ao adotando. *VOTADO E APROVADO*

À UNANIMIDADE. Sétimo ponto: Resolução n. 03 da Autoridade Central – quando o visto de permanência do estrangeiro no Brasil é temporário, a habilitação para adoção somente poderá ocorrer nas CEJAIs. *VOTADO E APROVADO À UNANIMIDADE. Oitavo ponto:* não deverão ser processados pedidos de habilitação por agências não credenciadas junto à ACAF; se ratificante o país de origem, a pretensão pode ser aceita quando enviada diretamente pela Autoridade Central do país de origem. *VOTADO E APROVADO À UNANIMIDADE.* Por último, a Secretária Executiva do Conselho a informou aos presentes que a Suíça ratificou a Convenção de Haia em 24 de setembro de 2002, e designou Autoridade Central, cuja entrada em vigor ocorreu em 1º de janeiro de 2003. A reunião encerrou-se às 17h30min. Nada mais havendo a tratar, foi encerrada a reunião, e, para constar, eu, Patrícia Lamego, Secretária Executiva do Conselho, lavrei a Ata, que, depois de lida e aprovada pelo Colegiado, será assinada pelo Presidente do Conselho das Autoridades Centrais Brasileiras.

ANEXO 9

CARTILHA DO MINISTÉRIO DA JUSTIÇA
– AUTORIZAÇÃO PARA FUNCIONAMENTO DE
ORGANIZAÇÕES ESTRANGEIRAS SEM FINS ECONÔMICOS NO BRASIL*

1. Organizações Estrangeiras Destinadas a fins de Interesse Coletivo[1]

O Código Civil de 1916 (Lei n. 3.071/1916) já atribuía às pessoas jurídicas estrangeiras de direito privado a possibilidade de desenvolverem atividades em território nacional.

A atual legislação brasileira reconhece a personalidade jurídica dessas entidades, desde que tenham sido regularmente constituídas de acordo com

---

* As notas desta seção constam do original.

1. O termo "organizações estrangeiras" engloba as associações, fundações, sociedades e demais pessoas jurídicas de direito privado existentes no Direito Comparado. A competência do Ministério da Justiça é relativa apenas à autorização para funcionamento, no Brasil, de organizações estrangeiras destinadas a fins de interesse coletivo definidas como aquelas que não possuem finalidades lucrativas e que desenvolvam atividades de interesse público. As organizações estrangeiras que possuem fins lucrativos e estão submetidas ao regime jurídico empresarial devem requerer a autorização para funcionamento no Brasil junto ao Ministério do Desenvolvimento, Indústria e Comércio Exterior, conforme as normas estabelecidas pela Instrução Normativa n. 81 do Diretor do Departamento Nacional de Registro do Comércio – DNRC, de 5 de janeiro de 1999.

a legislação do seu país de origem (art. 11 da Lei de Introdução ao Código Civil – LICC, Decreto-lei n. 4.657, de 4 de setembro de 1942).[2]

Em síntese, apresentam-se duas opções para a organização estrangeira que queira desenvolver atividades no Brasil, conforme suas necessidades, a saber:

• funcionar no Brasil a partir da instalação de filiais, sucursais, agências ou estabelecimentos;

• apenas atuar no Brasil, celebrando contratos e acionando o Poder Judiciário, por exemplo, sem a necessidade de instalar filiais, sucursais, agências ou estabelecimentos.

No primeiro caso, o eminente jurista Amílcar de Castro esclarece que as organizações estrangeiras deverão, antes, fazer aprovar seus atos constitutivos pelo Poder Executivo Federal, ficando sujeitas às leis e aos tribunais brasileiros,[3] conforme disposto no art. 11, § 1º, da Lei de Introdução ao Código Civil.[4]

Importante observar que, nos termos do art. 1.139 do Código Civil, após autorizada a funcionar no Brasil: "qualquer modificação no contrato ou no estatuto dependerá da aprovação do Poder Executivo, para produzir efeitos no território nacional".

Deve ser ressaltado que a autorização não retira o caráter de estrangeira da organização: "Quaisquer prerrogativas conferidas às sociedades nacionais, que foram além do regime comum de direito privado, somente serão extensíveis às sociedades ou fundações estrangeiras autorizadas se houver reciprocidade de tratamento nos seus países de origem para as sociedades ou fundações brasileiras, ressalvados os casos em que a lei brasileira não permitir, expressamente, a concessão da vantagem ou prerrogativa".[5]

No segundo caso, continua o autor: "(...) não há necessidade de qualquer aprovação ou reconhecimento por parte do Governo Brasileiro; e continuam a obedecer à lei do Estado em que se constituíram, podendo exercer aqui atividade, desde que não seja esta contrária à ordem pública".[6]

---

2. "Art. 11. As organizações destinadas a fins de interesse coletivo, como as sociedades e as fundações, obedecem à lei do Estado em que se constituírem."

3. Cf. Amílcar de Castro, *Direito Internacional Privado*, 5ª ed., Rio de Janeiro, Forense, 1999, p. 347.

4. "Art. 11. (...). § 1º. Não poderão, entretanto, ter no Brasil filiais, agências ou estabelecimentos antes de serem os atos constitutivos aprovados pelo Governo Brasileiro, ficando sujeitas à lei brasileira."

5. Amílcar de Castro, ob. cit., p. 347.

6. Amílcar de Castro, ob. cit., p. 347.

1.1 Organizações estrangeiras destinadas à intermediação de adoções internacionais de menores

A princípio, quaisquer organizações estrangeiras destinadas a fins de interesse coletivo e cujos fins sejam lícitos, segundo a lei brasileira, poderão ser autorizadas a funcionar no Brasil. Uma situação, todavia, merece especial atenção: a das organizações estrangeiras destinadas à intermediação de adoções internacionais de menores.

Considerando a necessidade de se adotarem medidas para garantir que as adoções internacionais sejam feitas no interesse superior dos menores e com respeito aos seus direitos fundamentais, assim como para prevenir o seqüestro, a venda ou o tráfico de menores, a autorização para que uma organização estrangeira possa atuar na intermediação de adoções internacionais de menores em território nacional exige que ela:

• persiga unicamente fins não-lucrativos;

• seja dirigida e administrada por pessoas qualificadas por sua integridade moral e por sua formação ou experiência para atuar na área de adoção internacional;

• possua, como representantes nacionais, pessoas idôneas (este fato será comprovado por diligências que serão acostadas ao processo através de relatórios enviados pela Divisão de Polícia Marítima, Aeroportuária e de Fronteiras do Departamento de Polícia Federal);

• preserve os direitos e as garantias individuais das crianças e dos adolescentes dados em adoção internacional, observada a Convenção Relativa à Proteção das Crianças e à Cooperação em Matéria de Adoção Internacional (Decreto n. 3.087, de 21 de junho de 1999), a Convenção sobre os Direitos das Crianças (Decreto n. 99.710, de 21 de novembro de 1990) e o Estatuto da Criança e do Adolescente (Lei n. 8.069, de 13 de julho de 1990).

Para que seja assegurado o reconhecimento, nos Estados, das adoções realizadas segundo a Convenção, a autorização para que a organização estrangeira atue na intermediação de adoções internacionais de menores no Brasil exige que o seu país de origem tenha ratificado a Convenção sobre Cooperação Internacional e Proteção de Crianças e Adolescentes em Matéria de Adoção Internacional, concluída em 29 de maio de 1993 em Haia, Holanda, e designada Autoridade Central encarregada de dar cumprimento às obrigações impostas pela Convenção.

No caso de países não-ratificantes ou que não designaram sua Autoridade Central, o encaminhamento da habilitação de pretendentes à adoção só poderá ser feito por via diplomática, e não por intermédio de organizações estrangeiras que atuam na intermediação de adoções internacionais de menores.

2. Procedimento para a autorização

O pedido de autorização para funcionamento no Brasil deve ser formalizado através de requerimento assinado pelo presidente da organização estrangeira ou pelo seu representante legal no Brasil, e dirigido ao Exmo. Sr. Ministro de Estado da Justiça, no qual, após a devida qualificação, solicita-se a autorização para funcionamento no território nacional.

Os pedidos de autorização, acompanhados da documentação exigida, devem ser protocolados na Central de Atendimento da Secretaria Nacional de Justiça, localizada no 1º andar do Anexo II do Ministério da Justiça. Podem ser também encaminhados pelo Correio para o seguinte endereço:

Secretaria Especial dos Direitos Humanos

Esplanada dos Ministérios – Bloco T – Sede – Sala 212

70064-900 Brasília – DF

Brasil

Fone: 00 55 (61) 3429.3975

Fax: 00 55 (61) 3429.3261

e-mail: acaf@sedh.gov.br

Os documentos que acompanharem o pedido de autorização deverão ser originais ou cópias autenticadas pelo serviço notarial e de registro brasileiro. Todavia, se as cópias forem apresentadas por portador munido de procuração, este poderá solicitar a sua autenticação aos servidores públicos do Ministério da Justiça mediante confronto com o original (art. 5º, parágrafo único, do Decreto n. 83.936, de 6 de setembro de 1979).

Caso a documentação esteja incompleta ou haja necessidade de um maior esclarecimento acerca de algum ponto relevante, serão solicitadas diligências ao representante legal da organização estrangeira no Brasil, que deverá cumpri-las no prazo de até sessenta dias, sob pena de arquivamento.

Ocorrendo o arquivamento do processo, a organização estrangeira poderá, a qualquer tempo, solicitar o seu desarquivamento por meio de requerimento dirigido ao Coordenador de Justiça, Títulos e Qualificação da Secretaria Nacional de Justiça, com o cumprimento das diligências solicitadas e uma justificativa relevante para o seu não-cumprimento no prazo inicialmente fixado.

Indeferido o pedido de autorização, a organização estrangeira poderá recorrer no prazo de dez dias, solicitando a reconsideração do Exmo. Sr. Ministro de Estado da Justiça.

A qualquer momento, a organização estrangeira poderá, por meio do seu representante legal, requerer à Divisão de Outorgas, Títulos e Qualificação certidão de inteiro teor de despachos e pareceres que forem necessários à instrução de requerimentos de desarquivamento e pedidos de reconsideração.

Na análise do mérito do pedido, serão solicitadas, quando necessárias, manifestações da Divisão de Assistência Consular do Ministério das Relações Exteriores, do Ministério Público[7] e de quaisquer outros órgãos ou entidades publicas que possam fornecer informações relevantes para a análise da conveniência e oportunidade do deferimento do pedido de autorização para funcionamento no Brasil.

Deferido o pedido de autorização para funcionamento no Brasil, a organização estrangeira deverá prestar constas anualmente ao Ministério da Justiça até o dia 30 de abril de cada ano, apresentando um relatório circunstanciado dos serviços e atividades que houver realizado no ano anterior, acompanhado de demonstrativo das receitas e despesas realizadas no período.

2.1 Peculiaridades em relação às organizações estrangeiras destinadas à intermediação de adoções internacionais de menores

No caso de organizações estrangeiras destinadas à intermediação de adoções internacionais de menores, o procedimento apresenta algumas peculiaridades que merecem uma consideração específica.

O procedimento divide-se, basicamente, em três fases: cadastramento junto à Divisão de Polícia Marítima, Aeroportuária de Fronteiras do Departamento de Polícia Federal, credenciamento junto à Autoridade Central Administrativa Federal, atualmente representada pela Secretaria Especial de Direitos Humanos da Presidência da República, e, finalmente, autorização para funcionamento no Brasil junto ao Ministério da Justiça.

O requerimento de autorização, acompanhado da documentação exigida, pode ser protocolado no Ministério da Justiça, como descrito acima, ou diretamente junto a qualquer unidade da Polícia Federal existente no território nacional. No primeiro caso, após a autuação e a distribuição, o processo será encaminhado à Divisão de Polícia Marítima, Aeroportuária e de Fronteira – DPMAF para averiguações e cadastramento.

Após o cadastramento pela DPMAF, o processo é remetido à Coordenação de Justiça, Títulos e Qualificação do Ministério da Justiça, que, após se

---

7. A consulta ao Ministério Público é necessária, sobretudo, quando se trata de pedido de autorização para funcionamento de fundações estrangeiras no Brasil, pois o art. 66 do Código Civil atribui ao Ministério Público o papel de fiscalizar as fundações. Desta forma, pode ser necessária, no curso da tramitação do processo, a oitiva do representante do Ministério Público competente para autorizar o funcionamento da fundação no Estado-membro e/ou no Distrito Federal.

manifestar acerca do mérito do pedido de autorização, o encaminha para a Autoridade Central Administrativa Federal para fins de credenciamento.

Após o credenciamento, o processo retorna ao Ministério da Justiça para a análise final do pedido, com o deferimento ou não da autorização pleiteada.

Deferido o pedido de autorização, o processo é encaminhado à Autoridade Central Administrativa Federal, órgão perante o qual a organização estrangeira deverá prestar contas acerca da sua atuação em território nacional, nos termos do art. 4º da Portaria n. 14 do Secretário de Estado dos Direitos Humanos do Ministério da Justiça, de 27 de julho de 2000.

3. Documentação necessária

Além da documentação geral exigida para o deferimento do pedido de autorização para funcionamento no Brasil, é necessária, no caso de organizações estrangeiras destinadas à intermediação de adoções internacionais de menores, a apresentação de documentos à Divisão de Polícia Marítima, Aeroportuária e de Fronteira e à Autoridade Central Administrativa Federal para fins, respectivamente, de cadastramento e credenciamento. Vale ressaltar que, de acordo com o art. 1.134, § 2º, do Código Civil,[8] todos os documentos redigidos originalmente em língua estrangeira deverão ser autenticados pelo serviço notarial e de registro estrangeiro, legalizados pelo Consulado Brasileiro no exterior e traduzidos para o Português por tradutor juramentado registrado de acordo com a legislação nacional.[9]

3.1 Relação de documentos necessários à autorização para funcionamento de organizações estrangeiras destinadas a fins de interesse coletivo no Brasil

Para fins de autorização para funcionamento no Brasil, devem ser apresentados os seguintes documentos, que serão analisados pela Coordenação

---

8. "Art. 1.134. (...). § 2º. Os documentos serão autenticados, de conformidade com a lei nacional da sociedade requerente, legalizados no Consulado Brasileiro da respectiva sede e acompanhados de tradução em vernáculo."

9. De acordo com o art. 18 do Decreto n. 13.609, de 21 de outubro de 1943, que regulamenta as profissões de tradutor juramentado e intérprete comercial no território nacional: "Nenhum livro, documento ou papel de qualquer natureza que for exarado em idioma estrangeiro produzirá efeito em repartições da União, dos Estados e dos Municípios, em qualquer instância, juízo ou tribunal ou entidades mantidas, fiscalizadas ou orientadas pelos Poderes Públicos, sem ser acompanhado da respectiva tradução feita na conformidade deste regulamento". Cf. também o Decreto n. 5.491, de 18 de julho de 2005.

de Justiça, Títulos e Qualificação do Ministério da Justiça, conforme o art. 11, § 1º, da Lei de Introdução do Código Civil e o art. 1.134, §§ 1º e 2º, do Código Civil:[10]

• requerimento de autorização, dirigido ao Exmo. Sr. Presidente da República Federativa do Brasil;

• inteiro teor do estatuto, acompanhado de certidão do serviço notarial e de registro no exterior que comprove estar a organização estrangeira constituída conforme a legislação do seu país de origem;

• ata da deliberação que autorizou o funcionamento da organização estrangeira no Brasil;

• ata da eleição da atual diretoria e demais órgãos de administração, acompanhada de uma lista contendo a qualificação completa, com nome, nacionalidade profissão e domicílio, de cada um dos seus diretores e administradores;

• procuração por instrumento público ou particular, neste último caso acompanhada de reconhecimento da firma do nomeante, designando o representante legal da organização estrangeira no Brasil, que deverá possuir residência fixa no território nacional, conferindo-lhe poderes expressos para aceitar as condições exigidas pela autorização e para tratar de qualquer questão de interesse da organização, resolvendo-a definitivamente, e podendo, para tanto, ser demandado administrativa ou judicialmente.

OBSERVAÇÃO

• Todos os documentos deverão estar devidamente autenticados, na conformidade da lei nacional da instituição requerente, e legalizados no Consulado Brasileiro no local da sua sede.

• Todos os documentos deverão vir acompanhados das respectivas traduções para o Português, feitas por tradutor público juramentado brasileiro.

3.2 Relação de documentos necessários ao cadastramento e organizações estrangeiras destinadas à intermediação de adoções internacionais de menores

Para fins de cadastramento de organizações estrangeiras destinadas à intermediação de adoções internacionais de menores, devem ser apresentados

---

10. Os documentos abaixo indicados são exigidos por extensão analógica do art. 1.134, §§ 1º e 2º, do Código Civil, aplicável à autorização para funcionamento de sociedades estrangeiras no Brasil.

os seguintes documentos, que serão analisados pela Divisão de Polícia Marítima, Aeroportuária e de Fronteira do Departamento de Polícia Federal, de acordo com a Portaria n. 815 do Diretor-Geral do Departamento de Polícia Federal do Ministério da Justiça, de 28 de julho de 1999:

• normas básicas da entidade;

• certificado ou autorização para funcionar no campo da adoção, expedida pelo governo de origem (credenciamento);

• dados referentes ao Conselho de Administração e seus contabilistas;

• relação nominal, com filiação, identidade e endereço, dos representantes legais da entidade;

• comprovante de quitação dos débitos fiscais a que estiver sujeita no Brasil e no exterior;

• texto(s) da legislação do país de origem que disciplina a adoção;

• descrição das atividades planejadas para o Brasil;

• informação sobre a autoridade, organização, instituição ou pessoa particular no Brasil com quem a organização pretende colaborar;

• nome(s) e endereço(s) da(s) entidade(s) brasileira(s), pública ou privada, com a qual a entidade estrangeira mantém acordo ou convênio relacionado com a adoção internacional, indicando o nome e o endereço do responsável pela entidade;

• relatório das atividades da organização requerente desde a fundação;

• comprovante do recolhimento da taxa no valor correspondente a duzentas UFIRs, através da GAR/FUNAPOL; e

• comprovante da situação legal, no Brasil, do signatário do requerimento quando se tratar de estrangeiro, cujo visto deve ser compatível com a função.

*3.3 Relação de documentos necessários
ao credenciamento de organizações estrangeiras
destinadas à intermediação
de adoções internacionais de menores*

Para fins de credenciamento de organizações estrangeiras destinadas à intermediação de adoções internacionais de menores, devem ser apresentados os seguintes documentos, que serão analisados pela Autoridade Central Administrativa Federal, atualmente representada pela Secretaria Especial de Direitos Humanos da Presidência da República, de acordo com a Portaria n.

14 do Secretário de Estado dos Direitos Humanos do Ministério da Justiça, de 27 de julho de 2000:[11]

• requerimento de credenciamento, dirigido ao Secretário Especial dos Direitos Humanos da Presidência da República;

• credenciamento pela Autoridade Central do país de origem (devidamente autenticado);

• relatório de custos.

MODELO DE REQUERIMENTO DE AUTORIZAÇÃO PARA FUNCIONAMENTO DE ORGANIZAÇÕES ESTRANGEIRAS SEM FINS ECONÔMICOS NO BRASIL

Excelentíssimo Senhor Presidente da República Federativa do Brasil_____, *(nome da entidade)* entidade com sede em _____, *(endereço da sede da entidade)* constituída em conformidade com as leis de(o)(a) _____, *(país de origem da entidade)* vem, por intermédio do(a) seu(a) _____, *(presidente, representante legal ou procurador)* _____, *(nome e qualificação, com indicação precisa de endereço para contato)* abaixo assinado, solicitar, a Vossa Excelência, nos termos do art. 11, § 1º, da Lei de Introdução ao Código Civil Brasileiro e do art. 1.134, §§ 1º e 2º, do Código Civil, autorização para funcionamento no território da República Federativa do Brasil.

_____
(Local e data)

_____
(Assinatura do presidente, representante legal ou procurador da entidade)

---

11. Cf. também o Decreto n. 5.491, de 18 de julho de 2005.

MODELO DE REQUERIMENTO DE CREDENCIAMENTO DE ENTIDADES DE FOMENTO À ADOÇÃO INTERNACIONAL DE MENORES PELA AUTORIDADE CENTRAL ADMINISTRATIVA FEDERAL

Excelentíssimo Senhor Secretário Especial dos Direitos Humanos_____, *(nome da entidade)* entidade com sede em _____, *(endereço da sede da entidade)* devidamente credenciada pela Autoridade Central de(o)(a) _____, *(país de origem da entidade)* vem, por intermédio do seu _____, *(presidente, representante legal ou procurador)* _____, *(nome e qualificação, com indicação precisa de endereço para contato)* abaixo assinado, solicitar, a Vossa Excelência, nos termos do art. 2º do Decreto n. 3.174, de 16 de setembro de 1999, e com base nos arts. 10, 11 e 12 da Convenção Relativa à Proteção das Crianças e à Cooperação em Matéria de Adoção Internacional, aprovada pelo Decreto Legislativo n. 01, de 14 de janeiro de 1999, e promulgada pelo Decreto n. 3.087, de 21 de junho de 1999, o credenciamento junto à Autoridade Central Administrativa Federal Brasileira para fins de atuar na promoção de adoções internacionais no território brasileiro.

_____
(Local e data)

_____
(Assinatura do presidente, representante legal ou procurador da entidade)

ANEXOS 239

FORMULÁRIOS EXIGIDOS PELA CONVENÇÃO DE HAIA

MODEL FORM / *MODELO DE FORMULÁRIO*
MEDICAL REPORT ON THE CHILD / *RELATÓRIO MÉDICO DA CRIANÇA*
For contracting states within the scope of the Hague Convention of Intercountry Adoption *Estados Signatários da Convenção de Haia sobre Adoção Internacional*

A DULY LICENSED PHYSICIAN SHOULD COMPLETE THIS REPORT.
ESTE RELATÓRIO DEVE SER PREENCHIDO POR UM MÉDICO DEVIDAMENTE REGISTRADO.

Please decide on **each** heading / *Favor preencher **cada** tópico*
If the information in the question is not available please state "unknown"
/ *Se a informação não for disponível, favor preencher como "desconhecida"*

Name of the child / *Nome da criança*:
Date and year of birth / *Data de nascimento*:
Sex / *Sexo*:
Place of birth / *Local de nascimento*:
Nationality / *Nacionalidade*:
Name of the mother / *Nome da mãe*:
Date and year of her birth / *Data de nascimento da mãe*:
Name of the father / *Nome do pai*:
Date and year of his birth / *Data de nascimento do pai*:
Name of the present institution / *Nome da instituição*: Placed since / *Abrigamento desde*:
Weight at birth / *Peso ao nascer*:   kg   At admission / *Na admissão*:   kg
Length at birth / *Comprimento ao nascer*:   cm   At admission / *Na admissão*:   cm
Was the pregnancy and delivery normal / *A gravidez e o parto foram normais?* Yes / *Sim*   No / *Não*   Do not know / *Não se sabe*
Where has the child been staying / *Local de permanência da criança?* with his/her mother / *com a mãe*   from / *desde*   to / *até* with relatives / *com parentes*   from /*desde*   to / *até* in private care / *sob cuidados particulares* from /*desde*   to / *até* in institution or hospital / *em instituição ou hospital* from / *desde*   to / *até*
(Please state below the name of the institutions concerned / *Favor indicar abaixo o nome das instituições relacionadas*)
Has the child had any diseases during the past time / *A criança teve alguma doença no passado?* (If yes, please indicate the age of the child in respect to each disease, as well as any complication / *Em caso afirmativo, favor indicar a idade da criança quando da ocorrência de cada doença e se houve complicações*)

Yes / *Sim*   No / *Não*   Do not know / *Não se sabe*
If yes / Se sim:
Ordinary children's diseases (whooping cough, measles, chicken-pox, rubella, mumps)
/ *Doenças comuns da infância (coqueluche, sarampo, catapora, rubéola, caxumba)*?
Tuberculosis / *Tuberculose*?
Convulsions (incl. Febrile convulsions) / *Convulsões (incluindo convulsões febris)*?
Any other disease / *Alguma outra doença*?
Exposition to contagious disease / *Exposição a doenças contagiosas*?

Has the child been vaccinated against any of the following diseases
/ *A criança foi vacinada contra alguma das seguintes doenças:*
Yes / *Sim*   No / *Não*   Do not know / *Não se sabe*
If yes / *Se sim*:
Tuberculosis (B.C.G.) / *Tuberculose (B.C.G.)*?Date of injection / *Data da vacinação*:
Diphtheria / *Difteria*?   Date of injection /*Data da vacinação*:
Tetanus / *Tétano*?   Date of injection / *Data da vacinação*:
Whooping cough / *Coqueluche*?   Date of injection / *Data da vacinação*:
Poliomyelitis / *Poliomielite*?   Date of injection / Data da vacinação:
                         Date of oral vaccinations / *Data das vacinas orais*:
Hepatitis A / *Hepatite A*?   Date of injection / *Data da vacinação*:
Hepatitis B / *Hepatite B*?   Date of injection / *Data da vacinação*:
Other immunisations / *Outras imunizações*?
Date of injection / *Data da vacinação*:

Has the child been treated in hospital
/ *A criança já esteve submetida a tratamento em hospital*?
Yes / *Sim*   No / *Não*   Do not know / *Não se sabe*

If yes, state hospital, age of child, diagnosis, and treatment
/ *Em caso afirmativo, cite o hospital, idade da criança, diagnóstico e tratamento:*

Give, if possible, a description of the mental development, behaviour and skills of the child
/ *Faça, se possível, uma descrição do desenvolvimento mental, do comportamento e das habilidades da criança.*

Visual / *Visual* unknown / *desconhecido*	When was the child able to fix / *Quando a criança começou a fixar o olhar*?
Aural / *Aural* unknown / *desconhecido*	When was the child able to turn its head after sounds / *Quando a criança começou a girar a cabeça reagindo a sons/barulhos*?
Motor / *Motor* unknown / *desconhecido* Language / *Linguagem* unknown / *desconhecido*	When was the child able to sit by itself / *Quando a criança começou a sentar sozinha*? Stand by support / *Ficar em pé apoiada*? Walk without support / *Andar sem apoio*? When did the child start to prattle / *Quando a criança começou a balbuciar*? Say single words / *Pronunciar palavras soltas*? Say sentences / *Pronunciar frases*?
Contact / *Contato* unknown / *desconhecido*	When did the child start to smile / *Quando a criança começou a sorrir*? How does it react towards strangers / *Como a criança reage em relação 'a estranhos*?

ANEXOS

	How does it communicate with adults and other children / *Como a criança se comunica com adultos e outras crianças?*
Emotional / *Emocional* unknown / *desconhecido*	How does the child show emotions (anger, uneasiness, disappointment, joy) / *Como a criança expressa emoções (raiva, desconforto, decepção, alegria)?*

Medical examination of the child / *Avaliação médica da criança*
Date of the medical examination / *Data do exame médico*:

1. The child / *A criança*	Weight / *Peso*:	kg	date / *data*:
	Height / *Altura*:	cm	date / *data*:
	Head circumference/*Circunferência da cabeça*	cm	date:

Colour of hair / *Cor do cabelo*:
Colour of eyes / *Cor dos olhos*:
Colour of skin / *Cor da pele*:

Through my complete clinical examination of the child I have observed the following evidence of disease, impairment or abnormalities of /
Ao longo da avaliação clínica completa da criança, observei os seguintes sinais de doença, danos ou anormalidades:
Date of the examination / *Data do exame*:

Head (form of skull, hydrocephalus, craniotabes) / *Cabeça (formato da cabeça, hidrocefalia, craniotabes)*
Mouth and pharynx (harelip or cleft palate, teeth) / *Boca e faringe (lábio leporino ou fenda palatina, dentes)*
Eyes (vision, strabismus, infections) / *Olhos (visão, estrabismo, infecções)*
Ears (infections, discharge, reduced hearing, deformity) / *Ouvidos (infecções, secreções, audição reduzida, deformidade)*
Organs of the chest (heart, lungs) / *Órgãos do peitoral (coração, pulmões)*
Lymphatic glands (adenitis) / *Glândulas linfáticas (adenites)*
Abdomen (hernia, liver, spleen) / *Abdomên (hérnia, fígado, baço)*
Genitals (hypospadia, testis, retention) / *Genitália (hipospádia, testículos, retenção)*
Spinal column (kyphosis, scoliosis) / *Coluna vertebral (cifose, escoliose)*
Extremities (pes equinus, valgus, varus, pes calcaneovarus, flexation of the hip, spasticity, paresis) / *Extremidades (pés eqüinos, valgus, varus, pés calcaneovarus, deslocamento dos quadris, espasticidade, paresia)*
Skin (eczema, infections, parasites) / *Pele (eczema, infecções, parasitas)*
Other diaseases / *Outras doenças?*
Are there any symptoms of syphilis in the child / *A criança apresenta algum sintoma de sífilis?*

Result of syphilis reaction made (date and year)   / *Resultado do teste de sífilis (data):*   Positive / *Positivo*   Negative /*Negativo*   Not done /   *Não foi feito*
Any symptoms of tuberculosis / *Algum sintoma de tuberculose*?   Result of tuberculin test made (date and year) / *Resultado do teste de tuberculose (data)*:   Positive / *Positivo*   Negative / *Negativo*   Not done / *Não foi feito*
Any symptoms of Hepatitis A / *Algum sintoma de Hepatite A*?   Result of tests for hepatitis A made (date and year)   / *Resultado dos testes de hepatite A (data)*:   Positive / *Positivo*   Negative / *Negativo*   Not done / *Não foi feito*
Any symptoms of Hepatitis B? / *Algum sintoma de Hepatite B*?   Result of testes for HbsAg (date and year) / *Resultado dos testes de HbsAg (data)*:   Positive / *Positivo*   Negative / *Negativo*   Not done / *Não foi feito*   Result of tests for anti-HBs (date and year) / *Resultado dos testes de anti-HBs (data)*:   Positive / *Positivo*   Negative / *Negativo*   Not done / *Não foi feito*   Result of tests for HbeAg (date and year) / *Resultado dos testes de HbeAg (data)*:   Positive / *Positivo*   Negative / *Negativo*   Not done / *Não foi feito*   Result of tests for anti-HBe (date and year) / *Resultado dos testes de anti-Hbe (data)*:   Positive / *Positivo*   Negative / *Negativo*   Not done / *Não foi feito*
Any symptoms of AIDS / *Algum sintoma de AIDS*?   Result of tests for HIV made (date and year) / *Resultado dos testes de HIV (data)*:   Positive / *Positivo*Negative / *Negativo*Not done / *Não foi feito*
Symptoms of any other infections disease   / *Sintomas de alguma outra doença infecciosa*?
Does the urine contain / *A urina contém*?   Sugar / *Açúcar*?   Albumen / *Albumina*?   Phenylketone / *Fenilcetonúria*?
Stools (diarrhoea, constipation) / *Excrementos (diarréia, constipação)*:   Examination for parasites / *Exame de parasitas*:   Positive (species) / *Positivo (espécies)*   Negative / *Negativo*   Not done / *Não foi feito*
Is there any mental disease or retardation of the child   / *A criança apresenta alguma doença ou atraso mental*?
Give a description of the mental development, behaviour and skills of the child. This is of particular value for advising the prospective parents   / *Faça uma descrição do desenvolvimento mental, do comportamento e das habilidades da criança. Isso é importante para informar aos futuros adotantes.*
Any additional comments / *Algum comentário adicional*?

Signature and stamp of the examining physician   Date / *Data*
   / *Assinatura e carimbo do médico examinado*

CERTIFICADO DE CONTINUIDADE DO PROCEDIMENTO
STATEMENT OF CONTINUITY OF THE ADOPTION

Artigo 17 da Convenção de Haia de 29 de maio de 1993, Relativa à Proteção das Crianças e à Cooperação em Matéria de Adoção Internacional.

Article 17 of the Hague Convention of 29 May 1993 on the Protection of Children and Cooperation in Respect of Intercountry Adoption.

1. A autoridade abaixo-assinada / *The authority signed below*:

O (A) Excelentíssimo (a) Senhor (a) Desembargador (a) / *The Honorable High Court Justice*: _____ Digníssimo (a) Presidente da Comissão Estadual Judiciária de Adoção do Estado de / *President of the State Judiciary Committee for Intercountry Adoption of:* _____Autoridade Central a que se refere a Convenção de Haia, com sede à / *the Central Authority referred to by the Hague Convention, located at:* _____
_____

2. **EXPRESSA** o acordo da autoridade brasileira competente para a continuidade do procedimento referente ao Senhor e Senhora / ***DECLARES*** *the agreement of the competent Brazilian authority for the continuity of the procedures regarding Mr. and Mrs.:* _____
portadores dos passaportes nº / *passports numbers:* _____
_____, residentes e domiciliados à / *permanent residents at:* _____ que estão devidamente habilitados e qualificados junto a esta Comissão para a adoção da(s) criança(s) / *which are duly approved and qualified by this Committee for the adoption of the following child (children):* _____
_____, nascidos(as) em / *born at:* _____
_____, através da Comarca de / *in the city / jurisdiction of:* _____

3. **CONFIRMA**, nos termos do art. 4 da Convenção de Haia, que a(s) criança(s) encontram-se inteiramente aptas a serem adotadas, inexistindo qualquer obstáculo legal para o início do processo de adoção, com pais destituídos do poder familiar e que não obtiveram colocação em família substituta nacional.

CONFIRMS, *in accordance to Article 4 of the Hague Convention, that the child(children) was legally placed for adoption, that there is no legal impediment for the adoption procedures to begin, that the parents were destituted of all parental rights, and that no national surrogate family was found for the placement of the child.*

4. COMUNICA que a adoção será processada pelo(a) Dr.(a) / ***INFORMS*** *that the adoption will be processed by:*_____
_____, Meritíssimo (a) Juiz (a) de Direito da Vara da Infância e Juventude da Comarca de / *Honorable Judge of the Infancy and Juvenile Court of the City of:* _____
_____

_____, _____ / _____ / ____ .

Desembargador / *High Court Justice*
Presidente da CEJA / President of the State Committee

Recommended Model Form
Formulário Modelo Recomendado

**CERTIFICATE OF CONFORMITY
OF INTERCOUNTRY ADOPTION
CERTIFICADO DE CONFORMIDADE
DA ADOÇÃO INTERNACIONAL**

Article 23 of the Hague Convention of 29 May 1993 on Protection of Children and Cooperation in Respect of Intercountry Adoption
Artigo 23 da Convenção da Haia de 29 de maio de 1993, Relativa à Proteção das Crianças e à Cooperação em Matéria de Adoção Internacional

The undersigned authority / *A autoridade abaixo-assinada*:
(*Name and address of the competent authority of the State of adoption*) / (Nome e endereço da autoridade competente do país onde ocorreu a adoção)
....
   Hereby certifies that the child / *Declara que a criança*:
Family name / *Sobrenome*: ....
First name / *Nome*: ....
Sex / *Sexo*: Male / *Masculino* [ ]   Female / *Feminino* [ ]
Date of birth / *Data de nascimento*: day / *dia* .... month / *mês* .... year / *ano* ....

Place of birth / *Local de nascimento*: ....
Habitual residence / *Residência habitual*: ....
Was adopted according to the decision of the following authority / *Foi adotada em virtude da decisão da seguinte autoridade*:
Date of the decision / *Data da decisão*: ....
Date at which the decision became final / *Data da decisão final*: ....
(*If the adoption was made otherwise than by a decision of an authority, please specify the equivalent details*) / (*Se a adoção não foi realizada por meio da decisão de uma autoridade, favor especificar as informações equivalentes*)
By the following person(s) / *Pela(s) seguinte(s) pessoa(s)*:
a) Family name of adoptive father / *Sobrenome do pai adotivo*:..................
First name(s) / *Nome*:..
Date of birth / *Data de nascimento*: day / *dia* .... month / *mês* ....
year / *ano* ....
Place of birth / *Local de nascimento*:..
Habitual residence at the time of the adoption / *Residência habitual à época da adoção*:..
b) Family name of adoptive mother / *Sobrenome da mãe adotiva*: ....
First name(s) / *Nome*:..
Date of birth / *Data de nascimento*: day / *dia* .... month / *mês* ....
year / *ano* ....
Place of birth / *Local de nascimento*:..
Habitual residence at the time of the adoption / *Residência habitual à época da adoção*:..
a)The undersigned authority certifies that the adoption was made in accordance with the Convention and that the agreements under Article 17, subparagraph c, were given by / *A autoridade abaixo-assinada certifica que a adoção foi realizada em conformidade à Convenção e que os acordos do Artigo 17, parágrafo c, foram feitos por*:
b)Name and address of the Central Authority[1] of the State of origin / *Nome e endereço da Autoridade Central[1] do país de origem*: ....
Date of the agreement / *Data do acordo*:...
a) Name and address of the Central Authority[1] of the receiving State / *Nome e endereço da Autoridade Central[1] do país de destino*: ....

---

1. Or the public authority, body or person designated in accordance with Article 22(1) or (2) of the Convention. / *1. Ou autoridade pública, órgão ou pessoa designada de acordo com o Artigo 22(1) ou (2) da Convenção.*

Date of the agreement / *Data do acordo*: ....

[ ] The adoption had the effect of terminating the pre-existing legal parent-child relationship / *A adoção encerrou a relação legal pré-existente entre os pais e a criança.*

[ ] The adoption did not have the effect of terminating the pre-existing legal parent-child relationship / *A adoção não encerrou a relação legal pré-existente entre os pais e a criança.*

Done at / *Local* ...., on / *data* ....

Accreditted body / *Organismo credenciado para adoção internacional* ....

File number / *Número do processo judicial* ....

Signature / Seal
Assinatura / Carimbo

Anexo 10

**Critérios para credenciamento
de Organismos Internacionais
que atuam na Adoção Internacional**

Critérios de Análise do Processo de Credenciamento

• A entidade deverá perseguir unicamente fins não-lucrativos.

• Na sua atuação a entidade deverá observar a preservação dos direitos e das garantias individuais das crianças e dos adolescentes dados em adoção internacional, observada a Convenção Relativa à Proteção das Crianças e à Cooperação em Matéria de Adoção Internacional, concluída na Haia, em 29 de maio de 1993, a Convenção sobre os Direitos das Crianças – Decreto n. 99.710/1990 – e o Estatuto da Criança e do Adolescente – Lei n. 8.069/1990.

• A entidade deverá ser dirigida e administrada por pessoas qualificadas por sua integridade moral e por sua formação ou experiência para atuar na área de adoção internacional.

• Os representantes nacionais deverão ser pessoas idôneas (este fato será comprovado por diligências que serão acostadas ao processo através de relatórios enviados pela DPMAF/Polícia Federal).

• Toda a documentação exigida (ver anexo) deverá constar do processo. Serão levados em consideração os pareceres da DPMAF/PF, SNJ/MJ e Departamento de Assistência Consular do Ministério das Relações Exteriores.

OBSERVAÇÃO

Para que a entidade receba o credenciamento para atuar em adoção internacional no Estado Brasileiro se faz necessário que o seu país origem tenha ratificado a Convenção de Haia e designado Autoridade Central encarregada de dar cumprimento às obrigações impostas pela citada Convenção.

No caso de países não-ratificantes, ou que não designaram sua Autoridade Central, o encaminhamento da habilitação de pretendentes à adoção só poderá ser feito por via diplomática, e não por entidades que atuam na adoção internacional.

Anexos

RELAÇÃO DE DOCUMENTOS SOLICITADOS PELA COORDENAÇÃO-GERAL DE JUSTIÇA, CLASSIFICAÇÃO, TÍTULOS E QUALIFICAÇÃO, DA SECRETARIA NACIONAL DE JUSTIÇA, DO MINISTÉRIO DA JUSTIÇA, PARA AUTORIZAÇÃO DE FUNCIONAMENTO (CONFORME A LEI DE INTRODUÇÃO DO CÓDIGO CIVIL, ART. 11, § 1º)

• Requerimento de autorização, dirigido ao Exmo. Sr. Presidente da República Federativa do Brasil.
• Relação dos membros da diretoria e dos conselhos, com especificação de cargos e endereço para contato.
• Cópia da ata da assembléia-geral que autorizou o funcionamento no Brasil, se se tratar de associação ou sociedade civil.
• Cópia de inteiro teor dos estatutos.
• Procuração para representante(s) no Brasil, ao(s) qual(is) devem ser concedidos poderes para aceitar as condições em que a autorização será concedida.

OBSERVAÇÃO

Todos os documentos deverão estar devidamente autenticados, na conformidade da lei nacional da instituição requerente, e legalizados no Consulado Brasileiro no local da sua sede.

Todos os documentos deverão vir acompanhados das respectivas traduções para o Português, feitas por tradutor público juramentado brasileiro.

RELAÇÃO DE DOCUMENTOS SOLICITADOS PELA DIVISÃO DE POLÍCIA MARÍTIMA, AEROPORTUÁRIA E DE FRONTEIRA DA POLÍCIA FEDERAL – DPMAF PARA CADASTRAMENTO (CONFORME PORTARIA N. 815/1999-DG/DPF, DE 28 DE JULHO DE 1999)

• Normas básicas da entidade.
• Certificado ou autorização para funcionar no campo da adoção, expedida pelo governo de origem (credenciamento).
• Dados referentes ao Conselho de Administração e seus contabilistas.
• Relação nominal com filiação, identidade e endereço dos representantes legais da entidade.
• Comprovante de quitação dos débitos fiscais a que estiver sujeita no Brasil e no exterior.
• Texto(s) da legislação do país de origem que disciplina a adoção.
• Descrição das atividades planejadas para o Brasil.
• Informação sobre a autoridade, organização, instituição ou pessoa particular no Brasil com quem a organização pretende colaborar.
• Nome(s), endereço(s) da(s) entidade(s) brasileira(s), governamental ou privada, com a qual a entidade estrangeira mantém acordo ou convênio relacionado com a adoção internacional, indicando o nome e o endereço do responsável pela entidade
• Relatório das atividades da entidade requerente desde a fundação.
• Comprovante do recolhimento da taxa no valor correspondente a duzentas UFIRs, através da GAR/FUNAPOL.
• Comprovante da situação legal no Brasil do signatário do requerimento quando se tratar de estrangeiro, cujo visto deve ser compatível com a função.

RELAÇÃO DE DOCUMENTOS SOLICITADOS PELA AUTORIDADE CENTRAL ADMINISTRATIVA FEDERAL PARA CREDENCIAMENTO

1. Credenciamento pela Autoridade Central do país de origem (devidamente autenticado).
2. Relatório de custos.
3. Certificado de Cadastramento emitido pela Polícia Federal.
4. Solicitação de credenciamento, a ser dirigida ao Secretário Especial dos Direitos Humanos, da Presidência da República.

Anexo 11

**Roteiro para a elaboração do Relatório Anual
dos Organismos/Entidades que atuam, em solo brasileiro,
na Cooperação em Adoção Internacional**

SECRETARIA ESPECIAL DOS DIREITOS HUMANOS
AUTORIDADE CENTRAL ADMINISTRATIVA FEDERAL

Introdução

Este Roteiro foi elaborado para os organismos/entidades que atuam na cooperação em adoção internacional no Estado Brasileiro, com vistas a fornecer subsídios para a confecção dos relatórios de atividades e o de acompanhamento das adoções que, de acordo com a Portaria n. 14, de 27 de julho de 2000, deverão ser apresentados anualmente à Autoridade Central Administrativa Federal. Segue abaixo o modelo:

RELATÓRIO ANUAL

I – Dados da Organização/Entidade
Nome da entidade:
Endereço: (no país de origem)
Pessoa de contato:
Telefone/Fax: (no país de origem)
E-mail:

Endereço: (no Brasil)
Representante: (responsável pelo Relatório apresentado)
Telefone/Fax: (no Brasil)
E-mail:

II – Apresentação Sucinta das Atividades da Organização/Entidade em seu País de Origem (explicitar a existência de trabalhos não-relacionados à adoção internacional)

III – Atividades Desenvolvidas em Solo Brasileiro

1. Adoções internacionais.

2. Acompanhamento das adoções internacionais efetuadas no período, contendo:

a) descrição das atividades desenvolvidas pelos representantes da organização em cada unidade da Federação;

b) lista das crianças adotadas (data e local da adoção – cidade/unidade da Federação; nome completo da criança; idade; sexo; cor; estado de saúde; local – abrigo/orfanato – onde a criança encontrava-se internada; nome dos adotantes);

c) relatório sucinto quanto à adaptação e o estado atual de cada criança (deverá conter dados da família; endereço completo e telefone; dificuldades encontradas na adaptação e como têm sido contornadas; situação escolar e de saúde física e psicológica da criança; criação ou não de vínculos afetivos com os familiares; aquisição da nova língua; situação legal; outros fatos considerados relevantes);

d) enumeração e descrição das atividades de acompanhamento pós-adoção desenvolvidas pela organização com as famílias e as crianças brasileiras adotadas no período;

e) outras informações que considere necessárias.

3. Relatório financeiro, quanto às atividades ligadas às adoções internacionais efetuadas no país, contendo:

a) explicitação dos valores cobrados pela entidade e detalhamento dos valores pagos pelos adotantes;

b) informações referentes aos custos envolvidos no processo de intermediação das adoções por esta entidade e eventuais remunerações pagas a seus representantes no Brasil;

c) outras informações que considere necessárias.

IV – Parcerias com Programas/Projetos de Entidades que Atuam em Solo Brasileiro

V – Relatório de Atividades, contendo:

a) especificação das entidades (governamentais e não-governamentais) com as quais a entidade colabora (denominação da entidade, atividades desenvolvidas pela mesma, endereço completo, nome do responsável, telefone);

b) especificação do tipo de colaboração efetuado;

c) no caso de apoio financeiro, especificação do montante que foi transferido a cada entidade (fazendo o detalhamento por programas/projetos, se for o caso), bem como da(s) data(s) em que o dinheiro foi enviado e do meio utilizado para a transferência do mesmo;

d) outras informações que considere necessárias.

VI – Outras Atividades Desenvolvidas em Solo Brasileiro

Anexo 12

1. Organismos Estrangeiros Credenciados
http://www.mj.gov.br/sedh/acaf/organismoscredenciados20080723.pdf

2. Endereço das Autoridades Centrais dos Estados e do Distrito Federal
http://www.mj.gov.br/sedh/acaf/cejais20080723.pdf

* * *

00522

GRÁFICA PAYM
Tel. (011) 4392-3344
paym@terra.com.br